먼저 연결하라

일의 세계가
즐겁게 바뀐다

MELANIE A. KATZMAN

멜라니 A. 카츠먼 지음
송선인 옮김

CONNECT ── ── FIRST

먼저 연결하라

흐름출판

직장 생활은 대개 다음과 같은 편리한 허구를 전제로 한다. 우리가 역할과 책임을 다하여 계획서를 만들고 마감일과 결과물을 상세하게 기술하면, 어떻게 해서든 마법처럼 멋지고 침착하게 그 일이 완성될 것이라는 생각이다.

하지만 현실은…… 땡! 그렇지 않다.

사실 조직은 사람에 의해 움직이고, 사람은 감정에 의해 움직인다. 감정은 사람이 이익과 목적을 추구하게끔 에너지를 공급하는 역할을 한다. 감정의 영향은 강력하고 보편적이기 때문에 절대로 무시할 수 없다. 하지만 대단히 실망스럽게도 오랜 기간 우리는 사무실에서 감정을 배제한 채 일해왔다.

나는 독자들이 이 책을 읽은 후에는 감정이 우리를 약하게 만들지 않는다고 생각하길 바란다. 그 대신 감정은 우리의 강력한 도구이고, 우리의 뇌에서 태초부터 가장 '동물적인' 영역으로 형성되어 왔으며, 인간 존재의 성장에 매우 중요한 역할을 해왔다고 생각했으면 한다. 물론, 비즈니스의 세계에서 성공하려면 이성적이어야 한다는 잘못된 믿음이 오랫동안 우리를 지배해온 것이 사실이다. 이런 이유로 무언가를 감정적으로 표현하려는 노력은 사람을 나약하게 만드는 것처럼 보일 수도 있다. 하지만 감정을 배제한 인간이란 있을 수 없으므로 우리에게 필요한 것은 동료들을 사람 대 사람으로서 대하며 소통하고, 더 나아가 운명 공동체이자 협력자로서 양질의 관계를 구축하는 전문적이고 실용적인 방법을 습득하는 것이다. 비즈니스에서도 이와 같은 개인적인 유대감이 기본이 될 때, 더욱더 훌륭한 팀이 만들어지고 더욱더 확고하게 목표를 실현할 수 있다.

나는 30년 이상 심리학자로 일하며 수많은 기업과 치료센터에서 여러 사람을 만나왔다. 사람들은 이기고 싶거나 생존이 절실할 때, 나의 조언을 구하러 찾아온다. 개인 진료를 겸하는 치료자로서 나는 내담자들의 가장 사적인 걱정과 불안에 대해 듣기도 하고, 거대 기업의 컨설턴트로서 세계 최대 브랜드의 경영난에 대해 조언하기도 한다.

인트라넷에 로그인하고, 직원 출입카드를 찍고, 사무실에 모습을 드러내는 수많은 직원들과 상사들은 직장에서 존중, 포용 그리고 인간적인 의미를 찾기를 간절히 바라고 있다. 최고경영자나 신입사원, 사무실 근무 직원과 재택근무자 모두는 자신이 맡고 있는 역할과 상관없이 안정감을 추구하고 칭찬을 소중히 여기며 수치심을 두려워한다. 대부분의 직장인이 하루의 가장 긴 시간을 직장 생활에 할애하고, 가장 크게 신경을 쓰며, 직장이라는 곳에서 중요한(어쩌면 하찮지 않은) 존재가 되기를 원한다.

이것은 놀라운 이야기가 아니다. **진짜 충격적인 사실은** 수많은 사람들이 자기와 함께 일하는 동료 또한 자신과 같은 '사람'이라는 것을 너무나도 자주 잊는다는 것이다. 우리는 동기가 확실하지 않고 타당하지 않은 반응을 보인다고 생각되는 '다른 사람들'에 대해 쉽게 분노한다. 다른 사람에 의해 자아가 상처받으면 모든 것이 복잡해지고 치러야 할 대가가 커지기 때문에 쉽사리 통제할 수 없는 상황이 된다. 사람들이 누군가의 마음을 잘못 읽고 그것을 나쁜 의도라고 받아들이면, 아주 작은 오해가 경력을 망칠 정도로 크게 확대되기도 한다. 그러다가 뛰어난 인재들이 그만두고, 심지어 경영자들조차 자신이 세운 회사를 떠나고 싶어 하는 상황에 몰릴 수 있다. 사람들은 종종 자신의 잘못된 행동에는 눈을 감고, 타인이 저지른 잘못을 평가할 때는 돋보기를 끼고 바라본다. 이렇게 해서는 곤란하다.

나는 수많은 고위 임원들, 중간 관리자들, 그리고 신입사원들이 자신들과 다른 사람들을 심리적으로 잘 이해할 수 있게 돕는 일을 해왔다. 자화자찬 같지만, 직장에서 더 나은 인간이 되기 위한 간단한 전략을 제시함으로써 의욕을 높이고 변명을 줄이는 방법을 알려줬기에 그들은 성공할 수 있었다. 이 책을 읽는 당신도 반드시 그렇게 변화하게 될 것이다.

다국적 기업에서부터 업무 중심으로 돌아가는 작은 조직에 이르기까지, 나는 직장에서 '자연스러운' 것이 얼마나 자연스럽게 이루어지지 않는지를 목격했다. 언젠가부터 회사의 크기와 직위가 우리 자신을 정의하기 시작했다. 자신이 진정 누구인가를 정의하는 능력을 잃어버린 셈이다. 하지만 걱정할 필요는 없다. 누구든 다시 배울 수 있으니 말이다. 나는 오랫동안 사람들이 자기 스스로를 잃지 않도록 돕는 상담과 훈련을 수없이 반복해왔고, 꽤나 높은 성공률을 거뒀다.

이 책에는 내가 임상심리학자와 기업 컨설턴트로서 보낸 30년 동안의 경험이 체계적으로 담겨 있다. 개인의 역량을 강화하고 조직의 효율성을 높이기 위한, 그리고 과감하게 대규모 변화를 추진하는 리더들을 위한 지침이 가득하다. 이 책에 나온 제안은 대부분 비용이 들지 않고 실행하는 데 5분도 걸리지 않을 정도로 간단하다.

그래서 일부 제안들은 꽤나 기본적인 것으로 보일 수도 있다. 하지만, 그것이 바로 핵심이다! 그 '기본'을 잘못 생각하는 경우가 너무나 많기 때문에 요즘의 일터에서는 성공과 의미, 기쁨이 사라져가고 있다. 마치 빛과 같이 빠른 오늘날의 의사소통 속도는 개인의 행동에 전례 없는 압박을 가하고 있다. 아주 사소하면서도 무례한 행동이 순간적으로 광범위하게 전달될 수 있으며, 남을 배려하지 않는 둔감한 행동은 당신의 조직뿐 아니라 그 이상의 대인관계에까지 엄청난 파장을 일으킬 수 있다.

하지만 동료들 사이에서 일어나는 단순하지만 의미 있는 순간에 진심으로 참여한다면 당신은 함께 일하고 싶은 사람이라는 명성을 얻고, 좀더 빠른 시간 내에 좀더 부드럽게 관계가 개선되는 홀가분한 경험을 하게 될 것이다. 이 책은 바로 이와 같은 지점에서 용기 있게 미래를 마주하고, 마주치는 수많은 사람들에게서 기쁨을 발견하며, 생산적인 파트너십을 위해 당신이 있어야 할 자리를 정하는 데 도움을 줄 것이다. 한 가지 염두에 둘 것은 이러한 변화가 새로운 시장의 해결책을 찾고 사회 변화를 주도하기 위해 그간 당신이 쌓아온 유대감을 기반으로 시작된다는 것이다. 이는 개인의 영향력은 물론 조직의 영향력까지 키울 수 있는 비교적 간단하지만 강력한 방법이다. 이 책에서는 일의 세계에서 의미와 기쁨을 찾아내는 법에 대한 수수께끼를 풀어, 일상에서 쉽게 실천할 수 있는 방법으로 당신의 일상을 비롯해 그 이상의 변화를 일으킬 기회를 제공해줄 것이다.

일단 당신의 내면을 들여다보는 것으로부터 일을 시작하면 여유 시간이 늘어나고 에너지가 생긴다. 이러한 긍정적인 순환에는 중독성과 전염성이 있다. 곧 상쾌한 공기가 방을 가득 채우고 분위기가 가벼워지며, 사람들은 당신에게 끌리게 된다. 당신은 일터에서 더 많이 웃고 더 큰 성과를 거둘 것이다. 그리고 기쁨을 경험할 것이다.

이것이 바로 내가 이 책을 쓴 이유다. 나는 당신이 직장에서 고난이 되풀이되는 드라마를 반복해서 찍지 않기를 바란다. 당신의 활기찬 내면은 당신을 앞으로 나아가게 할 수 있다. 나는 일에 기쁨과 의미가 어떻게 물들 수 있는지 보여주기 위해, 그리고 당신이 성공뿐 아니라 중요한 의미를 얻을 수 있기를 바라며 이 책을 썼다.

이 책은 당신을 위한 것이다

이 책은 매일 아침에 일어나 출근하는 모든 이들을 위해 쓰였다. 널찍한 사무실에서 일하는 임원들부터 파티션을 사이에 두고 붙어 앉아 열심히 일하는 팀원들까지 이 책을 읽을 수 있다. 떠오르는 기업가나 포부가 넘치는 과학자를 비롯해 메인 스트리트에 있는 작은 가게 주인과 실리콘밸리에 있는 기술 회사의 CEO까지 모두를 위한 책이다.

일터의 환경을 개선하기 위한 책들은 주로 회사 대표를 겨냥해 쓰인 것이 많다. 그것들은 근본적으로 조직의 고위 경영진이 우리가 일하는 방법을 바꿀 책임이 있다는 것을 가정하고 있다. 하지만 내 생각은 다르다. 우리 모두는 변화를 만들 힘과 책임이 있다. 지금부터

이 책에 담긴 다양한 조언을 통해 이것이 가능하다는 것을 보여주려한다.

이 책은 우리 모두가 공통적으로 느끼는 나약함을 신뢰로 전환할수 있는 방법을 가르쳐줄 것이다. 당신의 능력에 끊임없이 의문을 제기하는 비판적인 내면의 목소리를 잠재울 것이며, 폭넓고 관대한 시야를 가져서 다른 사람들이 당신에게 더 많은 정보를 알리고 당신과더 자주 함께하도록 할 것이다. 그러면 당신은 어수선한 조직을 뚫고나갈 자신감을 키울 것이며, 대화를 통해 갈등을 없애고 공동의 목표를 세우게 될 것이다. 먼저 다음과 같은 '이기는 태도'를 갖는 것부터시작해보자.

- 당신은 당신의 세계를 바꿀 힘을 갖고 있다.
- 조직 변화는 개인으로부터 시작되며 내부에서 먼저 발생한다.
- 역할에 상관없이 **당신이** 어떻게 눈에 띄는지에 따라 결국 차이가 만들어진다.
- '해결 불가능한' 상황도 직접적인 의사소통을 통해 해결되는 경우 가 많다.
- 사람 대 사람으로 만나는 의미 있는 시간이 계속된다면 그룹의 동 력을 전환하고 조직을 변화시킬 수 있다.
- 당신과 동료들의 공통점이 무엇인지에 집중하면 다양성을 인식하

고 포용할 수 있다.

- 당신이 참여하고 싶은 모임이나 조직을 만들 수 있다.
- 점차 자동화되는 기술 중심의 세상에서는 인간적인 교류를 놓지 않는 노력이 절실히 필요하다.
- 겉보기에는 '단순한' 행동이 매우 큰 파장을 불러올 수 있다.

이 책의 활용법

이 책에서 제공하는 단계별 지침은 단연코 그 어떤 직원이나 관리자, 혹은 인사 담당자도 접하지 못했을 가장 저렴하면서도 혁신적인 제안이다. 비용이 많이 드는 평가도 없고 비현실적인 기대도 없다. 나는 단지 당신에게 가장 필요한 조언을, 빠르게 전해줄 생각이다.

이 책은 제1부 '존경심 쌓기'를 시작으로 제7부 '영향력 발휘하기'까지 총 7부로 구성되어 있다. 전부 52개의 장으로 나누어져 있으며, 각 장에는 내가 겪은 30년 동안의 경험에서 나온 다양한 사례가 포함되어 있다. 또한 각각의 조언이 당신의 상황에 맞게 실현 가능한지 알아보는 질문을 비롯해 어떻게 그 개념을 효과적으로 적용하는지 제시한다. 내가 제시하는 방법들은 실행하는 데 불과 몇 분밖에 걸리지 않지만 지속적인 효과를 볼 수 있다. 총 52개의 장으로 구성한 것은 의도적인 선택으로, 1년간 매주 각 장에서 제시한 새로운 기법을 하나씩 실천할 수 있도록 만들었다. 구체적 사례에는 다양한 국가의 주인공들이 등장하며, 여러 계층의 기업에서 벌어지는 상황을 당시 시점에서 바라본다.

이 책은 개인적인 지침서가 될 수도 있지만 다른 이들과 함께 읽어도 좋다. 관리자와 직속 부하직원이 같이 읽는다면 공통된 기대치를 설정할 수 있다. 또한 직원 오리엔테이션이나 팀 아유회, 임원 연수 프로그램 등의 참가자들도 문화의 폭넓은 개념을 바탕으로 당장 내일부터라도 실천할 수 있는 행동 방법이 수록된 이 책을 통해 혜택을 받을 것이다.

이제 이 책의 구성을 간략하게 들여다보려 한다. 이 책은 총 7개의 파트로 나누어져 있다.

- **존경심 쌓기:** 기본을 망치는 것은 가장 흔하게 저지르면서 가장 쉽게 고칠 수 있는 잘못이다. 성공을 위한 발판을 마련하려면 기본부터 바르게 하라.
- **모든 감각 활용하기:** 조직에서 정보는 소중한 자산이다. 알기 위해서는 말보다 행동이 더 필요하다.
- **호감 가는 사람 되기:** 자기인식을 높이고 다양한 것에 흥미를 가지며 더욱 흥미로운 사람이 되자. 사람들을 끌어당기는 자석 같은 사람이 되면 많은 기회를 얻을 수 있다. 소외되고 싶은 사람은 결코

없다.

- **충성심 기르기:** 당신과 함께 일하는 동료들에게 중요한 것이 무엇인지 생각하라. 창의력을 발휘하고 그들과 활발히 협력한다면 직장에서 보내는 시간은 눈 깜짝할 사이에 흐를 것이다.

- **첨예한 갈등 해결하기:** 직장에서는 하루 종일 불만이 쌓인다. 당신이 화나면 동료들도 화가 난다. 의견 차이가 있으면 정확히 말하고 갈등을 해결해서 장애물을 극복하자. 불필요하게 복잡한 상황은 피하는 게 능력이다.

- **피하고 싶은 두려움에 맞서기:** 숨고 싶은 충동을 억제하고 내면의 불안과 불확실성을 관리하라. 그 대신 새로운 관점에서 바라보고 동료들과 소통하며 획기적인 토론을 가능하게 하는 방법을 익히자.

- **영향력 발휘하기:** 세상을, 혹은 당신을 아주 조금이라도 변화시키는 일은 규모에 상관없이 당신의 플랫폼을 충분히 활용할 때 일어난다. 당신이 무엇을 성취했는지, 그리고 그 일을 **어떻게** 성사시켰는지 인정받아라. 성공하는 것은 물론이고, 의미 있는 사람이 될 수 있다.

나는 신경생물학, 경영이론, 언어학, 철학을 포함한 다양한 분야의 설득력 있는 연구를 바탕으로 한 여러 조언들을 이 책에 실었다. 그리고 그곳에는 농부, 공장 근로자, 자본가, 회사 대표뿐 아니라 그들에게 점심을 대접하는 사람들로부터 건져 올린 가르침도 존재한다. 때로는 우리가 전혀 생각하지도 못했던 출처를 통해 가장 좋은 조언이 나오며, 주로 전혀 다른 시점에서 바라볼 때 심오하지만 깊은 결론으로 이어지기도 한다.

이 책은 순서대로 읽어도 좋고, 혹은 가장 도움이 필요하다고 생각하는 부분을 선택하여 볼 수도 있다. 각 장의 내용은 독립적이기 때문에 원하는 대로 읽어도 무방하다. 읽다 보면 당신이 이미 올바르게 실천하고 있는 조언도 발견할 수 있을 것이다. 만약 그렇다면 당신은 이미 훌륭한 사람이다! 이제 확신을 갖고 당신의 강점을 더욱 적극적으로 활용하라. 당신이 익힌 각각의 지침은 더 힘든 일이 발생할 때를 대비해 당신을 성장시킬 것이다. 책을 읽으며 당신은 미소를 지을 수도 있지만, 스스로 품위가 부족하고 관대하지 않고 접근하기 어려운 **그런** 사람이 되려고 끊임없이 벽을 쌓았다는 사실을 깨닫고 민망함을 느낄 수도 있다. 괜찮다. 당신은 아직 배우는 중이니까. 그리고 이제부터 변화하면 된다. 이 책을 통해 새로운 첫발을 내딛어 보자.

차례
CONTENTS

제 2 부 · 모든 감각 활용하기

제 3 부 · 호감 가는 사람 되기

제4부 · 충성심을 기르기

제5부 · 갈등 해결하기

제6부 · 두려움에 맞서기

제7부 · 영향력을 발휘하기

제 1 부

존경심
쌓기

ESTABLISH RESPECT

기본이 잘 쌓이면 그 힘은 엄청나다. 그러므로 기본적인 것들을 반드시 훌륭히 행하도록 하자. 미소 짓거나 "감사하다"고 말할 시간조차 없을 만큼 당신이 바쁘다고? 정말? 난 믿지 않는다. 아마 당신의 동료들도 마찬가지일 것이다. 대인관계를 미세하게 변화시키는 이런 세밀한 요소들은 필수로 챙겨야 하는 것이다. 또한 원활하게 소통하기 위한 가장 빠르고 쉬운 방법이다. 직원 해고와 이직은 실질적으로 비용이 많이 드는 데다, 남은 직원들에게도 매우 자주 존중받지 못하는 느낌을 준다. 회사에서 당신의 역할이 무엇이든 사람들이 지지하고 싶은 사람이 되도록 노력하자. 아마도 당신은 부탁한다고 말하고 칭찬을 하는 게 좋다는 걸 알겠지만, 효율적으로 접근하려다 결례를 범할 수도 있다. 어쩌면 당신은 이미 사려 깊은 동료일지도 모른다. 다만, 복용량을 확실히 맞추자. 당신의 감사를 담는 그릇의 양과 당신의 동료들이 필요한 감사의 크기는 정확히 눈금을 같게 맞추기 어렵다. 특히 모든 사람들이 스트레스를 받거나 바쁠 때면 더욱 그렇다.

많은 조직에서 구성원 사이의 상호작용이 직접적으로 이루어지지 않고 있다. 동료들과 당신이 물리적으로 멀리 떨어져 있거나, 혹은 같은 방 안에 있더라도 소통을 기계에 의존하기 때문이다. 그러니 최대한 빨리 피드백을 제시하라. 답이 늦으면 당신이 불평을 하고 있다고 여길 수도 있다. 이제 당신이 동료에게 직접 보내는(비공식적일지라도) 소통 방법의 중요성이 높아지고 있음을 인식하자. 그것은 먼 거리에서 청하는 악수이자, 당신의 인격을 확립하는 일이다. 문자에 웃음 이모티콘을 추가한다고 주변 사람들의 감정의 온도를 정확하게 맞출 수는 없다. 직접적인 소통이 없을 때는 동료들에게 피드백을 제공하고 스스로 시간을 관리할 자율성을 부여해 그들 스스로 소중함을 느끼게 한다. 당신이 CEO든 비서든, 혹은 관리자든 사원이든 응대에 최선을 다하고 다른 사람들 또한 최선을 다할 수 있도록 도와준다면 당신의 마음은 기쁨으로 뜨겁게 달아오를 것이다.

당신이 이렇다면 이번 파트를 주목할 것

- 직장에 출근하는 길이 행복하길 바란다.
- 사람들은 당신을 오만하고, 무관심하고, 품위가 부족하며, 혼자 너무 바쁘다고 설명한다.
- 당신의 회사는 변화를 겪고 있다. 또다시.
- 당신의 팀은 자원이 부족하고 심한 압박을 받고 있다.
- 요구를 하는 권위적인 사람들도 많고, 일을 열심히 하며 보이지 않게 지원을 담당하는 충성스러운 직원들도 많다.
- 동료들은 무례하거나 '더 이상' 노력하려 하지 않는다.

1장

웃어보자

관계가 즉시 개선된다

웃지 않는 사람은 절대 가게를 열지 마라.

— 중국 속담

직장에서 행복을 바로 느끼고 싶은가? 누군가의 미소 띤 얼굴을 보라. 느낌이 왔는가? 자, 이제 빠르게 옆 사람(어느 쪽이든)을 보며 웃음을 전달해 긍정적인 감정을 계속 이어나가게 하자. 당신이 낯선 사람을 포함해 누구에게든 미소를 지으면 그들 중 80에서 90퍼센트는 빙그레 웃으며 당신의 미소에 답할 것이다. 우리는 태어날 때부터 주변 사람을 따라 하도록 프로그램되어 있다. 당신의 일터를 행복한 기운으로 물들여보자. 정교한 억지웃음조차 기분을 좋게 한다.

인간은 본질적으로 사회적 동물이기에 행복을 예측하는 가장 좋은 요인은 성별이나 종교, 건강, 소득보다 가족, 친구, 동료와의 끈끈한 유대감이다. 자주 발생하는 긍정적인 상호작용은 강력한 힘이 있다. 매일 가벼운 좋은 일이 여러 번 일어나는 사람은 인생에서 정말 놀라운 경험을 단 한 번만 한 사람보다 더 행복할 것이다.

　그렇다면 나는 왜 웃음으로 책을 시작했을까? 웃음은 강력하면서도 논란의 여지가 많으며, 어쩌면 손해를 입을 수 있어 일상생활에서 종종 생략하는 단순한 행동의 가장 대표적인 예다. 간혹 "더 웃어라"라는 말은 명령처럼 느껴질 수 있다. 그러니까 누군가가 편안함을 느낄 수 있도록 나에게 활짝 웃으라는 요청을 한 셈이다. 이때 내가 원하는 것은 중요하지 않다. 당신에게 "웃어!"라고 강요하는 타인은 당신을 아랫사람 대하듯 할 수 있는데, 그것이 이번 장에서 다루려는 내용은 아니다. 그저 당신의 따뜻한 미소는 보는 사람뿐 아니라 스스로에게도 이롭기 때문에 웃음이라는 적극적인 선택을 권하려 한다. 웃음은 자유롭고 효율적이며, 상호적이고 평등한 관계를 형성하려는 당신의 의도를 명확히 드러낸다. 힘든 상황에서도 당신의 미소는 순간적으로, 그리고 종종 무의식적으로 당신 주변에 있는 사람들을 편안하게 한다.

　웃음은 자연 그대로의 협력 기관인 우리 몸에서도 가장 강력한 도구이다. 대커 켈트너Dacher Keltner 교수는 저서 『선의 탄생』에서 웃음은 전두엽(뇌의 보상센터)을 활성화하고 웃음을 받아들이는 사람뿐 아니라 웃는 사람의 스트레스를 줄인다고 설명한다.

　펜실베이니아주립대학교의 한 연구에 따르면 웃는 사람들이 더욱 호감이 가고, 공손하며, 심지어 유능하게 보인다고 한다. 일례로 루이지애나의 규모가 큰 헬스케어센터인 옥스너 헬스시스템에서는 '10/5 방식'이라 부르는 규칙을 실행했다. 직원들이 10피트(약 300센티) 이내에 보이는 사람과 눈을 맞추고 5피트(약 150센티) 이내에 보이는 사람과 인사하도록 하는 것이다. 결과는? 환자 만족도와 위탁 환자의 증가라는 긍정적인 변화를 가져왔다. 우선 관계 개선을 원하는가? 그렇다면 일단 웃어라.

당신이 이렇다면 주목할 것

- 행복을 즉시 퍼뜨리는 것에 끌린다.
- 당신을 따르는 이들과의 관계를 단단하게 쌓고 싶다.
- 직장에 도착하면 소속감을 느끼고 싶다.
- 부정적인 태도가 늘 앞길을 막아 손해를 본다.

이렇게 할 것

▶ 건물에 들어서며, 복도를 걸어가며, 회의실에 들어가며 웃어라.

▶ 장소를 옮길 때면 핸드폰을 주머니에 넣고 (웃으면서) 사람들과 눈을 맞춰라.

▶ 기쁜 일을 널리 퍼뜨려라. 사무실로 들어가는 모퉁이를 돌자마자 과감히 가장 먼저 입을 연다.

▶ 얼굴이 진정 환해지는 내면의 웃음을 만들어내기 위해 당신을 기쁘게 하는 일을 생각하라. 필사적으로 웃어야 한다면, 당신이 낄낄거릴 만한 말로 가득 찬 말풍선이 동료의 머리 위에 있다고 상상하라.

▶ 아이에게 배워라. 아이들은 하루에 400번 이상 웃는다.

명심할 것

- 나쁜 소식을 전하며 웃지 않게 주의하라. 신뢰가 깨져 분란을 일으킬 수 있다.
- 균형을 잘 맞춰라. 웃음은 효율적이지만, 이성인 동료에게 지나치게 남발하면 체면을 떨어뜨릴 수 있다.

구체적 사례
· · · · ·

나쁜 인상이 차츰 사라지다

새로 생긴 관리직에 처음 부임한 잭은 티 하나 없이 말쑥했지만 굉장히 말수가 적고 내성적인 사람이었다. 직원들은 그를 냉혹하고 무정하다고 평가했다. 이는 잭의 뚜렷한 가치관인 공감과 포용에 완전히 상반되는 것이었다. 잭은 완고해 보이는 사람이었지만 문제 해결에 유연하게 접근했다. 잭은 내 조언에 따라 간단한 실험을 시도했다. 좀 더 웃는 것이다. 효과는 바로 나타났다. 무뚝뚝한 성격의 잭은 일상 대화를 시작하는 것이 쉽지 않았지만, 그의 미소를 받아들인 사람들이 종종 대화를 자연스럽게 시작하면서 그가 다른 이들에 대한 관심을 더 쉽게 드러내고 표현하게 도와주었다.

자신을 위해 웃어라

언론인이자 사회운동가인 지미 브릭스는 웃으면 다른 이들을 편안하게 해준다는 이유로 먼저 웃을 생각이 없었다. 거짓 웃음에 넌더리가 난 내게 더 웃으라고? 내 제안에 지미는 어린 시절을 떠올렸다. 1970년대 미국 중서부에서 자라난 키 큰 흑인 남성이면 보통 그렇듯 그의 부모는 이렇게 말하며 항상 친절하게 보여야 한다고 가르쳤다. "위협적으로 보이고 싶지 않지? 그럼 사람들을 만나면 웃으면서 인사해." 그때의 습관은 직장 생활에까지 영향을 미쳤다. 전투 지대를 누비는 종군기자였던 지미는 웃음을 멈출 자신이 생길 때까지 거짓에 가까운 미소를 지어야 했다.

지미는 어떤 사진기사가 그에게 좀 덜 침울한 표정을 지을 수 있는지 물었던 바로 그날, 내게 웃음의 힘에 대한 이야기를 들었다. 지미는 안면 근육을 풀었다. 그리고 전과 후의 사진을 비교했다. 그때 지미는 진짜 웃음의 효과를 깨달았다. 그는 의기양양하게 화보를 남겼다. "다시 웃기 시작할 겁니다." 지미는 내게 말했다. "하지만 이번에는 나 자신을 위해서요. 느낌 좋은데요."

2장

부탁한다는 말

상대에게 승낙하거나 거절할 자유를 준다

"좀 해줄래요?"라는 말을 할 때 "부탁한다please"는 말을 덧붙이지 않는다면 아무리 태도가 바른 모범적인 직원이라도 손을 뒷주머니에 삐딱하게 꽂아 넣은 불량청소년이 시위하는 것처럼 보일 수 있다. 언어학자들에 따르면 "부탁한다"는 말은 요구보다 요청의 신호를 나타낸다. 많은 상사는 시킬 때 요청이 아니라 요구임을 분명히 드러내면서 "부탁한다"는 말을 덧붙이지 않은 것을 정당화한다. 물론 사실일 수도 있지만 도움을 요청하는 태도는 명백히 아니다.

언어전문가들은 영어의 "부탁한다"는 말이 "당신이 기쁘다면"("당신이 이렇게 하는 게 기쁘다면")의 줄임말이라고 한다. 프랑스어의 실부뿔레s'il vous plait와 스페인어의 폴빠볼por favor처럼 대부분 유럽국가의 언어들도 영어와 같다. 문자 그대로는 "당신은 이것을 할 의무가 없다"는 뜻이지만, 직장에서는 정중한 거짓말이다. 만약 당신이 누군가에게 "메리와 회의를 준비하라"고만 말하면, 당신은 여전히 지시를 내리고 있는 것이다. 이때 "부탁한다"는 말을 덧붙이는 것만으로도 당신은 최소한 상대가 내리는 선택에 기분 좋은 착각을 유발하고, 당신 대신에 해준 행위에 대한 감사를 암묵적으로 표현하게 된다.

직장이 기술적으로 더욱 복잡해지고 문화적으로 다양해지면서 예의범절은 전보다 훨씬 더 중요해졌다. 하지만 무례한 사례는 걷잡을 수 없이 점점 늘어나고 있다. 모든 기업은 직원들이 공개적으로 무시당했다고 느끼는 배려 없는 행동이 늘어나는 상황을 걱정해야 한다. 『무례함의 비용』의 저자인 크리스틴 포래스Christine Porath 교수는 지난 18년간 전 세계 수천 명의 근로자들에게 그들이 어떤 대우를 받는지에 대한 설문조사를 했다. 1998년에는 조사 대상자의 절반 가까이가 적어도 한 달에 한 번은 무례한 대우를 받는다고 응답했는데, 이 수치는 2011년에는 55퍼센트, 2016년에는 62퍼센트까지 높아졌다.

포래스 교수가 설문조사를 통해 직장에서의 관계를 개선하는 법을 물었을 때 가장 많이 나온 답변은 "부탁한다"는 말을 해달라는 것이었다. 그러니 제발, "부탁한다"고 말하자.

당신이 이렇다면 주목할 것

• 사람들의 호의를 당연하게 여기고 싶지 않다.
• 업무를 최고 수준으로 완성하지 못한다.

- 세심한 예의를 갖출 여유가 없다.
- 동료들은 다른 사람을 돕기 위해서는 선뜻 나서지만 당신의 시선은 피한다.

이렇게 할 것

▶ 힘든 일을 하는 사람들을 그만큼 존중하라. 설령 어떤 일을 수행할 의무가 있는 사람조차 "부탁한다"는 말을 들으면 기분이 좋아진다. 말 한마디로 동료가 좀 더 자존심을 세운 승낙을 할 수 있게 돕는다면, 일도 더 잘 풀릴 것이다.

▶ 상대를 바라보고 웃으며 "부탁한다"고 해보자. 효과가 더욱 강력해진다.

▶ 외국인 동료라면 효과를 높이기 위해 동료의 모국어로 "부탁한다"고 말해보자.

▶ 밀레니얼세대(직장인의 대부분을 차지)는 명령하고 통제하는 지시에 반응을 제대로 하지 않는다는 것을 기억하자.

명심할 것

- 부탁한다는 말이 무조건 좋은 효과를 내는 것은 아니다. "부탁한다"고 말할 때의 어조를 주의하라. 특히 서비스 업체와 소통할 땐 "부탁한다"는 말이 다급하고 직설적이며, 심지어 노골적으로 무례하게 들릴 수도 있음을 염두하자.

• 지겨울 정도로 "부탁한다"는 말을 남용해선 안 된다. 제발 부탁한다!

구체적 사례
. . . . .

"부탁한다"는 말은 공짜 보톡스 서비스보다 강력하다

수아레스 박사의 북적거리는 피부과는 파크 애비뉴에서 약간 떨어진 곳에 있다. 병원 내부는 고급스럽지만, 환자들은 늘 많은 것을 요구한다. 간호사와 피부관리사, 수납 담당자들은 서로에게 무언가를 요청할 때 소리를 지르며 지시하고 서로 쳐다보지도 않으면서, 갈수록 더 서로에게 못되게 굴었다. 수아레스는 직원들 사이의 긴장감을 눈치 챘다. 직원들은 많은 환자가 무례하다며 불만을 터뜨렸고, 이런 불편한 감정과 짜증은 자연스레 모든 직원에게 전염됐다. 수아레스는 이런 상황을 기정사실로 받아들이고 이렇게 말했다. "나쁜 행동을 전염시키느니 차라리 우리 자신에게 진짜 긍정적인 태도를 주입시키는 게 어때?" 만일 직원들이 서로를 대단히 예의 바르게 대하려고 노력을 한다면 어떻게 될까? 그들이 간절히 바랐던 존중을 경험할 것이고, 환자들에게도 친절한 병원이라는 찬사를 듣게 될 것이다.

그들의 실험은 성공했다! 피부관리사와 간호사들을 비롯한 모든 직원들이 서로에게 요청하면서 "부탁한다"는 말을 먼저 하기 시작했다. 그들은 요청하거나 지시를 건넬 때도 서로를 바라보며 눈을 맞쳤다. 직원들은 서로에게 예의를 지키면서 좀 더 솔직하게 소통한다고 느끼게 되었고, 일도 더욱 즐거워졌다. 이는 모두를 위한 것이었다.

"부탁해"로 하루를 마무리하기

코리는 모건의 마음을 읽을 수 있다. 그는 3년 동안 모건의 조수로 있으면서, 심지어 모건이 먼저 생각하기도 전에 그에게 필요한 것들을 미리 예상해 준비하곤 했다. 빠르게 지나가는 하루 동안 둘은 주로 유쾌한 농담을 주고받는다. 모건을 위해 일하는 건 재미있다. 하지만 해가 지면 그의 매력도 함께 사라진다. 모건이 "차 좀 몰고 와" 같은 강압적인 지시를 내린 후 코트를 잡아채 고객들을 위한 끝내주게 좋은 행사장으로 달려가면 코리는 기분이 좋지 않다. "모건, 내게 뭔가를 지시할 때 '부탁해'라는 말을 붙여주면 어때?" 참다 못 한 코리가 부탁했다. "물론 당신이 저녁을 먹는 동안 나는 키보드를 두드리며 컴퓨터 앞에 잡혀 있어야 한다는 사실은 변하지 않겠지만, 그렇게 해준다면 내가 당신과 일하면서 '인생이 없는 하인 같다'는 느낌을 받지는 않을 것 같아." "좋아!" 모건이 대답했다. 모건은 자신과 코리 사이가 자연스럽고 편안해 "부탁해"라는 말을 굳이 하지 않아도 되는 관계가 되었다고 생각했지만, 그 생각이 틀렸다는 걸 알게 됐다.

3장

감사함의 표현

소홀히 한 사람들이 자신을 깎아내릴 수 있다

하루를 보낼 때 누구에게나 짬이 생기기 마련이다. 회의 시작이 늦어지거나 지하철을 기다릴 때 의도치 않았던 짬이 생긴다. 이때 소셜미디어를 확인하는 것보다, 섭취하지 않아야 했던 칼로리에 집착하는 것보다, 할 일 목록을 다시 작성하는 것보다, 지난주를 돌아보면서 당신의 하루, 당신의 프로젝트, 그리고 당신의 기분에 변화를 준 누군가에게 잠시라도 감사하는 시간을 갖자. 진심어린 감사는 활력을 북돋아주지만, 안타깝게도 사람들이 감사를 표하는 모든 장소를 통틀어 직장의 순위가 가장 낮았다.

런던정경대학교는 감사와 생산성 사이의 직접적인 상관관계를 보여주는 50개의 연구를 검토했다. 이 중 하나인 글래스도어(세계 최대 규모의 직장 평가 사이트 – 옮긴이)에서 진행한 연구에 의하면 70퍼센트의 근로자들이 상사가 그들에게 좀 더 정기적으로 감사를 표현한다면 기분이 더 좋을 거라고 답했다. "감사하다"고 말하는 것은 금전적인 비용이 전혀 들지 않지만 조직에서의 평판, 직원들의 만족감, 일의 성과에 상당한 이익을 가져다준다.

동료들의 노력을 인정하면 나 자신에게도 혜택이 돌아온다. 매일 감사를 표현하는 사람들은 낮은 스트레스 수준을 경험하고 면역 체계가 강화된다. 페이스북 창립자 마크 저커버그는 매년 개인적인 목표를 세운다. 페이스북의 10주년 기념식에서 저커버그는 이제부터 매일 감사노트를 작성하겠다고 스스로와 약속했음을 밝혔다. 그 이유는 이랬다. "이것은 내게 중요해요. 난 진짜로 비판적인 사람이거든요." 그는 핵심을 잘 짚었다. 자신을 채찍질하며 열심히 달리는 사람일수록 감사를 느끼는 순간에 더욱 강한 영향을 받을 수 있다.

솔직히 말해서, 선의로 감사를 표현하는데 그 누가 마음이 따뜻해지지 않을 수 있을까? 오프라 매거진의 최고 매출 책임자이자 출판인, 상무이자 노련한 전문가인 제인 제이미슨은 허스트 매거진의 화려한 사무실에 앉아서 오프라가 자신의 아들에게 '생일 축하' 노래를 불러주는 30초짜리 클립 영상을 보여주기 위해 핸드폰을 꺼냈다. 제인은 활짝 웃으며 기뻐했고, 사무실에 있던 모든 사람들이 그녀의 기쁨을 함께 나눴다. 오프라는 이런 방식으로 소중한 직원에게 특별한 선물을 주었다. 그 후로도 계속.

당신이 이렇다면 주목할 것

- 당신은 고마워할 줄 아는 사람이다.
- 당신은 팀원들이 지쳐도 계속 밀어붙였기에 몇몇이 직장을 관둘까 봐 두려웠으며, 다음 과제를 어떻게 추진할지 걱정하고 있다.
- 직원들에게 보통 높은 기대를 하고 여러 번 수정을 요청하는 경우가 많다.
- 협력하며 일해야 하는 동료들과 지원팀이, 혹은 이 중 하나가 멀리 떨어져 있다.
- 상사는 당신을 훌륭히 옹호해준다.
- 직속 부하직원이 많지 않다.

이렇게 할 것

▶ 감사를 기대하지 않는 누군가에게 매일 감사하는 습관을 들여라. 당신이 자주 연락하는 사람들과, 당신의 일에 중요하지만 멀리 있는 사람들의 목록을 지금 당장 만들어보자. 핸드폰에 목록을 저장하고, 모닝커피를 마실 때마다 그것을 눈여겨보라. 다른 누군가를 목록에 추가하며 하루를 시작한다.

▶ "감사하다"를 일상의 한 부분으로 스며들게 하라. 주차장, 체육관, 마켓에 가면서 적어도 한 명과 짧은 통화를 한다.

▶ '오프라 이벤트' 같은 순간을 계획하라. 개인 우표를 붙인 감사 편지는 어떨까? 중요한 행사에 당신과 소중한 직원의 사진을 액자로

만들어 전시하라(혹은 평범하고 재미없는 날에 그의 비밀 협력자가 되어도 좋다).

▶ 진심으로, 그리고 구체적으로 감사의 마음을 전하라. 당신의 감사 인사가 업무 지향적일 필요는 없다. 누군가의 행동이 당신의 삶이나 타인의 삶에 끼친 긍정적인 영향을 진심으로 전달하라. 또한 그 사람의 희생을 인정하라.

▶ 가능하면 상대의 눈을 보고 직접 감사를 전하라.

▶ 미루지 마라. 가끔 우리는 좀 더 특별한 인사를 전하고 싶은 마음에 감사하다는 말을 즉시 하지 않고 때를 기다리다가 중요한 순간을 놓쳐버린다. 누구에게든 감사 인사를 늘 두 번씩 할 수도 있다. 핸드폰의 받아쓰기 기능을 활용하라. 즉시 문자나 짧은 메일을 다음과 같이 보내보자. "방금 X와 미팅하러 나왔는데, 네가 없었다면 결코 이 미팅은 성사되지 못했을 거야."

▶ 상대가 직접 만지고 보면서 당신의 감사를 느낄 수 있도록 손으로 쓴 메시지를 준비하라. 그의 책상이나 컴퓨터에 한동안 '떨어지지 않을' 포스트잇으로 남겨 놓는다.

▶ 지퍼백에 편지지와 우표 등을 담아 감사 키트를 만들어라. 그리고 가방이나 회사 책상 서랍에 넣어두자. 언제든 감사 편지를 남기고 싶을 때를 대비해 모든 준비를 미리 해놓자.

▶ 당신의 상사도 당신만큼이나 "감사하다"는 말을 듣는 것에 행복해한다는 것을 기억하라. 당신의 선배가 영감을 주거나 힘을 실어주는 진심어린 태도를 보이는지 세심히 지켜보고 감사를 표하라.

▶ 감사하다는 말을 하기에 늦은 때란 없다. 지난날을 떠올리며 전 교

수님, 멘토, 동료에게 짧은 편지를 써서 그들이 여전히 당신에게 영향을 주고 있다는 사실을 알려라. 그들이 당신을 기억할 수 있을지는 걱정하지 마라. 당신의 편지를 받는다면 (분명히) 기억해낼 것이다.

명심할 것

- "감사하다"고 하면서 요청을 추가하지 마라. 감사를 표하는 내용만으로도 족하다.
- 진심에서 우러나오는 감사의 말은 값비싼 선물보다 더 의미 있고 오해할 여지가 적다.
- 간단한 음료나 이벤트를 준비하는 것은 감사를 전하는 좋은 방법처럼 보일 수 있지만, 통근 시간이 길거나 일정이 빡빡한 직원에게는 부담을 줄 수도 있다. 감사를 전하고픈 사람의 필요에 맞게 감사의 방식을 정하라.

구체적 사례
· · · · ·

마감을 맞추려면, 밀어붙이는 요청보다 감사 인사를 전한다

투자 자본이 들어왔고 회사는 비상 상황에 돌입했다. 뎁이 제품의 긴박한 출시 일정을 맞추는 것은 가능했지만, 그러려면 밤낮없이 일을 해야 했다. 커피를 수도 없이 마시며 성공 가능성을 높인 뎁은 누

구도 따라잡을 수 없는 속도로 일을 진행했지만, 함께 일하던 이들은 종종 실수를 저질렀다. 뎁은 새로운 계획을 세웠다. 업무를 굼뜨게 하는 직원들에게 꾸짖는 메일을 보내기보다 그들의 협조에 대한 감사를 표현한 것이다. 그녀는 "오늘 아침 8시까지 보내기로 약속한 보고서는 어떻게 됐어?"라고 말하는 대신, "우리의 협력을 소중하게 생각한다" "출시 일정을 맞추는 데 당신의 업무 능력이 매우 중요하다" "지금까지의 희생에 감사한다"와 같은 문구를 포함해 감사의 인사를 전했다.

뎁의 시도는 바랐던 결과를 가져왔다. 대부분 팀 사람들은 "제가 도울게요. 지금 너무 힘든 시간인 걸 알고 있어요. 우리 한번 열심히 해봐요" 같은 답변을 보내왔다. 밤낮없이 쉬지 않고 일한 두 달 동안 뎁은 동료들에게 메일을 보내거나 공개적으로, 그리고 개인적으로 감사를 표했다. 뎁이 매주 금요일마다 맞춰놓은 달력은 그녀가 또 한 번의 획기적인 성과를 달성한 팀의 노력에 진심어린 감사를 표하며 이번 주를 마칠 거라는 걸 알려주고 있었다. 팀원들은 뎁의 독려에 분개하기보다 성과를 자랑스러워했다. 뎁은 비판하고, 창피함을 주고, 가끔 혼자 일만 했던 자신의 이전 습관을 되풀이하지 않은 것에 안도했다.

감사를 빠트린 대가는 크다

밥은 주식 분석가로서 취업하기 위해 최종 면접을 보는 동안 미래의 상사, 예비 동료 두 명, 그리고 예비 후배 직원 한 명을 만났다. 그들은 구직자에 대한 인상을 비교하기 위해 모였다. 밥의 이력서는 모든 항목에 체크가 되어 있을 정도로 완벽했지만 어딘가 이상했다. 밥은 지나치게 오만한 것처럼 보였다. 하지만 그저 느낌일 뿐, 딱히 지적할 만한 것은 없었다. 면접관들은 모두 밥에게 친절한 감사 문자를 받았는데, 예비 후배 직원인 딜리아만 제외되었다. 채용 담당자는 이것이 밥이 부하직원을 무시하는 사람일 수 있다는 것을 알려주는 '신호'로 보인다며 우려했다. 그는 밥에 대해 더 자세히 알아보기 위해 전화를 걸어 밥이 자신에게 보고를 하는 후배를 존중하는 것보다, 상사와 성공적인 관계를 쌓는 데 훨씬 더 능숙하다는 사실을 알아냈다. 밥은 결국 면접에서 낙방했다.

4장

이름을 부르자

주목을 이끌어내고 개개인을 인정해준다

나는 숫자가 아니다. 나는 자유인이다!

— 패트릭 맥구한, TV시리즈 「더 프리즈너」의 넘버 식스

자신의 이름을 듣는 것은, 수없이 다양한 상호작용 속에서 주의를 환기시키고 관심을 기울이게 하는 신경 점화키다. 이름은 존재를 인정하고, 정체성을 부여하며, 도움과 기회를 보장하는 수단이다. 이름을 갖는 것의 중요성은 아파르트헤이트 이후 남아프리카공화국 헌법에서 기본권으로 제정할 정도로 매우 특별한 의미가 있다. 직장에서 함께 일하는 동료들의 이름을 외워두는 것은 그들에 대한 존중을 보여주는 동시에, 그들이 주목받았고 가치 있는 존재라는 사실을 확인시켜준다. 먼저 소통하고 싶으면 그 사람의 이름을 부르는 것부터 시작하라!

규모가 큰 기업에서 일하는 사람들 상당수가 사장의 이름은 알지만 그보다 낮은 직책의 직원들, 특히 정비보수 일을 하거나 식당에서

일하는 보조 직원들, 그리고 아이러니하게도 방문자의 이름을 확인하고 전달하는 안내데스크 직원의 이름은 알지 못한다. 특히 외국인 직원들은(상급자라도 예외 없이) 자신들의 이름이 동료의 발음 한계에 부딪혀 수정될 때면 자신이 이방인이라는 생각을 하게 된다. 데일 카네기는 "사람의 이름은 모든 언어에서 가장 달콤한 소리이다"라고 했다.

　이름을 잘못 기억하는 것은, 특히 여러 문화가 섞인 환경에서 일할 때 특정 그룹에게만 편안함의 특혜를 준다. 이름을 배우려면 그리고 주변에 누가 있는지 진정으로 인식하려면, 당신의 지적 능력을 반드시 활용해야 한다. 이름을 묻거나 기억할 만큼 신경 쓰지 않는다면 그것은 상대를 무시하는 것이다. 이는 악의적으로 의도된 것은 아닐지라도, 상대에게 모욕을 주고 인간관계에 균열을 만든다.

당신이 이렇다면 주목할 것

- 즉시 인간관계를 맺는 것의 중요성을 인정한다.
- 당신의 하루를 더 효율적이고 기쁘게, 또 편안하게 해준 많은 사람들이 있지만…… 당신은 아직 그들의 이름을 모르기 때문에 그들을 '키 큰 사람'이나 '빨간 안경 쓴 친구'라 부른다.
- 직원들이 많이 바뀌었는데 다들 좀 불안해 보인다.
- 상대에 대한 존중과 품위를 전하고 싶다.

이렇게 할 것

▶ 지금 책상에서 일어나 5분 동안 사무실을 둘러보라. 모두의 이름을 아는가? 바로 지금이 이름을 물어보기 좋은 때다.

▶ 자신을 소개할 때 상대방의 이름을 묻는다. 언제나.

▶ 회의 중이든, 현장을 걷고 있든, 사람들이 서로의 이름을 아는지 확인하라. 의심스러우면 서로 소개해준다.

▶ 회의 시간에 모든 사람이 앉아 있는 위치에 따라 그들의 이름을 빠르게 적으려고 해보라. 기억하는 데 도움이 될 것이다.

▶ 동료에게 이름에 관련된 에피소드를 들려달라고 하라. 그나 그녀의 가족 이야기를 들여다본다면 이름을 기억하는 데 도움이 될 것이다.

▶ 미화원과 주차요원을 포함해 직장에서 당신을 위해 서비스를 제공하는 사람들의 연락처를 저장하라. 이들의 이름을 완벽하게 외울 때까지는 하루를 시작하며 사무실 건물에 들어가려는 순간, 잠시 핸드폰을 열어 이름을 다시 확인한다.

▶ 가끔 어떤 이름은 당신에게 이국적으로 들릴 수도 있다. 그 사람의 연락처에 음성 발음을 입력해서 이름을 정확하게 부를 수 있도록 한다.

▶ 노력하라. 당신이 편하다는 이유로 별명 부르기를 규칙으로 정하지 마라. 모든 사람은 사무실에서 자신의 정확한 이름으로 불릴 권리가 있다.

명심할 것

- 이름을 모르면서 아는 척 하지 마라. 그것을 속일 방법은 없다. 이름을 알 수도 있고 모를 수도 있지만, 특정한 순간에 상대의 이름을 알고 있다면 매우 유용할 것이다. 만약 이름이 기억나지 않으면 사과하고 다시 알려달라고 부탁한다. 어쩌면 마지막으로 그를 만났을 때를 설명하는 건 어떨까. "로비에서 조각상을 보며 당신과 재미있는 대화를 한 것이 생각나지만 유감스럽게도 당신의 이름이 기억나지 않아요."
- 당신이 아무리 쾌활하고 명랑한 성격일지라도(혹은 악의가 없어도), "자기" "여보" "내 사랑"과 같은 애칭은 직장에서 부르기 적합하지도 않으며, 한 사람의 이름 대신 불러서는 안 되는 호칭이다.
- 이름을 물을 때 역효과를 내지 않으려면 어조가 중요하다는 것을 기억하라.

구체적 사례

· · · · ·

마음에 새겨라

성공적인 고객 미팅이 끝나고 회사의 선임 파트너인 웨인은 아르만의 기여에 감사를 표하기 위해 그의 이름을 물었다. 이번이 네 번째였다. 처음에 아르만은 고위층 상사가 이름을 묻는 것에 으쓱해했다. 두 번째에도 그는 여전히 지난번의 칭찬으로 기분이 좋았고, 웨인이 방금 전까지 머릿속이 복잡했음을 알고 있었기 때문에 그동안 얼마나 힘들게 일했는지 안다며 공감했다. 하지만 세 번째 물었을 때 아르만은 기분이 상하기 시작했고, 네 번째 물었을 땐 웨인의 무신경함에 화가 났다. 웨인의 아르만에 대한 무관심하고 무신경한 태도는 좋은 의도마저 전부 퇴색시켰다. 웨인처럼 무신경하게 행동하지 마라.

이름을 알려주기만 하지 말고 상대의 이름을 물어라!

셰리스는 대기실에서 손님들과 각각 악수하면서 이름을 물었다. 그녀는 그들을 회의실로 안내하고 음료를 가져다주겠다고 제안했다. 잠재적 협력사 4곳 중 3곳이 주문을 했다. 커피와 함께 회의실로 들어온 그녀는 "저는 구글의 마케팅 이사 셰리스 토레스입니다. 만나서 반갑습니다. 회의 시간은 52분 정도 남았네요. 무엇부터 시작할까요?"라고 말했다.

회의실에 있던 사람들은 입을 떡 벌리고 그녀를 안내 직원으로 착각한 것에 사과했다. "우리는 당신이 셰리스인지 몰랐어요!" 셰리스는 이 이야기를 하면서 자신에 대한 무관심이 접근성(그녀는 손님들을 회사 입구에서 직접 만났다), 성별, 피부색 중 무엇 때문에 일어났는지 의문을 품었다. 이유가 무엇이든 셰리스의 이름을 묻지 않은 것은 미래에 협력을 목표로 하는 사람들의 인격을 엿볼 수 있는 귀중한 기회를 제공했고, 그 인상은 긍정적이지 않았다.

5장

칭찬하기

자부심은 로켓 연료처럼 강력한 힘을 발휘한다

좋은 칭찬 하나로 나는 두 달을 살 수 있다.

— 마크 트웨인

자부심은 개인과 집단이 최선을 다하도록 동기를 부여하는 사회적 묘약이다. 우리는 모두 공동체에 쓸모 있는 존재가 되고픈 본질적 욕구를 가지고 있다. 공동체가 우리의 노력을 인정하면 우리는 더 당당할 수 있고, 더 열심히 일할 수 있으며, 중요하고 유용한 감각으로 삶을 유지할 수단을 얻을 수 있다. 팝스타 레이디 가가도 이렇게 노래했다. "나는 박수, 박수, 박수를 위해 살아."

자부심을 높이는 데는 돈이 들지 않는다. 부탁한다고 말하고 감사하다고 말하는 것처럼 칭찬의 말 역시 공짜이고, 효율적이며, 수요가 많다. 조직 사다리의 모든 계층의 사람들이 칭찬을 효율적으로 활용할 수 있다. 직장에서 만족감을 높이려면 칭찬을 아끼지 말고 전하라. 하지만 칭찬을 받을 자격이 있는지는 확실히 해야 한다. 근거 없는 칭찬은 공허한 아첨으로 들릴 수 있고, 이후 진정으로 인정받을 만한 노력을 훼손시킬 수 있다. 단, 목표에 임박한 연이은 성공을 칭찬하면 완벽함보다 과정을 인정하고 더 자주 진심으로 감사를 전할 수 있게(그리고 긍정적인 관계를 맺을 기회도) 되기 때문에 동기부여가 된다.

애리조나주립대학교 사회심리학과 로버트 치알디니Robert Cialdini 교수의 『설득의 심리학』은 영업사원들에게 바이블과 같은 책이다. 이 책의 중요한 교훈은 대부분 사람들이 놀랄 정도로 아첨에 잘 속는다는 것이다. 우리는 자신의 장점을 알아보는 사람들에게 더욱 기꺼이 협력하려 한다. 당신이 동료를 칭찬하면 그들은 당신의 평가가 옳다는 것을 인정하는 방식으로 행동할 것이다.

대부분 상사들은 칭찬을 자주 한다고 생각하지만, 회사에서 자신의 성과를 충분히 높이 평가한다고 느끼는 직원들을 나는 거의 만나본 적이 없다. 그리고 책임자 이야기가 나와서 말인데 그들은 전망 좋은 사무실에서 근무하고, 비행기 좌석을 업그레이드하고, 보너스도 더 많이 받아서 따로 칭찬이 필요해 보이지 않는다. 하지만 **대단한 그분들도** 감정이 있기 때문에 칭찬을 원한다. 우리의 일터를 사람을 존중하는 곳으로 만들려면 경영진뿐 아니라 직원들의 책임 또한 필요하다. 꼭대기는 외롭다. 당신의 상사가 단상에 오르려고 하면 신뢰의 뜻으로 고개를 끄덕여라. 개인 성과평가 기간에 복도에서 팀장을 만나면 "당신은 어떻게 생각해요?"라고 물어보고 그들의 노력에 감사를 전하자! 평가서를 작성하고 전달하는 일은 매우 힘든 과정이다.

다음 통계를 잊지 마라. 부정적인 발언 한 번으로 떨어진 자신감을 회복하려면 긍정적인 발언 다섯 번이 필요하다. 그러므로 아낌없이 칭찬할 기회가 있는지 세심히 살피도록 하자.

당신이 이렇다면 주목할 것

- 당신이 이뤄낸 성과에 자신 있다.
- 주목을 지나치게 많이 받으려 하는 것 같다(칭찬도 마찬가지).
- 기운은 없고, 감정은 격하다.
- 당신이 속한 팀이 끔찍하게 경쟁적이고 부정적인 영향을 받았지만 다시 회복하고 있다.

이렇게 할 것

▶ 동료의 특별한 기여에 감사를 전하며 칭찬의 말을 더하라. 감사의 크기가 훨씬 커질 것이다. 당장 내일부터 시작해보자. 달력을 훑어보라. 이번 주에 누가 당신을 기쁘게 하거나 놀라게 했나? 잠시 상황을 정리한다. 동료들에게, 그들이 당신과 회사에 해준 일이 얼마나 중요한지 말하라. 그것은 매우 간단한 일이다. 하루 종일 밝은 태도를 보인 직원에게도 감사하고 있다는 것을 알려라.

▶ 초반에 칭찬하여 동료와의 신뢰를 쌓아라. 당신 동료가 기여한 것을 조직의 장기 목표와 연결하라. 회의 의제를 만들 때 감사를 전할 시간을 5분 정도 확보한다. 동료 직원의 노고를 알아보고 칭찬

하는 시간을 갖자고 제안하는 사람이 꼭 상사일 필요는 없다.

▶ 칭찬을 미루지 마라. 구체적이고 진실하게 전하라.

▶ 가장 강력한 칭찬의 방식은 칭찬을 받는 이들이 스스로 높이 평가하는 가치와 칭찬의 내용을 연결하는 것이다. 만약 당신의 동료가 지역 사회봉사를 매우 중요하게 생각하면, 회사가 위치한 지역 사람들에게 그들의 업무가 얼마나 도움이 되었는지 설명할 방법을 찾는다.

▶ 다른 사람들이 그들의 성과를 당신과 공유할 수 있는 시간을 만들어라(그때 그들을 칭찬할 수 있다). 업무를 평가하면서 문제 해결에만 집중하지 마라. 무엇이 잘 되었는지 물어라.

▶ 동료나 후배뿐 아니라 선배에게도 칭찬의 말을 할 수 있다. 적을 칭찬할 수도 있다.

▶ 다른 사람들을 후하게 칭찬하라. 남을 추켜세우면 당신의 위상이 떨어진다는 잘못된 인식으로 피해를 보지 마라. 오히려 그 반대다. 긍정적인 평가를 전하는 것은 당신의 권위를 나타낸다.

명심할 것

• 다른 사람을 칭찬할 때 당신의 성공에 초점을 맞추지 마라.
• 칭찬을 받으면 "감사하다"고 말하고, 칭찬을 거절하지 마라.
• 일을 추가로 요청하는 것과 칭찬의 순간을 구분하라.

구체적 사례

* * * * *

올림픽 기술

2012년 런던올림픽조직위원회 회장인 폴 데이튼Paul Deighton은 영국에 '지속적인 변화를 불어넣기 위해 올림픽의 힘을 이용하고' 싶다는 목표를 세웠다. 그는 자원봉사자 모집에 집중해 영국의 많은 얼굴을 대표하는 7만 명의 사람들을 선발했다. 자원봉사자들은 자신들이 사절단의 일부라 여겼기에 지원했고, 폴은 '그들의 의욕을 꺾지' 않기 위해 최선의 노력을 다했다. 다양한 이들이 모인 이 그룹에서 존중의 문화를 조성하기 위해 그는 골드만삭스에서 25년간 근무한 경험을 활용했다. 칭찬이 수요가 많고 공급이 적다는 것을 깨달은 폴은 칭찬을 통해 수많은 자원봉사자들을 격려했다. 올림픽을 준비하고 개최하는 동안 힘든 순간이 많았지만 폴은 현대 하계올림픽 역사상 7년 동안 재임한 유일한 CEO로 남아 있다. 그의 전략을 따라하는 것은 나쁘지 않은 선택일 것이다.

칭찬으로 최고의 위치에 오르다

인도 하이데라바드에서 처음 함께 일하던 순간부터 내가 필요할 때 꼭 찾아가는 사람이 된 동료 자이마 파우를 나는 '단축번호 6번'이라 부르기 시작했다. 비즈니스 회의 몇 시간 전, 내가 갈아입을 옷도 없이 도착했을 때 자이마는 정말로 '그녀의 옷장에서 꺼낸 옷'을 내게 주었다. 그녀는 지원 업무를 처음 맡았지만 자신에게 딱 맞는 듯 편안해했다. 그녀는 우리가 누구를 만나야 하는지, 어떤 배경 정보가 필요한지, 심지어 어떤 음식을 먹을지 조정하면서 모두를 편안하게 지원해주는 놀라운 능력을 가지고 있었다. 나는 궁금한 것이 있으면 자이마의 단축번호인 전화기 6번 버튼을 눌러 연결했고, 그러면 짜잔, 하고 그녀가 나타나 답을 해줬다.

자이마의 빠르고, 효율적이고, 창의적인 문제해결 능력은 우리 팀에 매우 유용했다. 내가 어떻게 감사를 표현했을까? 나는 그녀의 수많은 재능을 칭찬하고 그녀의 능력이 우리 조직에 왜 그토록 큰 차이를 만들어냈는지, 그리고 그녀가 이 직업을 선택해서 내가 얼마나 감사한지를 전하는 편지를 쓰기로 했다. 나는 자이마에게 이 편지를 부모님과 함께 볼 것을 권했다. 그들의 딸에 대한 칭찬은 그들에게 하는 칭찬이나 마찬가지였기에! 구석구석을 살피고 해결책을 예상하는 그녀의 능력은 우리 모두가 일을 더욱 효율적으로 할 수 있도록 만들었다.

6장

받았으면 받았다고 전하자

동료의 시간 관리를 돕는다

프로젝트가 계속 진행될 수 있게 그리고 모든 이들이 정신을 잃지 않도록 주문을 걸어보자.

지나친 걱정을 없애고 사람들이 무시당했다는 감정을 느끼지 않게 하려면 당신의 역할을 다해야 한다. 동료들이 완성된 프로젝트 계획안을 보내거나, 요청하거나, 메일을 통해 중요한 공지를 보낼 때 메일을 확인했음을 알려라. 그저 "받았다"고 회신하기만 하면 된다. 이렇게 간단하게 회신을 하는 것만으로 동료들이 당신의 관심을 받았다는, 즉 당신이 그들의 메시지를 받았고 그들이 스트레스를 받을 필요가 없다는 심리적인 확신을 갖게 한다. "받았다"는 회신은 전기 통신기기 반대편에 사람이 있다는 것을 나타내는, 사람 간의 연결고리가 가장 빨리 드러나는 지점이다. 또한 "받았다"고 말하는 것은 상사, 선배, 동료들에 대한 존중을 나타낸다. 이를 고객이나 판매업자, 구직자에게도 활용하라. 누구도 대답 없는 하늘에 메시지를 보내고 싶지는 않다.

일부 사람들은 "받았다"는 짧은 회신이 받은편지함을 더 꽉 채우게 하거나 여유 시간을 너무 많이 빼앗는다고 주장할 수도 있지만, 답변을 제때 받지 못하면 신뢰가 무너지고 부정적인 생각을 자극하며 지나치게 극단적인 생각을 마음속에서 키울 수 있다.

> "왜 답변을 안 하는 거야? 날 신경 쓰지 않는 게 틀림없어."
> "내가 언제 그 사람의 마음을 상하게 했나?" (문제가 될 만한 메시지를 찾느라 과거 메일을 전부 뒤지는 시간 낭비의 계기가 됨)
> "내가 필요한 정보를 얻지 못하면 이 프로젝트는 결코 끝나지 않아. 그런데 왜 항상 나만 기다려야 하지?" (불만이 쌓임)
> "내가 마감일을 맞추지 못하면 이건 전부 그 사람 잘못이야." (이제 매우 화났음)

"받았다"는 간단한 답변을 보냈다면, 이런 모든 시간 소모적인 반응은 생기지 않았을 것이다. 자신의 할 일에만 너무 집중해서 필요한 정보를 대체 언제 받을 수 있는지 궁금한 사람들이 있다는 사실을 잊은 **무신경한** 동료가 되지 마라. 마찬가지로 보고서를 몇 주 동안 파고들어 작성해서 상사에게 보냈는데, 아무런 피드백도 받지 못하는 것보다 기분 나쁜 일은 없다. 받은 것도 인식하지 못하고 직원을 평가 절하하는 무능한 관리자가 되지 마라. 메일 알림이 제대로 오지 않았다고? 맞다. 그건 컴퓨터 잘못이다. 하지만 지질하게 굴지 마라. 즉시 팀원들에게 "받았어"라는 답변을 보내 충분한 가치가 있다고 생각한다는 사실을 알려라.

만약 메일에 즉시 조치를 취할 수 없는 요청이 포함되어 있으면, "받았다"는 답변에 일을 끝낼 수 있는 예상 날짜를 함께 적어 보내자. 시간을 관리하는 능력은 직장 내 권력을 드러내는 한 형태이다. 누군가를 기다리게 하는 사람은 권력을 확고히 한 것이다. 요청된 정보를 언제 이용할 수 있는지 알려줌으로써 동료가 그에 따라 계획을 세울 수 있기 때문이다. 혹시 부하직원이 프레젠테이션 자료 수정 방향을 문의하기 위해 당신에게 메일을 보낸 후 사무실에서 밤늦게까지 당신의 피드백을 기다린 적이 있는가? 날 믿어라. 지금 당신의 팀원들은 조금도 행복하지 않다.

"받았다"는 답변을 쓰는 데는 불과 몇 분밖에 걸리지 않지만, 이는 답변을 기다리는 사람의 오랜 불안을 덜어준다.

당신이 이렇다면 주목할 것

• 요청에 대한 답변을 받지 못해서 사람들이 당신의 사무실에 찾아온다.
• 부탁한 자료를 누군가가 보냈을 때 그에게 받았다고 알리지 않는다. 그게 그 사람의 일이라 여긴다.
• 받은편지함의 읽지 않은 메일의 개수보다 당신의 몸무게가 덜 나간다.

- 마감이 다가오면 헤드폰을 쓰고 일에만 **집중한다**. 그러면서 아무도 현재 업무와 상관없는 요청을 하지 않게 해달라고 기도한다.
- "분명히 스팸보관함으로 들어갔을 거야"는 누군가가 당신에게 다섯 번째로 답변을 재촉할 때 당신이 주로 하는 변명이다.

이렇게 할 것

▶ 요청이나 특별 공지, 혹은 프로젝트 완료 메일을 받자마자 "받았다"는 답변을 보낸다.

▶ 길이가 긴 문서를 처음부터 끝까지 읽거나, 시간이 많이 걸리는 일을 다 끝내고 난 후에 답변하려고 하지 마라. 일단 받았다고 알리는 것이 먼저다.

요청 관리하기

▶ 받은 편지함을 매일 검색하고 메일 '분류' 기능을 사용하라. 전에 놓친 메일 중 "받았다"는 답변을 보내야 하는 메일에 전부 회신하라. 요청이 적절하지 않거나 부당하면 즉시 답변하여 문제를 설명한다. 이때 대답을 전혀 하지 않으면 잠재적 갈등을 악화시킨다.

요청하기

▶ 메일 제목에 상황을 명시해서 어떤 조치가 필요한지 알려라. 답변을 바로 받아야 하면 제목에 '긴급'이라 적는다.

▶ 메시지 초반에 상대에게 기대하는 바를 적는다. 빠른 회신이 필요

없으면 그것도 적어라. 상대는 당신의 배려 덕분에 숨을 돌리고 마감 기한을 맞출 수 있게 된 것에 감사할 것이다.

▶ 한밤중에는 아무리 좋은 아이디어가 떠올랐어도 팀원들에게 메일을 보내지 마라. 대신 동료가 잠에서 깨서 메일을 받았다고 충분히 답장할 정도의 시간이 되면 바로 메일을 보낸다.

명심할 것

• "받았다"는 답변은 최소한의 예의일 뿐, 완전한 답변을 대체할 수 없다. 그러니 가능하면 완전한 답변을 보낼 수 있는 날짜를 같이 제시한다. 그리고 곧바로 달력에 일정을 저장하여 할 일을 상기시켜라.

• 단순한 "받았다"는 답변이 섣부른 합의를 제안하는 것은 아닌지 두려우면 "다음에 검토하겠다" 정도로 답변한다.

구체적 사례

· · · · ·

당신의 질문만 중요한 게 아니다

믿을 수 있는 사람, 허튼 짓을 하지 않는 협상가, 맥주 한잔 같이 하고 싶은 동료, 전부 웬디를 설명한다. 의류 회사의 부사장인 웬디는 다른 사람들의 요구를 파악해서 세심하게 반응하는 것에 자부심이 있다. 그런 웬디에게 연말 평가에서 예상하지 못한 피드백이 도착했다. 웬디가 동료들의 요청에 대한 답변을 하는 데 시간이 '한없이' 걸리는 경우가(몇 분이 아니라 몇 주를 의미) 자주 있었다는 평가 결과가 나온 것이다. 처음에 웬디는 동료들이 자신의 업무 성격을 잘 모르기 때문에 생긴 오해라고 항변했다. 그러다 자신도 답변이 늦어지는 이유를 제대로 설명한 적이 없음을 알게 되었다. 깨달음의 순간이었다. 답변을 만드는 속도는 빠르지 않을 수도 있지만, 웬디는 최소한 요청을 받았다고 알리고, 필요한 단계를 설명하고, (이상적으로는) 언제쯤 완성 가능할지 예상 시간표를 제공할 수 있었다는 것을 깨달았다.

문화가 드러나다

대형 의류 회사의 이사로 스카우트된 야스민은 최종 선발 절차의 일환으로 4가지 심층 질문에 답변하라는 요청을 받았다. 채용 담당자는 48시간 이내에 답변을 요구했다. 야스민은 모든 것을 제쳐두고 하루 만에 답변을 제출했다. 하지만 그녀는 자신의 답변이 제대로 접수되었거나 검토되고 있다는 어떠한 피드백도 받지 못했다. "감사하다"도, "받았다"도 없었다. 2주가 지나고 경영진은 야스민에게 면접이 더 있으니 다시 오라는 메일을 보냈다. 하지만 야스민은 참석하기 망설여졌다. 자료를 받았다고 알리는 기본적인 예의조차도 지키지 않는 것을 보고, 그 회사 문화에 대해 많은 것을 알게 되었기 때문이다.

7장

피드백을 제공하자

모두에게 이익이다

내가 일을 잘했나? 내가 일을 **굉장히** 잘했나? 아니면 일을 망쳐놨나? 왜 아무도 내게 말을 하지 않지? 불안은 성공을 방해한다. 우리는 우리가 어떻게 하고 있는지 알아야 한다. 적절한 비판을 주고받는 것은 관계를 강화시키고 더욱 단단하게 한다. 믿을 수 있는 피드백이 주는 즉각적이고 긍정적인 영향을 지켜보는 것은 매우 만족스럽다.

직접적인 피드백이 없을 때 우리는 동료들의 얼굴을 유심히 살피고, 메일의 뉘앙스를 분석하고, 성과평가의 방향성을 살피기 위해 예민해진다. 그리고 사무실에 들어갈 때 자신을 바라보는 사람들의 눈빛을 관찰한다. 뭔가 잘못된 것 같지만 아무도 말을 해주지 않아 답답하다.

컨설턴트로서 나는 내가 관리하고 있는 기업의 임원들을 이해하기 위해 인터뷰를 진행한다. 어김없이 이사진과 관리자, 동료, 부하 직원들은 친절하게 인터뷰에 임한다. 하지만 내가 "그 사람에게 단점에 대해 말해주었나요?"라고 물으면 대답은 "아니오"다. 갈등에 대한 두려움과 제한된 시간, 그리고 자신의 관점이 중요하게 받아들여지지 않을 수 있다는 우려는 기업의 성장을 방해한다. 길을 잃었다고? 당신이 어떻게 하고 있는지 궁금하다고? 외부 컨설턴트를 꼭 고용할 필요는 없다. 당신의 동료들과 함께하는 시간을 만들어 **그냥 물어보라!**

당신이 이렇다면 주목할 것

- 일일 목표는 직무 능력 개발을 지원하는 것이다.
- 다른 사람들의 행동을 예리하게 관찰하지만 직접 비평하는 것은 꺼린다.
- 직접 토론하는 것보다 뒷담화하는 것이 더 편하다.
- 직속 부하직원들에게 당신이 문제가 있는 행동을 하면 알리라고 말한다.
- 연간 성과평가 기간은 당신이 피드백을 공유하는 주된 시기다.

이렇게 할 것

▶ 가능하면 피드백을 일찍, 다른 사람이 없을 때 본인에게 제공하라. '확실한' 근거가 있다면 시의적절한 피드백은 너무 늦게 제공된

정보보다도 더 유용할 수 있다.

▶ 나쁜 피드백이 오더라도 의도를 의심하지 마라. 자신의 잘못된 행동에 초점을 맞추고 개선을 위한 구체적인 제안을 한다.

▶ 피드백을 요청하라. 다른 사람들이 동료에게 당신에 대해 말할 때 어떤 단어로 설명하는지 물어보자.

▶ '비판 샌드위치'를 잘 쌓아라. 칭찬으로 시작하여 몇 가지 비판과 제안을 한 다음, 긍정적인 발언으로 마무리한다.

▶ 적절하게 제공되기만 한다면, 존경받는 위치에 있는 사람들은 당신의 피드백을 소중하게 여길 것이란 사실을 기억하라. 내 고객 중한 명은 "일단 유명해지니까 더 이상 아무도 내게 쓴소리를 하지 않았어요. 나는 대부분 8명의 임원들과만 대화를 나눴거든요"라고 내게 털어놨다.

▶ '피드포워드'를 시도하라. 즉, 과거에 잘못한 것에 중점을 두지 말고 미래에 더 나아지려면 어떻게 해야 하는지를 제시하는 방향으로 피드백하라.

명심할 것

• 누군가의 '기를 죽이는' 것은 중요한 동기부여를 파괴한다는 사실을 기억하라. 다른 이의 성과를 비판하면서 자신의 성공을 언급하지 마라.

• 피드백을 받은 만큼 품위 있게 돌려줘라. 누군가가 피드백을 준다면, 설령 동의하지 않더라도 "감사하다"고 말하라.

구체적 사례

. . . . .

빨간 슈트는 잊어라

"당신은 워크숍에 참석하는 영국의 남성 은행가들과는 상당히 다르네요." UBS의 교육 책임자는 내게 이렇게 말했다. "당신은 여성이고, 미국인이며, 심리학자이고, 매우 밝은 옷을 입고 있군요. 우리가 바꿀 수 있는 건 당신의 옷 색깔뿐입니다." 청하지도 않은 패션 컨설팅을 받자마자 내 얼굴은 입고 있던 붉은 슈트 만큼이나 붉어졌다. 일단 화를 가라앉히자 나는 내가 모욕당한 것이 아니라는 것을 깨달았다. 그저 성공을 위한 코치를 받고 있는 것이었다. 누군가는 직장에서 **있는 그대로의 본 모습으로 살아가는** 걸 꿈꿀 수 있지만, 직장은 혼자서만 생활하는 곳이 아니기에 내키는 대로만 행동할 수는 없다. 주변 사람들에게 적응하고 어느 정도 융화되는 것은 언제나 중요하다.

근태가 문제가 아니다

조는 공개석상과 회의를 막론하고 비꼬는 발언을 자주 했는데, 이는 자율성을 중시하는 상사인 리다를 극도로 화나게 했다. 탄력적인 근무시간에도 불구하고 리다는 조가 이를 악용하고 있다고 생각했다. 조는 종종 정오에 사라졌다가 완벽하게 매만진 헤어스타일을 하고 나타났다. '어떻게 감히 근무 시간에 드라이를 할 수 있지?' 리다는 화가 치밀었지만 갈등을 일으키고 싶지 않아서 아무 말도 하지 않았다. 대신 리다는 조가 퇴근하자마자 누가 봐도 의도가 명백한 표

. . . . .

63

정을 지으며, "어머, 고객 미팅에 조를 참석시킨다는 걸 깜빡했네"라고 말하며 조에게 전화를 걸곤 했다. 리다와 조는 우회적인 공격을 주고받으면서 서로를 괴롭히고 있었다.

결국 리다는 자신의 분노를 사실대로 털어놓으며 조에게 건설적인 피드백을 제시했다. 조는 처음엔 기분이 나빴다. '내 목표 실적을 달성했는데, 대체 뭐가 문제야?' 개인적인 이유로 근무 시간을 비우는 것은 회사 정책을 악용한 것이었는데도, 이를 지적했다는 이유로 조는 리다에게 삐딱한 태도를 보였다.

리다는 계속 이야기했다. 근무 시간 **엄수**는 중요하다고. 직원들과 딴짓을 하는 것도 문제였지만, 정오에 규칙적으로 미용실에 가는 것은 회사가 중요시하는 근면한 가치관과도 맞지 않았다. 더욱 중요한 것은 선배 직원으로서 조가 다른 직원들에게 나쁜 영향력을 미치고 있다는 사실에 리다가 책임자로서 크게 실망했다는(또 상처받았다는) 점이었다. 결국 근태가 중요한 게 아니었다. 무례를 느끼는 것, 그것이 본질적인 피드백이었다. 일단 직접적인 대화가 이루어지자 숨겨놓은 응어리가 전부 쏟아져 나왔고, 조와 리다는 진실한 대화를 나눌 수 있었다.

제 2 부

모든 감각
활용하기

ENGAGE ALL OF YOUR SENSES

아는 것은 경쟁력이다. 무언가를 모르는 것은 당신을 아프게 할 수 있다. 직급과 컴퓨터 스크린 뒤에 숨는 것은 그다지 좋은 방법이 아니다. 당신이 '단순히 일을 끝내려고' 노력하는 동안 당신의 동료들은 매일 당신을 교묘히 깎아내리는 비판적인 메시지를 주고받고 있을지 모른다. 물론 순간적으로 그들이 짓는 표정이나 걸음걸이의 변화, 혹은 의자에서 옮겨 앉는 방식이 대수롭지 않게 보이거나 너무 산발적으로 등장해서 신경 쓰기 어려울 수도 있다. 하지만 겉보기에 특이한 이런 행동은 더 크고 중요한 의미를 반영하는 것일 수 있다. 당신이 놓친 것은 무엇인가?

말에만 의존할 수는 없다. 말은 세상을 흑과 백으로 설명한다. 다른 사람보다 뛰어나기 위해, 또 깊이 소통하기 위해 당신은 사무실이 선명한 색채와 입체적인 음향으로 가득한 역동적인 곳이 되기를 바란다. 몇 분만 투자해 당신의 감각을 자동에서 수동으로 전환하고 주변 사람들과 함께 하는 방법을 배워라. 동료는 정말로 왜 그렇게 행동할까? 경청하라. 같이 있을 때 조용해지는 것을 두려워하지 마라. 지켜보라. **모두에게** 관심을 가져라. 식사를 함께 하는 것도 좋다. 당신의 동료는 비밀을 말해주고, 중요한 정보를 당신과 공유할 것이다. 당신이 관심을 표현하면서, 아무런 목적 없이 함께할 시간을 낼 수만 있다면 말이다. 비언어적인 신호에 주의를 기울이느라 잠시 멈춘다면 더 나은 관계를 맺고자 하는 당신의 목표에 한 발짝 더 다가서게 될 것이다. 직장에서 의미를 찾는 일이 반드시 거창하거나 대단할 필요는 없다. 경험을 공유하는 잠깐의 순간으로도 함께 의미를 만들어나갈 수 있다.

당신이 이렇다면 이번 파트를 주목할 것

• 사무실에서 활기를 느끼고 싶다.

• 사기가 떨어졌다.

• 보이지 않는 곳에서 갈등이 일어나고 있다.

• 무슨 일이 일어나고 있는지 확실히 이해할 수 없다.

• 당신의 역할이나 기대감에 많은 변화가 있었다.

• 당신이 다니는 직장은 기술에 대한 의존도가 매우 높으며, 사람들은 서로 대화하지 않고 메신저 같은 전자기기를 통해 대화한다.

• 당신의 팀은 같은 장소에 자주 있지 않지만, 당신은 그들을 한자리에 모을 영향력이 있다.

모두에게 관심을 갖자

관계의 시야가 넓어진다

동료의 눈길을 외면하는 것은 그 사람의 존재를 지우는 일이다. 반면 잠시라도 눈을 맞추며 이야기를 나눈다면 새로운 연결고리를 만들고 그 순간에 함께 있다는 것을 느낄 수 있다. 우리는 보지 않아야 한다고 생각한 것과 마주할 때 눈을 돌리는데, 누군가를 당황하게 할 거라고 여기기 때문이다. 하지만 다른 이에게 다가갈 때 일부러 거리를 두는 것은 "당신은 중요하지 않다"고 말하는 것과 같다. 반대로 동료와 눈을 맞춘다면 존중의 뜻을 전할 수 있다.

우리가 함께 일하는 사람들의 존재를 인정하지 않는다면 조직에 해를 끼치는 서열이 강화된다. 오늘날 디지털로 연결된 세계에서는 많은 근로자들이 눈에 보이지 않지만, 우리는 그들의 공로를 인정하고 팀원으로서 그들을 소중히 여겨야 한다. 그러나 바닥을 닦고 화장실 거울을 깨끗하게 하는, 육체와 감정이 있는 청소 담당자들은 영원히 '보이지 않은 채' 남겨질 수 있다. 그들은 당신을 본다. 하지만 당신도 그들을 보는가?

우리는 프린터 토너가 떨어지고, 화장실 휴지를 다 쓰고, 난방이 켜지지 않고, 창문이 열리지 않으면 불편함을 느낀다. 사무실 문이 잠겨 들어갈 수 없는데 아무도 전화를 받지 않을 때 갑자기 경비원이 나타나면 안도하고 고마워한다. 문제는 그 고마움이 그때뿐이라는 데 있다. 눈에 보이는 모든 영역은 보이지 않는 것에 의해 보호받는다. 직업의 세계가 충만한 행복으로 채워지고 늘 그것이 유지되게 노력하고 싶은가? 그렇다면 먼저 당신을 둘러싼 모든 사람들에게 눈을 크게 뜨고 관심과 고마움을 갖는 것부터 시작하자.

당신이 이렇다면 주목할 것

- 모든 사람들이 중요하며, 그들에게 이 사실을 알리고 싶다.
- 당신은 다른 이들을 얕보거나 그들에게 무례할 수 있다.
- 지원 담당자가 미완성된 자료를 전달하거나 당신의 요청을 느리게 이행한다.
- 사무실에서 일 생각에만 집중하느라 주변 사람들을 보지 못한다.
- 모르는 사람과 회의를 해야 할 때 당신은 바쁘거나 수줍어서 그들에게 인사조차 건네지 않고 지나친다.

이렇게 할 것

▶ 건물을 드나드는 동안 잠시 시간을 내어, 우편물을 분류하거나 바닥을 청소하는 사람들의 눈을 바라보며 인사를 건네보자. 인사를 했다면 다음 질문에 답해보라. 그들의 유니폼이나 셔츠 색상을 기억할 수 있는가? 모르겠다고? 그럼 차에서 뭔가를 가져나오는 걸 잊은 척하고 뒤돌아서 다시 살펴보라. 당신은 제대로 인사한 것이 아니다.

▶ 회의를 시작하기 전에 회의실을 둘러보라. 모든 사람들과 눈을 마주쳤는가?

▶ 스스로 한 사람에게 지나치게 집중하여 다른 이들을 배제하고 있지는 않은지 살펴라. 한 사람의 의견에 지나치게 신경을 쓰면 다른 이들의 의견이 무시될 수 있다. 배우자나 룸메이트에게 당신이 직장에 관련된 이야기를 할 때 혹시 다른 사람보다 유독 한 사람에 대해 많이 말하는 경향이 있는지 물어보라.

▶ 걸을 때 핸드폰을 주머니에 넣어라. 멀티태스킹이 줄면 당신의 시야가 넓어진다.

▶ 다양한 사람과 함께 산책을 하고, 그들이 하는 이야기에 집중하라. 일 이야기가 아니더라도 말이다.

▶ 당신이 동료의 눈을 보겠다고 선택한 것이 변화의 시작이라는 것을 기억하라.

명심할 것

• 그냥 지켜봐라. 빤히 쳐다보지 말고! 시선을 마주치자는 거지, 불
쾌감을 주라는 것이 아니다.
• 눈이 영혼의 창이라면 선글라스를 쓰는 것은 블라인드를 내리고
인간관계를 차단하는 것이다. 당신의 차광막을 치우자.

구체적 사례

왜 날 보지 못하나요?

치열한 협상 끝에 캐롤의 상사 숀은 마침내 협상 대상자가 새 계
약서를 보냈다는(예정보다 5개월 늦게) 사실을 확인했다. 그것 때문에
캐롤은 한동안 힘들었다. 캐롤은 새 계약서를 숀의 사무실로 가져다
줬는데, 숀은 형식적으로 서명한 다음 서류를 다시 책상 건너편에 있
는 캐롤에게 '던졌다.' 숀의 무례한 태도에 캐롤은 자신이 왜 그토록
그를 위해 열심히 일했는지 의문이 생겼다. 모멸감을 느낀 캐롤은 당
장이라도 회사를 그만두고 싶었다. "왜 숀은 나를 존중하지 않지? 마
치 투명인간이 된 것 같아. 눈도 마주치지 않다니." 캐롤은 컴퓨터를
켜고 이력서를 다시 쓰기 시작했다.

대충이 아니라, 진심으로 사람들을 살펴라

비가 퍼붓던 어느 날, 나는 상파울루 외곽에 위치한 빈민가에 있

는 미구엘의 집으로 올라가는 비포장도로에서 진흙에 미끄러져 넘어졌다. 당시 동행한 사람들은 다국적 기업의 임원들이었는데, 사회사업의 일환으로 미구엘 같은 빈민층을 만나며 도움을 줄 방법을 모색하려 했다.

진흙탕을 헤치며 언덕을 힘겹게 오르던 임원들은 균형을 잡기 위해 옆에 걸어가는 사람의 어깨에 (허락 없이) 손을 올렸다. 또한 자신들의 코트와 우산을 당연히 받아줘야 한다는 듯 통역 자원봉사자에게 그것들을 던졌다. **빈민가** 방문이 끝나고 임원들은 마침내 통역사들에게 의례적인 인사를 건넸다. 놀랍게도 '봉사자'들은 패밀리 오피스, 대규모 투자자문회사, 대형 건설회사의 대표였다. 그들은 '슈트를 입고' 빈민가를 방문하는 대신 자원봉사를 자청했던 것이다. 임원들은 깜짝 놀라며 사과했다. "정말 미안해요. 미리 알았더라면 절대 당신들을 그렇게 대하지 않았을 겁니다." 그러나 이미 그들은 자신들의 태도에 대해 많은 것을 들킨 후였다.

임원들은 자신들이 예의가 바르고 통찰력이 있다고 자부했지만 바로 옆에 서 있는 사람들을 쉽게 무시하거나, 더 정확히 말하면 그들을 '살피고' 함께하지 못했다는 걸 깨달았다. 그리고 다음 날, 나는 임원들이 호텔 객실청소 직원에게 인사하는 모습을 목격했다. 다행히 그들은 실수를 인정하고 고칠 줄 아는 사람들이었다.

9장

경청하자

말없이 듣기만 해도 깊은 대화가 된다

난 듣는 것을 사랑해. 가만히 있을 수 있는 유일한 자리거든.
동시에 감동받기도 하고.

— 나이라 와히드Nayyirah Waheed

듣는 시간은 말할 차례를 기다리면서 멍하게 있는 시간이 아니다. 그것은 전신 운동이다. 잘 들어주는 사람, 즉 누군가의 이야기에 진심으로 귀를 기울이는 사람들은 모든 감각을 활용해 상대의 마음을 읽으려 노력하기 때문이다.

우리는 주변에서 무슨 일이 일어나는지 잘 안다고 생각하지만, 사실 알지 못한다. 우리는 너무나 자주 자신의 입장 중심으로 이야기를 듣고, 경험적 판단의 검열을 거친 후에야 공감을 표한다. 하지만 이 과정은 실제로 주의를 방해한다. 진정한 관계를 맺는 것보다 **우리 자신의 입장을 이해시키기 위해서** 대화에 전념하기 때문이다.

『성공하는 사람들의 7가지 습관』의 저자 스티븐 코비Stephen Covey는 성공하는 사람들은 먼저 이해하고 나서 이해받으려 한다고 말했다. 일단 대화 상대가 당신이 진심으로 듣고 있다고 느끼면 당신의 의견을 물을 것이고, 그러면 당신은 의견을 제공하기에 더 유리한 위치에 서게 된다. "성숙함의 문제죠." 바이어컴Viacom의 최고경영자 밥 배키시Bob Bakish는 이렇게 말한다. "당신에게 제안한 의견을 반드시 따를 필요는 없지만, 당신이 주의 깊게 경청했다는 사실은 확실히 보여줘야 합니다."

당신이 이렇다면 주목할 것

- 뭔가 잘못된 점이 있다는 것을 느끼지만, 당신을 비롯한 그 누구도 책임을 지지 않는다.
- 당신의 팀은 단기 성과를 평가하기 위해 서둘러 모였지만, 아무도 서로를 제대로 알지 못한다.
- 당신이 속한 그룹은 서로 굉장히 편한 사이라, 간혹 잘못 알아들을 정도로 아주 빠르게 말한다.

이렇게 할 것

▶ 당신이 말을 하든, 미소를 짓든, 눈짓을 사용하든 상대에게 "더 말해줘"라고 전하는 것을 연습한다.

▶ 듣고 있는 이유가 당신이 해야 해서가 아니라 원해서임을 보여줘라. 들을 때는 휴대폰 벨소리를 무음으로 바꾸고, 컴퓨터 전원을 꺼라. 말하는 사람을 향하도록 의자를 돌려 앉는다.

▶ 질문을 하고 싶더라도 상대의 말을 자르지 마라. 숫자를 5까지 천천히 세라(단, 머릿속으로만 하고 손가락으로 책상 위를 두드리지 말 것).

▶ 인내심을 가져라. 당신이 동의했는지 여부를 즉시 다른 사람에게 알리지 마라. 그들이 말하는 것을 받아들이고, 당신의 생각과 그들의 생각 사이에 있는 공통점을 찾으려 노력하라.

▶ 동료와 점심 식사를 하거나 카페테리아에서 줄을 서는 동안 그들이 스스로에 대해 자연스럽게 이야기하도록 도와라. 그 와중에 동료는 당신에게 많은 것을 말해줄 것이고 결과적으로 당신을 더욱 좋아하게 될 것이다.

명심할 것

• 대화를 독점하지 마라. 수다 보따리가 터지지 않게 꼭 부여잡고 있어라. 다른 사람이 말하는 것에 집중한다.

•『콰이어트: 시끄러운 세상에서 조용히 세상을 움직이는 힘』에서 수전 케인Susan Cain은 말을 적게 할수록 더 많이 들을 수 있다는 점을 상기시킨다. 내향적인 팀원은 가장 날카로운 통찰력을 가진 사람일 수 있지만, 그 혹은 그녀의 생각을 들으려면 당신의 입을 통제해야 할 것이다.

구체적 사례

· · · · ·

좀 더 배우려면, 오랜 시간 (조용히) 들어라

"경청하라." 남아프리카공화국 출신 동료이자 프리센싱연구소의 메리언 굿맨_{Marian Goodman} 교수는 늘 이렇게 학생들에게 가르쳤다. 메리언은 듣는 사람들이 침묵을 지키고 다른 감각에 의지하면서, 말하는 사람으로 하여금 자신의 마음을 진실하게 표현하도록 격려하라고 권한다.

나는 버뮤다에서 열린 보험업계 임원들의 워크숍 기간 동안 이 기술을 적용했다. 워크숍 주제는 '엄청난 실패로부터 배우는 것'이었다. 참석자들은 경쟁 회사에서 일했지만, 모두 서로에게 손해를 끼치는 실수를 줄이고자 하는 의욕으로 가득했다. 사람들은 짝을 지어 한 번에 5분씩 번갈아가며 입(이야기를 나누는 사람)이 되거나 귀(듣는 사람)가 되었다. 상대가 개인적인 실수를 이야기하는 동안 5분을 꽉 채워 유심히 귀를 기울이면 어떤 일이 일어나는지 아는가? 전반적으로 그 패턴은 놀라울 정도로 비슷했다. '사실'을 말하는 데는 1분이나 2분이 걸렸고 꽤나 긴 시간처럼 느껴졌지만, 그 다음 이어지는 30초에서 60초 동안의 어색한 침묵처럼 길게 느껴지지는 않았다. 4분이 되자 감정이 밖으로 나왔고, 5분이 되자 참석자들의 입은 깊은 자책감과 함께 자신에 대한 더욱 자세한 이야기를 쏟아냈다. 입역할을 하는 사람은 스스로의 솔직함에 놀랐다. 결국 워크숍에 참석한 모두는 처음에 의도하거나 예상했던 것보다 훨씬 더 많은 이야기를 공유했다. 참석자들은 일과 중에 방해받지 않은 채 5분 동안 동료

· · · · ·

76

의 이야기를 집중하여 듣는 것은 매우 드문 일이라고 말했다. 워크숍 마지막 날에 참석자들은 경청을 통해 참신한 아이디어가 쏟아져 나오고 실수가 수면 위로 올라올 거라는(또한 해결될 거라는) 사실에 동의했다. 그저 입을 다물고 귀를 기울이기만 하면 된다.

훌륭한 리더는 듣는다

로건은 현란한 언변을 가진 말의 연금술사이다. 그의 머릿속에는 청중 사이를 돌아다니며 시의적절한 발언을 하고 농담을 던지는 등, 모든 경우에 대비한 이야기가 항상 준비되어 있다. 로건은 CEO가 된 이래 매년 글로벌 팀 미팅을 연다. 그가 비전을 제시하면 모두가 들뜨지만, 실행 계획은 아무도 알지 못한다. 늘 많은 일을 하는 로건이 하지 않는 것은 '일을 하기 위해 고군분투하는' 직원들의 이야기를 듣는 것이다.

나는 그의 컨설턴트로서 이러한 이야기를 직속 부하직원들을 통해 수도 없이 들었다. 나는 로건에게 한 달 동안 리스닝 투어를 할 것을 제안했다. 그는 모든 부서를 방문해 직원들을 만났다. 그리고 오로지 들었다. 투어의 마지막에 로건은 자신이 배운 것을 공유하고 다가오는 한해를 준비하기 위한 실질적인 방향을 제시하는 영상 미팅을 열었다. 그는 대본에서 벗어나 직원들이 문자로 보낸 질문에 실시간으로 답할 시간을 충분히 가졌다. 큰 변화를 경험한 로건은 고위 관리들과 고급 레스토랑에서 식사하는 것보다 카페테리아에서 직원들과 함께 식사하는 것이 훨씬 즐겁다는 사실을 깨달았다.

10장

가끔은 침묵을 택하자

생각이 맑아진다

이미 가득 찬 컵은 채울 수 없다.

— 중국 속담

회의의 질을 높일 확실한 방법이 있다. **5분 동안 아무 말도 하지 않는 것이다.** 정말이다. 당신은 이 방법을 이용해 회의가 시작될 때 또는 끝날 때 동료들을 중앙에 불러모아 생산적인 결론에 도달하도록 유도할 수 있다.

불교 개념 중에 **본질적 공허함**이라는 것이 있는데, 이것의 가장 단순한 방식은 완고한 '사실'에 대한 욕심을 버리고 지금 이 순간에 일어나는 일에 마음을 열도록 권장하는 것이다. 우리는 모두 컵과 같아서 이전에 형성된 생각으로 가득차면 새로운 생각이 들어갈 공간이 거의 남지 않는다.

회의에 들어갈 때 당신은 누가 어디에 앉아 있는지 파악하기 위해 회의실을 유심히 살핀다. 또 어떤 동료들이 비즈니스 캐주얼을 청바지와 멋진 셔츠로 정의했는지 확인한다. 당신의 적으로 추정되는 두 명이 서로 귓속말을 하고 있는지 살피고, 정리해고가 다가오고 있는 것이 사실인지에 대해 생각한다. 이렇게 당신의 마음은 당면한 회의 의제라는 현실로 돌아올 때까지 방황하고, 결과적으로 현재 사무실 안의 분위기를 읽을(동료와 소통할) 당신의 능력은 산만한 생각들이 당신의 머릿속을 질주하는 것보다 더 빠르게 날아가버린다. 당신의 소통은 이미 끊겼고, 필요한 서류는 가져왔지만 회의에서 생산적인 아이디어를 내놓을 생각은 없는 당신 같은 6명에서 18명에 이르는 사람들과의 토론은 어려움을 겪게 된다.

지난 몇 년 동안 명상 전문가들은 시끄러운 속마음을 조용하게 하고 현재의 순간에 더욱 세심하게 주의를 기울이는 기술을 직원들에게 가르치려는 기업 세계에서 환영을 받았다. 애플이나 구글, 나이키, 도이치뱅크, HBO와 같은 회사들은 명상 수업을 실시하는 데 그치지 않고, 사내에 명상실까지 만들었다. 머릿속을 깨끗하게 비우는 일이 당신의 취향과 거리가 멀 수도 있지만, 나는 당신이 침묵을 공유하는 기회를 꼭 잡기를 권한다.

당신의 그룹이 하나가 되어 호흡하길 원한다면 명상을 통해 서로 끈끈한 유대감을 갖도록 도와라. 처음 만나면 일단 모두를 환영한 후 참석자들이 당신과 함께 사색하도록 청하고, 이후 마음을 비우고 신선한 산소로 가슴을 채우며 주변 사람들과 교감할 기회를 제공하라. 하지만 이런 과정은 자칫 진부해 보일 수 있으니 너무 자주 할 필요는 없다. 그럼에도 이를 주기적으로 실행하면 맥이 빠지고 집중력이 흐트러진 직원 모임에 신선한 자극을 가져다주는 아주 강력한 수단이 될 수 있다.

앞에서 내가 말했던 것처럼 회의에서 5분간 침묵의 시간을 갖는 것은 머릿속이 맑아진다는 점에서 효과적이다. 따라서 회의가 효율적으로 진행되지 않는다면 책임자는 5분간 명상을 하자고 제안해보길 바란다. 회의에 참석하기 전에 동료와 다퉜다거나, 상사의 오해로 억울할 비난을 들었다거나, 옆 사람이 시끄럽게 떠들어서 제대로 발언을 하지 못해 화가 나 있는 등 집중을 방해하는 사건이 있었다면 몇 분간 사색하는 시간을 가지도록 하는 것이다. 그러면 조금 더 이성적으로 회의에 임할 수 있고, 문제의 본질을 명확하게 꿰뚫을 수 있다. 매우 단순한 방법이지만, 회의의 효율은 확실히 높아질 것이다.

당신이 이렇다면 주목할 것

- 새로운 시도를 하는 건 흥미롭다.
- 당신은 아이디어가 넘쳐나는 성과가 높은 팀을 이끌고 있다.
- 회의는 좌절감이 들 정도로 효과가 없다.
- 모두들 회의실에서 숨죽이고 있거나 산만하며, 일찍 빠져나갈 준비만 하고 있다.

이렇게 할 것

▶ 회의실로 들어온 사람들을 (평소처럼) 환영하고 이렇게 말한다. "오

늘 토론에 확실히 대비하기 위해 우리는 평소와 좀 다른 것을 해볼 텐데요. 지금부터 5분 동안 다 같이 조용히, 중앙으로 모여서 새로운 아이디어를 위한 공간을 만듭니다. 펜을 내려놓고, 핸드폰을 음소거하고 각자 자리에 편히 앉으세요. 원한다면 눈을 감아도 좋습니다. 이곳은 함께 숨을 들이마시고 내쉬면서 긴장을 풀 수 있는 자리이니 편하게 앉아 마음속으로 들어오는 어떤 생각이라도 한 귀로 듣고 한 귀로 흘려보냅니다. 자, 이제 자신의 호흡에 집중하는 연습을 합니다." 3분 후 당신은 참석자들에게 그들의 느낌을 자유롭게 정리하고 회의실의 분위기가 진지해지도록 유도할 수 있다. 그런 다음 2분 정도 더 침묵할 것을 제안한다. 동료들이 서로 호흡을 맞추도록 격려하라.

▶ 이 과정이 끝나면 참석자들이 보이는 어떤 반응이라도 인정한다. 몇몇 사람들이 불편함을 표현해도 놀라지 마라. 그건 괜찮다. 처음부터 모두가 만족할 수는 없다. 조금씩 나아질 거라는 확신을 가져라. 인내심을 갖고 판단을 유보하며 누구에게도 억지로 강요하지 마라. 대신 현재 심경을 묻고, 회의가 끝날 때 어떤 기분을 느끼고 싶은지 질문한다. 이런 과정은 그들이 단지 무엇을 성취할 것인지뿐만 아니라 **어떻게** 함께 일할 것인지에 초점을 맞춰줄 것이다. 그런 다음 회의를 진행한다.

▶ 회의를 마무리하기 직전에 침묵의 시간을 넣는 경우, 이것이 참석자들이 자유롭게 먼저 자리를 떠나도 된다는 의미가 아닌 것을 분명히 한다. 침묵의 가치는 일단 그들이 호흡을 하고 다음 단계에 동의하는 것으로 넘어가면 드러나게 될 것이다. 시작할 때의 침

묵과 다르게 끝에 하는 침묵은 바로 마무리 단계로 이어져야 한다. 당신의 동료들이 그 효과를 (단순히 말하는 것이 아닌) 경험하게 하라.

명심할 것

- 방법 자체에 너무 큰 의미를 두지 마라. 잘 몰라도 좋다. 그냥 일단 시작하라.
- 당신의 팀이 처음으로 침묵의 시간에 초대를 받는다면 그들이 낄낄거리며 장난스럽게 임하지 않게 하라(당신이 도와줄 수 있다면).
- 다른 사람의 선택을 따뜻하게 포용하라. 눈을 감으라고 강요하지는 말아야 한다.
- 회의에 새로운 접근 방법을 제안하는 사람이 반드시 고위 임원일 필요는 없다. 가끔은 회사에 새로 입사한 사람이 기존 방법에 도전하는 것이 더 쉽다.

구체적 사례
· · · · ·

자존심은 잠시 잠재우고 듣는 여유를 가져라

방 안은 지성과 사회성을 겸비한 열린 마음의 소유자, 자신감이 넘치는 사람들, 수많은 능력자들, 그리고 소음으로 가득했다. 한 항공 회사의 계열사 대표들은 그룹을 분사 형태로 이끌기보다 협력함으로써 더 큰 가치를 창출할 5개년 계획을 수립하기 위해 모였다. 그들은 3일 동안 함께 했다. 첫째 날엔 수많은 창의적인 아이디어가 쏟아졌다. 계열사 간의 밥그릇 싸움은 둘째 날부터 시작되었다. 계획 실행을 위해서는 자원을 공유하고 일부 서비스 센터의 규모를 줄여야 했지만, 아무도 서로의 말을 듣지 않았다. 그때가 오후 4시였다. 회의 진행 책임자였던 나는 그들에게 5분만 시간을 내라고 요청했다. 그들의 자리에서 일어나 바닥에 발을 대고, 원한다면 눈을 감게 했다. 나는 그들에게 자신의 호흡에 집중하고 생각을 머릿속에서 멀리 날려버리라고 제안했다. 그리고 주변 사람들의 숨결에 귀를 기울이면서 방 안의 공기를 느껴보라고 권했다. 나는 이렇게 영향력이 큰 사람들이 혹시 나를 비웃지는 않을지 불편함을 견뎌내며 묵묵히 시도했다. 침묵을 느꼈다. 그리고 나도 호흡에 참여했다.

　5분이 지난 후, 나는 그들이 어떻게 느꼈는지 질문하면서 대화를 다시 이어갔다. 대부분 고요한 순간과 모두의 마음이 하나가 되는 기분을 느끼고 즐겼다고 말했다. 나는 그날의 일정이 마무리되는 오후 7시에 그들이 어떻게 느끼고 있는지 다시 물었다. 예상대로였다. 평온함은 강함보다 더 큰 매력이 있었다. 고요함을 유지하기 위해 그들은 앞으로 2시간 반 동안 서로 대화하는 것을 적극적으로 막기로 동의했다. 그 후에 의견을 들을 자리를 만들기로 했다. 그 결과 협력에 대한 대화는 더욱 풍성해졌다. 충동 조절을 완벽하게 하지는 못했지만, 침묵을 경험함으로써 논쟁이 지나치게 격해질 때 잠시 침묵하는 일의 중요함을 깨달았고, 그렇게 할 수 있게 되었다.

11장

가볍게 터치하라

상호작용이 완전히 달라진다

직장에서 서로를 터치하라고 말하는 내가 제정신일까 하는 생각이
들 수도 있겠다. 지금은 21세기이고 미투 운동은 계속해서 현재진
행형이다. 이런 와중에 아주 가벼운 성격의 것이더라도 신체 접촉을
제안하는 나는 정신이 나간 걸까? 나 또한 이런 문제를 잘 알고 있
기 때문에 이번 장을 매우 신중하게 집필했다. 이런 변명을 하는 대
신 그냥 생략했다면 더욱 깔끔했을 것이다. 그러나 더 많은 구성원들
이 강하게 연결되길 바라는 이 책의 취지에 비춰보면, 그냥 넘어가는
것도 옳은 일은 아니다. 가벼운 터치는 인간관계를 돈독하게 하는 데
꽤나 중요한 일이기 때문이다. 하지만 어떻게 해야 상대방에게 불쾌
감을 주지 않을지를 판단하기가 매우 어렵고 복잡하기 때문에, 특히
남성들은 일과 관련된 사람들과의 신체 접촉을 완전히 차단하려는

경향이 있다. 그 생각에도 전적으로 동의한다. 당신의 행동이 잘못 해석되거나 불쾌감을 유발할 수도 있다는 그 어떤 사소한 의심이라도 든다면, 절대 하지 마라! 그럼 어떻게 하라는 건가? 지금부터 자세하게 설명해보도록 하겠다.

범죄에 가깝거나 무례한 접촉은 친밀감을 형성하는 빠르고 가벼운 터치와 굉장히 큰 차이가 있다. 우리의 피부는 약 2.72킬로그램의 무게에 약 5.5미터의 넓이를 덮는 가장 큰 신체적 방패막이다. 피부는 체내에 쌓인 나쁜 물질은 내보내고 좋은 것들은 보호하는 역할을 한다. 피부의 또 다른 중요한 역할은 촉각이라는 감각을 통해 무언의 언어로 표현되는 감정을 강하게 느끼는 것이다.

안와전두피질Orbitofrontal Cortex(우리 뇌 속의 의사결정 기관)은 접촉에 의해 활성화되어 소통의 기초 호르몬인 옥시토신 분비를 촉진한다. 신경과학자 매튜 헤르텐슈타인Matthew Hertenstein이 이끄는 연구팀은 피부가 매우 정교하며 예민한 의사소통의 도구이지만 과소평가되어 있다고 언급했다. 그들의 연구에 따르면, 사람의 눈을 가려 보지 못하는 상태에서 누군가가 접촉했을 때 그 사람이 지닌 분노, 두려움, 혐오, 사랑, 감사, 동정심과 같은 감정을 느낄 수 있었다고 한다. 즉, 접촉은 우리가 누군가의 얼굴을 유심히 살필 때만큼이나 감정을 읽는 데 탁월한 도구인 것이다.

당신의 호감도를 높이고 싶은가? 잠시 시간을 두고, 상대의 민감하지 않는 부위를 가볍게 터치하라. 단, **매너 있게** 해야 한다. 매너를 지키는 것은 아주 중요하다. 터치의 효과를 연구하는 연구자들인 데미안 에르소Damien Erceau와 니컬러스 게겐Nicolas Gueguen은 중고차시장에 차를 사러온 남성들을 무작위로 선정해 판매자인 것처럼 접근했다. 그리고 조사 대상자의 절반에게는 팔을 가볍게 1초간 터치했고, 나머지 반에게는 그렇게 하지 않았다. 그 후 터치를 한 사람들에게서 판매자가 더 성실하고, 정직하고, 상냥하고, 친절하게 느껴졌다는 평가를 들었다. 등을 가볍게 토닥이거나 어깨에 손을 얹는, 혹은 장난하듯 가볍게 팔꿈치로 툭 치는 행동을 사람들은 보통 '기분 좋은 터치'로 받아들인다.

하지만 조심해야 한다. 심지어 매우 온화한 터치도 상대의 상황이나 문화, 성별에 따라 꽤 다른 의미가 될 수도 있다. 일반적으로 어깨와 팔꿈치 사이의 팔 바깥쪽에 하는 가벼운 터치가 가장 불쾌감이 덜하다. 누군가를 밀치거나 강하게 붙잡는 것 같은 행동은 강압적인 분위기를 조성할 수 있으므로 직장에서 해서는 안 되는 행동이다. 2017년에 미국 제9회 연방순회항소법원Circuit Court of Appeals은 포옹이 달갑지 않은 신체 접촉임에도 직장 내에 만연하다면, 그 포옹은 직장 내에서 적대적 근무 환경을 조성할 수 있다고 판결했다.

당신이 이렇다면 주목할 것

- 사무실이 비인간적으로 느껴진다.
- 냉혹한 사람이라는 평가를 바꾸고 싶어서 방법을 찾고 있다. 그래서 팔을 가볍게 터치할 때와 손을 뻗어 어깨를 잡을 때 동료들이 어떻게 반응하는지에 대해 알아보고 있다. 둘 중 어떤 행동이 더 환영받는지 알아내서 동료들과의 거리를 좁히고 싶다.

• 고통스러워 보이거나, 끔찍한 하루를 보내고 있거나, 아니면 자신만의 세계에 빠져 있는 듯한 동료에게 내가 당신을 신경 쓰고 걱정하고 있다는 메시지를 부드럽게 전달하고 싶다.

이렇게 할 것

▶ 팔을 가볍게 터치해서 상대가 승낙하는 비율을 높이고 당신과의 유대관계도 돈독해지도록 해보라.
▶ 어깨와 팔꿈치 사이의 팔을 가볍게 터치하고 "당신을 만나서 반가워요"라고 말한다.

명심할 것

• 절대로 선을 넘지 않는다! 부적절한 접촉은 당신을 곤란하게 할 수 있고, 원치 않는 터치를 당한 사람을 정말로 화나게 할 수 있다. 살짝 잡는 것조차 어떻게 느낄지 알 수 없을 때는 아예 **하지 마라.**
• 짧고 가벼운 터치였는데도 상대가 피하려고 한다면 싫어한다는 의미다. 앞으로 다시는 그런 행동을 하지 말아야 한다. 또한 동료의 부정적인 반응을 놀리거나, 장난이라며 무마하려고 들지도 마라.
• 누군가의 등 뒤에서 주의를 끌기 위해 터치하는 것은 공포를 유발할 수 있다. 따라서 동료가 등을 보이고 있을 때는 이름을 부르는 것이 더욱 효과적이다.

• 등을 '때리는' 것은 친한 친구 사이에서는 돈독한 우정을 표현하는 방식일지 모르지만, 친밀하지 않은 동료에게는 힘을 과시하는 것으로 여겨질 수도 있다. 괜한 모험을 하지 마라.

구체적 사례
. . . . .

만질 수 없는 사람에게 손을 내밀다

펜실베이니아대학교에서 가장 오래 근무한 여성 교수 중 한 명이 표창장 수상을 위해 연단 아래서 대기하고 있었다. 나는 그 사람을 잘 몰랐지만, 바로 내 옆에 서 있었기에 상당히 초조해하고 있다는 것을 느낄 수 있었다. 그녀를 물끄러미 바라보다가, 나는 그가 입은 셔츠의 목깃이 접혀 있는 것을 발견했다. 그래서 그녀에게 접힌 목깃을 내가 펴주어도 되겠느냐고 물었다. 그것은 아주 가벼운 호의였고 눈에 띄게 친밀해 보이는 행동이었다. 접혀 있던 목깃이 펴지면서 그녀의 온몸을 휘감았던 긴장도 조금 풀리는 듯 보였다. 그 순간 펜실베이니아대학교의 아이콘으로 불리던 그녀는 엉망인 옷차림으로 대중에게 기억돼 끊임없이 스스로를 괴롭힐 불행을 피해갔다. 나와 그녀는 옷깃을 펴주기 전에는 아무런 관계도 없는 사람들이었지만, 그 순간을 계기로 친구가 되었다.

당신은 누구와 접촉하는 걸 두려워하나?

나와 함께 일하는 파트너 켄지는 스스로가 대단히 부끄러웠던 일

. . . . .

을 했던 그날을 아직도 어제 일처럼 기억하고 있다. 에이즈 환자들을 치료하는 클리닉에 방문해 상담을 진행하던 켄지는 한 환자가 손을 뻗어 자신의 손을 잡자, 무의식적으로 손을 빼버렸다. 그 순간 켄지는 자신이 무슨 일을 저지른 것인지 깨닫고는 엄청난 자괴감에 빠지고 말았다. 사실 켄지는 악수만으로 에이즈에 감염되지 않는다는 것과, 질병에 대한 편견 때문에 환자들을 차별해서는 안 된다는 것을 분명히 '이성적으로' 알고 있었다. 그런데도 환자의 손을 뿌리친 것이다. 그녀의 도덕관념에 몸이 무의식적으로 저항한 듯했다. 그날 이후로 켄지는 우리의 무의식적인 편견에 대항하기 위해서는 직접적 상호작용이 필요하며, 누군가의 악수를 두려워하지 않는 것만으로도 존중하는 마음을 쉽게 전달할 수 있다는 것을 알았다.

12장

함께 식사하자

음식은 도구일 뿐, 사실은 관계가 형성된다

사람은 모두 먹어야 한다. 종일 아무것도 먹지 않고 일하는 사람은 거의 없다. 하지만 혼자 먹는 것은 관계의 형성 차원에서 그다지 좋은 방법이 아니다. 혼자 식사하는 것이 편하다고 생각하는 사람들이 분명 많지만, 이것은 관계를 어떻게 맺어야 하는지 잘 몰라서 편안함보다 불편함을 느끼는 경우가 더 많기 때문이다.

사실 회사에서 아무 말도 하지 않으며 일만 하다 퇴근하는 일상이 반복되면, 직장 생활은 매우 외로운 경험으로 인식될 수 있다. 사실 많은 사람들은 인간관계에 배고프다. 수많은 동료들에게 둘러싸여 있어도, 모두들 컴퓨터 스크린을 뚫어지게 쳐다보느라 너무 바쁘기 때문에 실제로 옆자리 동료의 얼굴을 보는 순간마저 없을지 모른다. 누군가를 메일 수신인에 포함시키거나 회의에 참석시킨다고 해서 '진정으로' 함께 일한다는 뜻으로 보기는 어렵다. 게다가 빨리 진급이라도 하게 되면, 동료 사이의 유대감을 느껴보기도 전에 직급이라는 호칭 아래에서 더욱더 편하지 않은 관계가 될 수도 있다.

함께 일하는 사람들과 단단한 관계를 맺어나가는 것은 미래의 성공을 위한 든든한 토대를 마련해준다. 이런 측면에서 수많은 기업은 사내 협업과 소통을 촉진하기 위한 팀워크 활동에 큰돈을 투자한다. 물론 이 또한 도움이 될 수 있지만, 인위적이고 일시적인 해결책이라는 것을 구성원 대부분은 알고 있다. 개인적인 유대감을 넘어 팀 전체, 더 나아가 회사 전체의 단결력과 신뢰가 높아진다면, 그 어떤 위기 앞에서도 침착함을 잃지 않고 이겨낼 수 있다. 사람은 함께 뭉쳤을 때 더 큰 힘을 발휘하는 존재이기 때문이다.

다시 식사 이야기로 돌아오자. 제대로 된 식사를 하는 일의 중요성은 보통 생산성에 밀린다. "직장에서 사람들이 식사를 하는 방식은 참 슬픕니다." 거의 10여 년 동안 직장인들의 식사 습관을 연구해온 민족지학자ethnographer 준조June-Jo Lee는 이렇게 말했다. 수많은 직장인들이 '점심 식사'를 통해 에너지를 보충하고 카페인을 통해 스트레스를 견딘다. '최고의 업무 성과를 올리는 직원'이라는 이미지를 가진 유능한 직원조차도 한낮에 휴식을 취한 후에야 활기차고 집중적인 모습으로 돌아올 수 있다. 맞다, 점심시간에는 아무에게도 방해받지 않고 휴식을 취하는 것이 더욱더 효율적일 수 있다.

그렇다면 왜, 2017년 갤럽 여론조사 결과처럼 미국 직장인의 67퍼센트가 일주일에 한 번 이상 사무실 책상에서 점심 식사를 할까? 효율성을 높이겠다는 목표 아래 이런 노력을 기울이는 것은 흔히 더

......

큰 불만을 초래하고, 한 사무실에서 함께 생활하고 숨 쉬는 동료들과 즐겁게 연결될 기회를 빼앗을 수 있다.

점심시간마저도 효율성을 끌어올리기 위한 도구로 희생하지는 말자. 그 대신 동료들과 함께 식사하며 관계를 넓혀가자. 이는 단기적인 효율이 아니라 장기적인 효율을 높이는 진짜 효과적인 방법이다. 사람들이 모여 함께 식사하는 것은 오랜 전통이자, 관계를 진전시키려는 긍정적 의도를 보여준다. 동료들과 커피, 간식 또는 식사를 같이 할 시간을 만들어보자.

코넬대학교 식품브랜드연구소에서 일하는 케빈 니핀Kevin Kniffin과 그의 동료들은 단체로 식사를 하는 일의 긍정적 효과를 입증했다. 예를 들어, 함께 식사를 하며 돈독한 신뢰를 쌓은 소방관 팀의 실적은 각자 식사를 해결하는 팀보다 거의 두 배가 높았다. 니핀은 식사비를 걷고, 메뉴를 정하고, 주문하고, 대화하고, 먹고, 치우는 것까지 함께 하는 행동 속에 담긴 소통과 이해, 협력, 정리의 과정이 소방관들의 업무수행 능력을 향상시킨 것이라고 설명했다. 음식에는 인간의 생명을 유지시키는 영양소만 가득한 것이 아니라, 함께 나누는 사람들과의 공감대를 높이고 신뢰를 두텁게 해주는 요소가 담겨 있다. 이를 통해 공식적인 통로로는 전혀 알 수 없는 속마음까지 알 수 있기 때문에 서로 배려하며 일할 수 있도록 돕는다. 이번 장을 다 읽었다면 지금 동료에게 함께 점심 식사를 하자고 요청하자. 소통에 이것만큼 효과적인 방법은 없다.

당신이 이렇다면 주목할 것

- 휴대폰 앱을 이용해 점심 메뉴를 주문하고 헤드폰에서 흘러나오는 음악을 들으며 사무실 책상에 앉아서 혼자 식사한다.
- 점심시간은 소중하기 때문에 혹시나 동료들과 눈을 마주칠까 봐 조심한다. 다른 사람들과 대화하면서 시간 낭비할 일이 없어서 내심 효율적으로 일한다고 자부하고 있다. 하지만 식사 내내 친구들의 인스타그램 계정을 훑어보기 때문에 고립공포감FOMO이 증가하고 있다. 이보다 더 나쁜 상황은 SNS로 동료들을 팔로잉해 일상을 '살펴보기'는 하지만 그들과 직접 대화를 하지는 않는다는 것이다.
- 당신과 인접한 자리에 앉은 동료와 마지막으로 함께 웃었던 적이 언제인지 기억나지 않는다.
- 스스로가 심장이 뛰는 살아 있는 존재가 아니라 문서 생성 프로그램이나 전화받는 기계처럼 느껴진다.

이렇게 할 것

▶ 음식은 누구에게나 특별하다. 좋아하는 음식이나 즐기지 않는 음식은 각자의 이름이 다른 것만큼이나 다양하다. 이런 이유로 음식의 선택은 당신 가족의 문화를 담아내고, 개인적인 가치를 표현하며, 사무실에서 보이는 모습 너머에 있는 각자의 세계를 얕게나마 드러낸다. 만약 당신의 팀이 재택으로 업무를 진행한다면, 누군가의 집이나 사무실 근처의 식당에서 함께 식사할 자리를 가져보자.

미루지 말고 지금 당장 해보길 권한다. 단, 부담을 줘서는 안 된다. 어디까지나 소통과 유대감 형성을 위한 자리임을 잊지 말아야 한다. 팀 내 유대감을 쌓기 위해 누군가가 개인적인 시간을 포기하도록 요구하지 마라. 지나치게 비싼 음식을 권하는 것도 좋지 않다. 만약 집에서 식사하는 경우라면, 동료들에게 각자 좋아하는 음식이나 디저트를 준비하게(사오게) 하는 것도 좋은 방법이다.

▶ 동료들에게 사랑하는 음식, 아마도 어린 시절부터 위안을 줬던 그리운 집밥 같은 음식을 가져오라고 권하라(만약 당신의 팀이 여러 문화권의 사람들로 구성되어 있다면 이는 더욱 특별하고 귀중한 경험이 될 것이다). 혹은 스스로 가장 자신 있는 음식을 만들어보자고 하는 것도 좋다. 당신은 끝내주는 라자냐를 만드는 사람, 옆자리 동료는 프라이드치킨의 전문가로 알려져 있다면 솜씨를 뽐내보자고 제안하는 것이다. 이렇게 모인 메뉴들을 공개하면서 참석 예정자들을 들뜨게 하라. 동료들은 식사 자리를 기대하며 가벼운 농담을 하거나 즐거운 경쟁의 대화를 나누면서 웃게 될 것이다.

▶ 음식을 대접하는 것은 관심의 한 형태이다. 오늘밤 당신이 넷플릭스에서 좋아하는 프로그램을 몰아보는 동안 브라우니를 구워보는 건 어떨까? 상황이 여의치 않다면 아침에 커피를 사러 간 카페에서 달콤한 간식거리를 조금 사가는 것도 좋겠다. 간단한 간식거리를 사왔다고 무능한 사람이 슈퍼스타 대접을 받는 일은 없지만, 매사에 쌀쌀맞은 임원들의 심기를 조금 누그러뜨릴 수는 있다. 마찬가지로 동료가 불만으로 가득 차 날카롭게 굴 때 작은 '선물'을 넌지시 건네는 당신의 노력은, 동료의 상황을 이해하고 격려한다는

따뜻한 배려를 드러낸다. 음식을 실제로 나눠먹는 것은 서로 눈을 바라보며 감사하다고 말하고, 역할에 의해 정의되거나 할 일에 의해 지배되지 않는 순간을 함께 나눌 이유가 된다.

▶ 전략적으로 초대하라. 회사 안팎에서 만나는 수많은 사람들 중에서 안면은 있지만, 당신이 잘 알지 못하는 누군가와 함께 식사를 하는 날을 만들어라. 매주 하루 정도 확보하면 가장 좋다. 지금 당장 함께 식사할 사람들의 목록을 만들어보자. 그리고 한꺼번에 초대장을 보낸다. 그리고 알아가고 싶은 모든 사람들의 이름을 핸드폰에 영구적으로 저장한다. 목록에 이름을 계속 추가하고, 매달 일주일 전에 미리 점심 식사를 함께 하자는 요청을 보낸다. 만약 회사 내 구성원들로 목록을 정리했다면, 각 부서에서 다양한 연령과 직급의 사람들을 초대하길 바란다.

▶ 맛있는 간식은 사람들을 모이게 한다. 오후 3~4시경 출출해진 사람들이 당신이 책상 위에 올려둔 초콜릿을 먹으러 들를 때, 중요한 정보를 제공해줄지도 모른다. 좋은 주식투자 정보나 사내에서 벌어지고 있는 일들에 대한 이야기를 자발적으로 공유할 수 있다. 인정하라. 간식을 먹는 사람은 누가 이것을 준비했는지 알고 있다. 그리고 그 사람에 대한 고마움을 간접적으로나마 전달하고자 한다. 왜 그런 사람이 되려고 하지 않는가? 사탕을 나눠주고, 당신의 일이 더 원활하게 진행되도록 돕는 비공식적인 정보를 얻어라.

▶ 간단한 커피타임은 직원들 상하 간의 장벽을 없앤다. 하급직원들은 상급자인 당신에게 물을 것이 많지만, 당신의 비서에게만 질문을 던질지 모른다. 어쩌면 무슨 일이 일어나는지 추측하고 오해하

고 있을지도 모른다. 이것은 아주 안 좋은 현상이다. 많은 기업이 투명한 조직문화를 조성하고 있다고 내세우지만, 하급직원이 의사결정자들과 대화할 기회를 갖기는 매우 어렵다. 이때 매주 수요일 오전 10시에 '본부장과 함께하는 커피타임' 같은 시간을 도입한다면, 당신이 지금껏 듣지 못했던 업무의 최전선에서 어떤 일이 벌어지는지를 알게 될 것이다. 직원들은 직접 질문하고 자신들의 성취를 이야기하면서 원활하게 대화에 참여할 것이다. 어쩌면 젊은 직원들이 매우 참신한 아이디어를 던져줄지도 모른다.

명심할 것

• 같이 밥 먹는 일을 '의무화'해서는 안 된다. 식사를 함께하는 일은 즐거워야 한다. 하지만 일부 회사는 직원들을 '가둬두고' 강제적으로 함께 식사를 하기도 한다. 이런 식사는 절대 '함께하는' 것이 아니다.

• 누구나 호불호 없이 먹을 수 있는 간식을 준비해야 한다. 야채와 과일은 대부분의 사람들이 나눠먹을 수 있고, 그릇에 담아두면 보기에도 좋다.

• 부하직원의 접시에 담긴 음식을 '뺏어' 먹지 마라. 나와 함께 일했던 한 임원은 종종 동료들의 접시에서 감자튀김을 낚아채 먹어버리곤 했다. 그녀는 그런 행동을 친밀감을 표시하는 장난이라고 생각했지만, 직원들은 불쾌했다고 털어놓았다.

• 생일인 팀원의 생일 축하 케이크를 나눠먹었다면, 곧바로 자리에

가지 말고 정리하는 것을 돕기 위해 기다려라. 너무나 자주, 여성 직원들에게 뒤처리가 맡겨진다. 상급자 혹은 무신경한 일부 남성 직원들은 자신이 투명인간이 아니며, 먹을 것만 먹고 도망치는 것은 무례한 행동이라는 것을 기억하길 바란다.

- 함께 식사하는 일은 인간관계를 위해 연결고리를 만드는 일일 뿐이다. 그 이후의 관계를 계속 유지하는 것에는 또 다른 노력이 필요하다.

구체적 사례

· · · · ·

모든 사무실에 실비아가 필요하다

브라질의 한 통신사 직원은 사무실 사기가 급격하게 떨어졌다며 내게 걱정을 털어놓았다. 그가 원인으로 지목한 사람은 실비아였다. 실비아가 누구냐고? 그녀는 트럭에서 집에서 만든 엠파나다(밀가루 반죽 속에 고기나 야채를 넣고 구운 아르헨티나의 전통요리 - 옮긴이)를 파는, 한 관리자의 어머니였다. 수요일마다 실비아는 딸의 회사 건물 밖에 향긋하고 맛있어 보이는 특산품을 트럭에 실어 가져왔다. 모두들 실비아와 수요일을 사랑했다. 하지만 안타깝게도 실비아가 세상을 떠나자, 직원들은 더 이상 매주 한 번씩 같이 하던 점심 식사를 하지 않게 되었다. 실비아의 맛있고 풍성한 요리는 사람들을 끌어모으고, 서로 대화하게 이끈 놀라운 연결고리였다. 또한 실비아는 트럭을 찾는 모든 사람에게 상냥하게 안부를 물었다. 결국 실비아는 모든 사람이 즐겁게 소통할 수 있게 하는 시작점이었던 셈이다.

실비아를 다시 부를 수 없는데, 사무실의 활기를 어떻게 되찾을 수 있을까? 회사는 '실비아의 간식 시간'을 부활시켰다. 각 팀은 이제 수요일마다 돌아가면서 점심 식사를 주문한다. 모두가 모여 음식을 먹는 동안 직원들은 한 주간 겪었던 재밌는 이야기를 함께 나눈다. 대화를 나누면서 직원들은 모두 같은 시간에 같은 장소에 있다는 것을 다시 한번 실감한다. 함께 음식을 먹는 시간을 갖는 것은 현재 진행되고 있는 일의 중요성을 다시 각인시킬 뿐만 아니라, 풀리지 않는 문제에 대한 조언을 구하고 최근의 성과를 자랑할 기회도 제공한다. 다시 시작된 함께하는 식사 자리는 각 직원들이 함께하는 시간을 얼마나 즐겼는지 일깨워줬다. 당연한 말이지만, 사무실의 사기는 완전히 회복되었다.

호감 가는 사람 되기

BECOME POPULAR

제3부는 **나 자신**을 바꿔가는 것에 대한 이야기를 다룬다. 당신은 최고의 변화를 만들어낼 수 있는 사람이다. 역할이나 직함이 당신을 규정하지 않게 하라. 모든 상황에서 가장 호감 가고 매혹적인 사람이 되어 변화를 주도해보자. '직장에서의 나'와 '실제의 나'가 만드는 물줄기는 하나로 합쳐져 어우러진다. 소셜미디어의 발달로 진짜 내 모습을 완전히 감추는 건 어려워졌다. 요즘의 일터에서는 투명성을 중시하고, 당신의 개성이 곧 당신의 브랜드가 된다. 따라서 우리 모두는 각자의 평판에 책임을 져야 한다는 인식을 가져야 한다.

당신이 사무실 분위기를 활기차게 바꾸는 존재가 될지, 아니면 퇴근시간이 되기가 무섭게 줄행랑을 치게 만드는 존재가 될지는 스스로 정할 수 있다. 급변하는 세계에서 성공을 위한 필수 기술 또한 끊임없이 변화하고 있지만, 한 가지 분명한 것은 정확한 자기인식(당신이 타인에게 끼치는 영향을 올바로 인식하는 것)이 앞으로의 승진이나 성공에 큰 영향을 미치게 될 것이라는 사실이다. 앞서 살펴본 제1부와 제2부에서는 당신이 동료료서 존중받고, 비언어적인 방법으로 다른 이들을 배려하고, 조직원들을 바라보는 시각을 다듬는 데 도움을 주는 이야기를 다뤘다. 제3부에서는 이런 능숙함을 기반으로, 당신을 다른 사람들이 먼저 소통하고 싶은 사람이 될 수 있도록 변화시킬 방법을 설명할 것이다. 지금부터는 개인적인 이야기를 하는 데 공을 들이고, 가능성과 불완전함, 혼란, 긴장감 속에서 일을 즐기는 법을 배울 것이다. 틀린 것을 인정해야 할 때를 아는 동시에 스스로의 가치를 높이는 관점을 개발하고 싶다면, 제3부의 내용이 큰 도움을 줄 것이다. 일에서든 관계에서든 사람들이 함께하고 싶은 사람이 될 때 기회가 늘어나고 더욱 행복해지며 성공할 수 있음을 염두에 두며 읽어보자.

당신이 이렇다면 이번 파트를 주목할 것

- 사람들 사이에서 영향력을 발휘하고 싶다.
- 동료들이 더욱더 빛날 수 있도록 돕고 싶다.
- 잘못될 가능성이 크거나 도전정신이 필요한 일에 조금 끌린다.
- 한 직급 승진했지만 새로운 직속 상사가 당신을 어떻게 대할지 걱정하고 있다.
- 메일을 보냈을 때 답장이 오는 비율이 점점 떨어지고 있다.
- 모르는 사람과 소통하는 것이 어렵다.
- 당신이 정보에 접근할 수 있는 만큼, 다른 사람들도 그렇다고 (잘못) 생각하고 있다.
- 끊임없이 울리는 내면의 목소리가 당신을 괴롭히고 있다.

13장

자리를 지키고
존재감을 발휘하자

모습을 드러내는 것은 단지 시작이다

우리가 타인에게 줄 수 있는 가장 귀한 선물은 우리의 존재다.

— 틱낫한

"닉은 늘 철벽을 쳐요. 아무리 회의에 참석하길 권해도 듣질 않죠." 닉의 동료들이 내게 이렇게 하소연했다. 내가 이 피드백을 닉에게 전했을 때, 그는 이렇게 답했다. "내 일을 잘하면 그뿐 아닌가요? 회의에 가서 떠드는 게 무슨 소용이 있는지 모르겠군요." 하지만 이후 닉은 회의에 참석하는 것만으로도 깊은 신뢰를 쌓을 수 있다 사실을 알고 충격을 받았다. 이처럼 많은 사람은 자신의 주변에 있는 사람들이 종종 자신의 존재에 의해(혹은 존재하지 않을 때) 영향을 크게 받는다는 것을 잊거나, 심지어 깨닫지도 못한다.

모습을 드러내는 일은 중요하다. 특히나 재택근무를 시행하고 있는 조직에서는 회의 참석을 통해 존재감을 알리고, 직접 현장에 참여해서 일처리를 해야 할 상황을 미리 예상해 준비하는 것이 좋다.

한번 생각해보자. 당신이 주관하는 회의에 참석할 예정이던 누군가가 사전 양해 없이 늦거나 아예 나타나지 않았을 때 어떤 기분이 드는가? 아마도 이런 생각이 들 것이다. '왜 그들은 참석하지 않았지? 이 회의가, 그리고 우리가 그렇게 중요하지 않은 건가?' 이후에 지각생들이 모습을 드러내더라도, 아마 회의의 분위기는 얼음처럼 차가울 것이다. 어쩌면 서로의 얼굴을 쳐다보기는커녕 한 공간에 머무르지 않은 채 **스피커폰**으로 대화하게 될지도 모른다! 만약 당신이 지각생이 된다면, 머쓱하더라도 전화기 속의 목소리가 되는 것은 택하지 마라.

아울러 진심으로 요청하는데, 필요한 것이 있을 때에만 혹은 예정된 시간에만 딱 맞춰 나타나는 사람이 되지 않았으면 좋겠다. 만약 당신이 초청 강연자라면 조금 일찍 와서 관객들과 시간을 보내는 것이 좋다. 나는 그동안 명망 있고, 대중적으로 큰 인기를 끄는 대단한 기조 연설자와 전문가들이 오직 정해진 시간에만 무대에 등장하는 것을 많이 봐왔다. 그것은 해당 분야에서 유명한 인플루언서와 잠깐이라도 비공식적인 대화를 나눌 수 있으리라는 희망을 품고 상당한 돈을 지불한 열성적인 참석자들에게는 대단히 실망스러운 일이다.

한편 나는 기업의 고위 임원들로부터 '자신이 등장'할 때 어떤 자세로 나타나는 것이 좋은지에 대한 질문을 자주 받는다. 답은 간단하다. 고압적인 자세를 버리고 겸손한 자세를 유지하며 밝은 모습으로 등장하는 것이다. 진정한 권위나 권력은 스스로 쟁취하는 것이 아니라 다른 사람들이 부여해주는 것이다. 한데, 약속 시간에 늦었음에도 이에 대한 간단한 사과 인사마저 하지 않는다면, 점차 회사의 많은 구성원이 당신에 대한 믿음과 신뢰를 잃어버릴 것임을 기억해야 한다.

자, 당신이 드디어 모습을 드러냈다. 이제 무얼 하면 되냐고? 이 책의 초반에서 함께 살펴봤던 여러 방법들을 실행해볼 기회다. 눈을 맞추고, 내면의 시끄러운 소리를 줄이고, 귀를 기울여 듣고, 그 순간의 긴장을 푼다. 리더십 강연자로 유명한 댄서 출신의 다니엘 루드빅은 "몸은 단순히 뇌의 명령에 의해 움직이기만 하는 존재가 아니다"라고 하면서 다음과 같은 사실을 일깨워줬다. 당신이 회의실에 들어가든, 복도를 걸어가든, 샌드위치를 집어 들든 간에 당신이 보이는 모든 비언어적 행동을 통해 사람들은 당신에 대한 정보를 얻는다는 것이다. 이를 통해 당신이 얼마나 접근하기 쉬운지, 그리고 당신의 관심사가 무엇인지를 파악할 수 있다.

직급이 높을수록 모든 행동이 주변 사람들에게 읽히고 해석될(보통 부정확하게) 가능성이 커진다. 만약 당신이 사장인데, 집안일로 신경이 곤두서 있다면 표정을 조심하라. 당신이 눈살을 찌푸리며 복도를 걸어간다면 직원들은 '사장님이 오늘 집안일로 굉장히 괴로운 모양이군'이라고 생각하는 대신 '내가 뭘 잘못했지? 엄청 짜증나 보이는데?'라고 생각할 가능성이 크다.

당신의 입장에서는 억울할 수도 있다. "항상 내 행동과 표정을 신경 쓰며 남에게 잘 보이도록 노력해야 하는 건가?"라고 물을 수도 있다. 물론 당신은 아무것도 신경 쓰지 않겠다고 선택할 수도 있다. 언제나 선택은 자유다. 이런 경우 직원들과 거리감을 느끼게 되거나 상대하기 힘들 정도로 끔찍한 사람이라는 평판을 들어도 놀라지 마라.

기억해야 할 좋은 소식은, 한 사람의 존재감이 충분히 채워진다면 누구도 저항할 수 없을 정도로 강력한 힘을 갖게 된다는 것이다. 그리고 원활하게 소통이 이루어진다. 산만한 생각에서 벗어난 당신이 동료와 함께 앉아 모든 감각을 활용해 적극적으로 논의를 벌인다면, 또 지금 당신 주변에서 일어나는 모든 일이 매우 중요하다고 말한다면, 당신의 존재는 다른 사람들을 불러 모으고, 그들을 일으켜 세우고, 그들이 세심하게 주의를 기울이고 행동하게 할 수 있다.

당신이 이렇다면 주목할 것

- 사람들이 당신의 존재를 진지하게 받아들였으면 좋겠다.
- 당신에게는 정보가 공유되지 않는다.
- 겸손함이 부족한 탓인지 몰라도, 당신이 다른 사람들에게 어떤 영향을 끼치는지를 종종 잊는다.

이렇게 할 것

▶ 당신의 기분, 얼굴 표정, 보디랭귀지를 관리해서 올바른 신호를 보내라.

▶ 주의를 기울여 행동하라. 얼굴을 마주보는 시간이 필요한 동료와 구성원이 누구인지를 파악하라.

▶ 회의하면서 전자기기를 통해 몰래 메일을 보거나 확인하지 않도록, 회의실에는 수첩과 펜만 가져가는 것을 고려하라.

▶ 당신이 성격이 강하다면 "넘쳐나는 감정을 조절하라"는 조언을 따르라. 사무실 내의 분위기를 무겁게 만들지 않도록 주의하라.

▶ 당신의 등장이 다른 사람들에게 동기를 부여하고 그들을 인정하게 될 때가 바로 당신이 모습을 드러내야 하는 순간임을 기억하라.

명심할 것

• 화상회의가 아무리 활발해도, 직접 만나서 나누는 대화의 효과를 대체하기는 어렵다.

• 통제할 수 없는 소음은 스트레스를 발생시키므로 불필요한 메일과 문자 알림을 지워라.

구체적 사례
· · · · ·

신경 쓰지 말고 당신의 상사에게 공을 던져요

에이미는 직원들과 끊임없이 농담하고 교류하는, 매우 유쾌하고 감정 표현이 활발한 관리자였다. 이 때문에 그녀는 자신의 팀원들이 그녀의 기분을 맞추기 위해 노력하느라 힘들어한다는 사실을 알고 매우 당황했다. 사실 그녀는 이혼을 결정하고 양육권 분쟁을 하는 중이었지만, 자신이 감정을 잘 감추고 있다고 생각했다. 그러나 그 생각은 완전히 틀린 것이었다.

팀원들이 자신의 눈치를 본다는 사실을 알게 된 에이미는 평소 스타일대로 이 일을 당장 해결하기로 마음먹었다. 그러고는 말랑말랑한 스펀지 볼로 채워진 양동이를 가져와서 자신의 책상 위에 올려두었다. 그리고 이렇게 선언했다. "내가 기분이 언짢아 보이면 이것들을 나한테 던져요." 그리고 이런 말을 덧붙였다. "내가 없는 곳에서 뒷말은 그만하고요." 소품을 활용해 재치 있게 팀원들을 안심시킨 그녀의 능력은 우중충한 사무실 분위기를 좋은 것을 서로 공유하는 즐거운 공간으로 바꿔놓았다. 이것은 단순히 상사인 에이미의 기분을 관리하기 위한 것이 아니었다. 에이미는 자신의 팀원들과 **함께하며** 마음을 다독이려고 진심으로 노력했고, 이런 진심이 직원들의 마음속에 전달된 것이었다.

당신은 무시하는 사람입니까?

구매 담당자인 제이슨은 성과 평가에서 부정적인 피드백을 받았다. 협력업체 담당자들과 팀원들이, 제이슨을 자기밖에 모르고 다른 이들을 무시하는 거만한 사람이라고 평가했기 때문이다. 제이슨은 정말 큰 충격을 받은 듯 보였다. 제이슨은 스스로에 대한 자기 평가와 타인의 평가 사이에 이렇게나 큰 간극이 생긴 원인에 대해 골똘히 생각하다가, 자신이 실제로는 굉장히 수줍음을 많이 타는 성격이라는 것을 깨달았다. 그래서 그는 대화를 하는 게 불편했고, 종종 대화를 피하려 했다. 또 성과지향형인 제이슨에게 팀원들, 혹은 협력업체 사람들과 가벼운 농담을 갖는 시간은 낭비처럼 느껴졌다. 이런 상황을 알게 된 나는, 제이슨에게 화장실에 갈 때 따라가도 되는지를 물었다. 제이슨은 내 요청이 상당히 이상하다고 생각했을 것이다.

걱정하지 마라. 나는 그와 같이 화장실에 들어가려고 한 것이 아니다! 나는 화장실로 향하는 동안 제이슨이 어떤 행동을 하는지 관찰했다. 복도를 걸으며 제이슨은 핸드폰만 보고 누구와도 눈을 마주치지 않았다. 또한 주변 사람들이 그에게 말을 걸려고 하는데도 아무런 관심 없이 화장실로 향하는 것을 발견했다. 팀원들은 제이슨이 자신들의 행동을 무시하자, 개인적인 모욕으로 받아들였다.

나는 제이슨에게 관찰한 내용을 전달하고, 행동을 바꾸기를 권했다. 다행히 제이슨은 내 제안을 받아들였고, 화장실에 오가는 시간을 팀원들 혹은 내부 직원들과 눈을 맞추고 간단히 대화하는 시간으로 변모시켰다. 또한 책상 위에 작은 피규어를 두는 것처럼, 자신이 관심 있어 하는 것들을 올려놓아 편안한 대화를 이끌어낼 단초를 마련했다. 이런 변화가 일어난 한 달 뒤, 직원들에게 다시 제이슨에 대한 평판을 조사했을 때, 놀라운 변화가 일어났다. 팀원들은 물론 협력업체 사람들도 제이슨이 매우 겸손하고 신뢰할 수 있는 동료라고 평가하게 된 것이다.

14장

정보를 공유하라

뉴스는 가상의 신경안정제다

직장에서 특정 정보에 접근할 수 있다는 것은, 그 사람의 지위가 높아졌다는 것을 뜻한다. 동서고금을 막론하고 아는 것은 분명히 큰 힘이다. 특정인들만 아는(혹은 알고 있다고 여겨지는) 정보는, 해당자들에게 동기를 부여하고 스트레스를 개선시킬 수 있다. 이런 이유로 관리자나 리더들은 정보를 공유하는 데 신중해질 수밖에 없다. 하지만 모두가 알아야 하거나, 모두가 아는 것이 결코 도움이 되지 않는 정보를 어떻게 선별하고 공유해야 하는지는 관계의 측면에서 상당히 고민되는 일이다. 그렇다면 어떻게 해야 할까?

"정말 화가 나요. 상사들은 내가 뭔가를 알지 못한다는 기분이 들면 굉장히 힘들어한다는 걸 알고 있는데도, 잘 알려주지 않아요. 그래서 진짜 무슨 일이 일어나는지 알아내려고 노력하는 편인데, 그럴 때마다 내가 굉장히 무시당하고 있다는 생각이 들어요. 정보를 공유하는 게 그렇게 어렵나요? 그들은 내 험한 꼴을 다른 사람에게 보여주라고 급여를 주는 것 같아요. 필요한 정보를 공유받지 못하는 이유가 나에게 있는지, 아니면 다른 이유가 있는지 알고 싶은데 얻는 게 하나도 없네요. 관리자가 나를 주기적으로 불러서 공유할 내용을 감추지 말고 알려주면 좋겠어요."

정보의 공백은 위험한 작업환경을 초래할 수 있다. 많은 관리자들은 중요한 결정을 비밀로 해야 한다고 생각하기에 문을 열기보다 걸어 잠그고 위기에 대비한다. 하지만 위험한 정보일수록 필연적으로 새어나가게 마련이며, 리더들은 긴장할 수밖에 없다. 만약 그 정보가 틀린 것이라면, 이것을 바로잡고 직원들과의 관계를 다시 개선해야 하기 때문이다. 소문에는 속도와 한계가 없다. 누군가는 동료에게서 듣고, 누군가는 화장실 변기에 앉은 채 듣고, 누군가는 복도에서 듣기도 하는 것이다. 합병/매각/부도가 비밀이라고 생각하는 사람은 오직 리더뿐이다.

사람들은 자신이 어떤 사건을 변화시킬 위치에 있지 않다고 생각할 때 그 사건에 개입하기를 포기한다. 자신이 어떤 행동을 해도 소용없다고 생각하는 경향이 있기 때문이다. 심리학자 마틴 셀리그먼 Martin Seligman은 이를 '학습된 무기력'이라 불렀다. 그렇다면 이러한 학습된 무기력으로 인해 발생하는 수동적 행동을 줄이기 위해 우리는 무엇을 할 수 있는가? 바로 정보를 제공하는 것이다! 많은 심리 연구에서는 비록 사건들을 직접적으로 통제할 수 없더라도 그 일이 언제 일어날지 예측하는 능력이 있으면, 개인이 활동적으로 지내고 회복력을 높일 수 있다는 사실을 밝혀냈다.

정보가 있다는 것은 무엇을 선택할 것인가의 영역에서 개인의 자율성을 높이기 때문에 수동적인 태도를 견지하지 않도록 유도할 수 있다. 예를 들어 엄청나게 발달한 인터넷 기술로 인해 출근시간에 버스나 지하철, 택시, 자전거 가운데 어떤 교통수단을 선택하는 게 지각을 예방할지 알 수 있게 된 것과 마찬가지다. 당신이 원하는 시간에 정확히 도착하게 할 수는 없을지라도, 적어도 기다리거나 걷거나 택시를 부르는 결정을 선택할 수는 있다. 이처럼 선택권을 주는 것은 각 개인의 무력감을 약화시키기 때문에 결국 성공에 기여하는 방향으로 이어지게 된다.

당신이 이렇다면 주목할 것

- 당신이 창업한 회사는 직원수가 3명에서 30명으로 성장했지만, 당신은 여전히 직원들의 일을 상당 부분 대신해주고 있다.
- 말하기 전에 답을 아는 것을(질문도 미리 예상하는 것을) 선호한다.
- 분위기가 썰렁해지면 당신은 조용해진다.
- 동료들은 당신이 정보를 공유해주길 원한다. 당신도 마찬가지다.
- 가십거리가 늘고 있다.
- 화려한 직함은 없을지 모르지만 잡다한 것들을 많이 알고 있다.

이렇게 할 것

평상시

▶ 매일 아침 5분간의 스탠딩 회의로 일과를 시작하라. 서 있으면 함께하는 시간이 더 또렷해지고 집중력이 높아진다. 팀원들 모두와 이야기를 하면서, 오늘의 과업을 어떻게 더 잘 해낼지에 대한 아이디어를 적어도 하나씩은 발표하고 공유하는 게 좋다. 회사 외부에서 들어온 소식이나 전략적인 선택 등 무엇이나 이야기할 수 있다. 가령, 쇼핑몰로 가는 고속도로에 공사가 진행 중이라 근로자들과 고객들이 늦을 수도 있다거나, 아니면 오늘 오후 남부 지방에 눈이 올 것으로 예상되므로 통근 거리가 먼 사람들은 일찍 출발해야 한다거나 하는 것들이다.

▶ 팀의 주간회의 안건에 정보 업데이트를 포함하라. 회의실에 직원들이 모두 모였을 때 지난 회의에서 알게 된 새로운 정보를 다시 한번 설명해 공유토록 한다.

▶ 당신이 영업 회의나 기업 교육, 혹은 전략 세션에 참석하기 위해 사무실을 비운 경우, 매일 밤 팀원들에게 당신이 알게 된 몇몇 정보를 포함한 간단한 메일을 작성해 보내자. 이것은 쪼개진 각 정보를 통합하는 데 도움을 줄 것이고, 팀 내에서 당신의 입지도 강화시킬 것이다. 외부 업무를 마치고 사무실로 돌아오면 쌓여 있는 메일을 하나씩 처리하라. 그 후 팀원들을 모이게 한 다음 외부 회의에서 들은 중심 내용을 공유한다. 물론 어떤 주제는 기밀일 수 있기 때문에, 범위를 명확히 한 후에 공유해야 한다. 임원들만 공유

할 것, 중간관리자까지 공유할 것, 직원들까지 공유하되 외부에 유출되어서는 안 되는 것 등의 범위를 명확히 정하고 합의하라.

▶ 당신의 팀이 달성해야 할 목표와 긴밀하게 연결되어 있는 정보를 얻었다면 지체하지 말고 공유하자. 정보를 즉시 공유하고 실행하게 하려면 모든 직원이 확인할 수 있는 형태로 정보를 정리하고 재빨리 공유하는 것이 좋다. **알면 좋은 정보와 반드시 알아야 하는** 정보의 의사소통 방법을 혼동하지 마라. 메일, 문자 메시지, 전화 통화 등 어떤 방법으로 정보를 공유할지 미리 직원들에게 이야기해두면, 직원들도 재빠르게 확인할 수 있을 것이다.

▶ 다양한 배경과 연령대의 직원들이 각자 알고 있는 것들을 공유할 수 있는 소통 통로를 만들어보자. 일주일에 몇 번 티타임을 갖거나 점심 식사를 함께 하면서 자연스럽게 공유할 수 있도록 돕는 것도 방법이다. 소셜미디어 등을 통해 더 많은 정보를 접하는 많은 젊은 직원들이 회사 외부에서 얻어지는 귀중한 정보를 선배들에게 전달해줄 수 있을 것이다.

상황이 급변하는 시기

▶ 구조조정이나 합병 등이 진행 중이라면, 모든 사람들에게 이러한 상황을 알리는 것이 크게 도움이 되지 않을 수도 있다. 그래서 이러한 결정은 마지막 순간까지 명확하게 전달되지 않는 경우가 많다. 다만 그 후에는 기본적인 정보들을 공유하는 것이 좋다. 가령 구조조정을 결정했다면, 정리해고가 발표될 날짜와 사내 대체 업무직 지원 절차를 알려주는 것이 좋다. 그러면 직원들 또한 앞으로

다가올 미래를 준비할 수 있다.

▶ 환경을 예측할 수 없을수록 사람들의 불안감이 커진다. 두려움이 커질수록 정보를 보유할 능력도 떨어진다. 그러므로 자주 의사소통하라. 당신의 메시지를 구두와 서면으로 전달하라. 사람들을 미지의 세계에서 방황하게 하는 것보다 당신이 반복해서 알려주는 것이 더 낫다.

▶ "난 모른다"고 말하는 것도 (그게 사실이라면) 정보로 간주할 수 있다. 진짜 아는 것이 없으면 사람들은 가끔 추론을 하는데, 이는 진실보다 더 과장될 수 있고 불안감의 불씨를 더욱더 활활 타게 할 수 있다. 그러므로 사람들이 추측하게 하는 것보다 어떤 결정이 내려지지 않았다는 것을 알려주는 편이 더 낫다.

▶ 토론을 허용하라. 최근 어떤 제약회사는 직접적으로 직원들에게 공표하지 않고, 동영상을 통해 다가오는 합병과 그에 따른 인원 축소 계획을 알리는 영상을 보여줬다. 절대 이렇게 하지 마라. 이것은 직원들의 질문을 막는 데다, 의문을 조금도 해소해줄 수 없어 혼란만 가중시킨다.

▶ 때때로 직원들은 자신을 밝히고 목소리를 내 질문하는 것이 안전하다고 느끼지 않는다. 그러므로 질문을 종이에 적어 제출하거나 익명으로 질문을 문자로 보내면 화면으로 볼 수 있는 기술을 이용하는 등, 개인을 노출시키지 않으면서 질문을 할 수 있는 시스템을 만들면 직원들을 동요시키지 않으면서 좀 더 안전하게 문제점을 파악할 수 있다.

▶ 사내 시스템을 보면 의사결정을 내릴 권한이 있는 사람도 있고, 진

행 중인 활동에 대한 정보를 반드시 알아야만 하는 사람들도 있다. 어떤 직급의 직원과 어떻게 의사소통을 할 것인지 곰곰이 생각해 보라.

명심할 것

• 가끔 상사도 **당신의** 정보가 필요하다는 사실을 기억하라. 도움이 될 만한 정보를 '선물'로서 전달하자.
• 소문을 퍼뜨리지 마라. 만약 사실이 아닌 추측한 이야기라면, 추측한 것이라는 사실을 명확하게 밝혀라.

구체적 사례
· · · · ·

도대체 언제?!

"4월이 되면 내가 일을 하고 있을지, 만약 일을 한다 해도 내 역할이 무엇일지 모르겠어요. 회사에서 지원 업무 부서를 통합한다고 하는데, 결정되면 애틀랜타로 이사해야 할 수도 있거든요. 지금 살고 있는 보스턴에서 엄마도 돌보고, 쌍둥이들을 위해 유치원에 지원도 해야 하는데, 거주지를 옮겨야 한다면 어떤 선택을 해야 할지 모르겠어요." 벨은 다가오는 미래를 알지 못해 불안해하고 있었다. 벨만 모르는 게 아니었다. 그녀의 상사와 상사의 상사도 아무것도 알지 못했다. 하지만 소문은 꼬리에 꼬리를 물고 퍼지고 있었다. 그때쯤 그 기

· · · · ·

업의 인사부서에서는 내게 불확실성에 대처하기 위한 직원 회의를 진행해달라고 요청했다. 예상보다 많은 직원들이 관심을 보였고, 고위 경영진들도 참석했다. 비록 직원들은 회사가 계획하고 있는 인력 감축 방안을 공유하는 데 법적인 제약이 있어 모든 것을 알 수는 없었지만, 현재 진행 상황에 대해 알게 되는 것만으로 불안감을 조금이나마 줄일 수 있었다. 가령 인력 감축의 일환으로 부서 통폐합이 결정된다면, 지원 업무 담당자 중 몇 명은 협상위원회의 일원이 될 것이고, 이는 최소한 1년 동안 고용 보장을 하는 형태로 전환되는 것이었다. 노사 간에 법적으로 다툴 여지가 많은 결정이므로, 만약 법정 싸움이 뒤따른다면 적어도 6개월 동안은 누구에게도 아무런 변화가 없을 것이다. 한마디로 최소한 반년 동안은 어떤 정리해고도 없다는 뜻이다. 회사는 희망퇴직자 모집을 계획하고 있었고, 이에 대한 세부 사항은 4주 후에 발표될 예정이었다.

직원들은 이 회의를 통해 스스로 다른 길을 모색할 시간이 아직 남아 있다는 것을 확인했다. 경영진 또한 매주 목요일 오전 10시에 질의응답 시간을 갖기로 합의해, 인력 감축이 진행되는 과정에 대해 모두가 최신 정보를 접할 수 있도록 했다. 직원들은 여러 방법으로 경영진에 질문을 할 수 있도록 함으로써, 불길한 소문이 더 이상 퍼지지 않도록 조치할 수 있었다. 이것이 물론 완벽한 해결책이라고 할 수는 없다. 하지만 적어도 직원들은 자신이 회사를 떠나야 할 때가 **언제인지** 몰라 괴로운 상황에서는 탈출할 수 있었다.

15장

자석 같은 사람이 되자

사람들이 함께하고 싶은 존재가 된다

나는 종종 고객들에게 자석 같은 사람, 즉 모두가 함께 일하고 싶은 동료이자 함께 있으면 기분 좋은 사람이 되라고 말한다. 당신이 자석이 되면, 당신의 동료들은 어떤 상황에서든 거리낌 없이 당신을 **향해** 다가가게 될 것이다. 또한 새로운 프로젝트를 진행할 테스크포스 팀을 만들 때도 당신의 이름이 맨 위에 올라갈 가능성이 크다. 게다가 즉흥적으로 야유회를 가게 된다면, 당신은 언제나 초대받게 될 것이다. 자석이 된다는 것은 당신이 언제나 외향적이거나, 끊임없이 칭찬받거나, 인기인이 된다는 뜻이 아니다. 그보다는 당신이 있는 곳에서 동료들이 긴장을 풀고 안정감을 느끼며, 당신을 자신의 편이라고 생각한다는 것을 의미한다.

다시 말해, 자석 같은 사람은 모두를 주목시키는 흥미로운 이야기를 전하고, 다른 사람들의 토론에 열성적으로 참여하며, 전문적이고 신뢰할 수 있는 데다, **심지어** 매사를 즐기기까지 하는 사람을 의미한다.

내가 진행한 워크숍에 참석한 한 기업의 직원들은 상사가 '뇌를 마비시킨다'고 불평했다. 사소한 맞춤법이 틀리기만 해도 펄펄 뛰는 반면, 프로젝트 마무리를 위해 여러 직원이 밤샘 작업을 해도 칭찬 한마디 하지 않는 사람이라는 것이다. 그래서 많은 동료들이 다음과 같이 말하며 끊임없이 사무실 분위기를 우울하게 만든다고도 했다. "나는 아무것도 배우는 게 없어." "그들은 내 경험을 존중하지 않아." "나는 이런 기본적인 일보다 훨씬 더 어려운 일을 할 수 있다고." "왜 그들은 내 가치를 몰라주는 거지?" 상사는 모를 테지만, 여러 직원들은 노예처럼 혹사당하는 기분에 사로잡혀 있는 상태였다. 직원들은 상사와 함께 회의하며 편하게 이야기할 시간을 갖고 싶어 했지만, 상사는 모르쇠로 일관했다.

그 상사가 당신이고, 뒤늦게 직원들의 이런 불평을 알아챘다면 어떤 기분이 들까? 어쩌면 상사는 자신보다 더 위의 상사에게서 자신이 직원들에게 하는 것과 같은 취급을 당해 화가 나 있을지도 모른다. 자신의 화를 풀지 못해 애먼 사람들을 더 힘들게 하고 있는 것이다. 이런 일은 직장 생활에서 자주 발생한다. 상사가 만약 나는 잘못이 없고 이 모든 문제는 다른 사람의 탓이라고 여긴다면, 그는 부정적인 생각으로 가득 차 동료들의 접근을 막아버리고 있을 것이다.

이 모든 문제의 열쇠는 상사 자신에게 있다. 스스로 문제를 해결하고자 하지 않으면 문제는 사라지지 않을 것이고, 상사는 인공위성처럼 직원들에게 가닿지 못하고 주변을 맴돌기만 할 것이다.

따라서 상사는 다른 사람의 탓이라는 사고방식에서 벗어나 스스로 변화하고자 노력해야 한다. 스스로 되고 싶은 사람이 어떤 유형인지를 생각하고 그렇게 변화하도록 지금부터라도 노력해야 한다. 그러면 자신을 대하는 더 높은 상사의 태도도 변화하는 것을 느끼게 될 것이다.

우리의 신경계는 주변 사람들으로부터 영향을 받는 전자파를 통해 정보를 전달한다. 우리는 '변연계공명limbic resonance'이라는 과정을 통해 태어난 순간부터 남을 따라하며 살아남는다. 이 무의식적인 과정은 집단과 소통하는 문을 열어준다. 마치 어머니가 아기를 안음으로써 안정된 심장박동을 통해 아기를 안정시키는 것과 마찬가지로, 우리는 안전하고 신뢰할 수 있는 생체리듬을 제공하는 사람들에게 끌린다. 이런 이유로 회사의 경영자이든 안내데스크에서 전화를 받는 직원이든 간에, 생물학적으로 다른 사람들의 마음을 안정시킬 수 있는 존재가 된다면 자석과 같은 힘을 발휘할 수 있게 된다.

자석 같은 직원들은 다른 이들에게 호기심이 많고, 그들의 존재가 만들어내는 영향력에 관심을 가지며, 갈등에 개입할 준비가 되어 있다. 이것은 반드시 그 문제를 해결하기 위해서가 아니라 의견이 맞지 않는 상황을 두려워할 필요가 없다는 것을 보여주기 위해서이다. 자석 같은 사람은 부정적인 것에 도전하고 다른 사람들이 드러내는 비관적인 정서에 정면으로 맞선다.

당신이 이렇다면 주목할 것

- 자신이 매력적이길 바라지만, 그냥 어색하기만 하다.
- 주목받고 싶지만, 그럴 수 없을 것 같다.
- '관계 맺기'와 '관계 구축' 같은 표현을 들으면 닭살이 돋는다. 누군가와 관계를 맺는 것보다, 아무도 보지 않을 때 사무실 책상에서 혼자 컴퓨터 게임을 하는 게 훨씬 더 마음을 편안하게 해준다.
- 사장이나 고위직은 언제나 존경받는 사람이라는 잘못된 고정관념을 갖고 있었지만, 막상 고위직이 되고 보니 평판 관리를 처음부터 다시 해야 한다는 생각이 든다.
- 휴대폰 액정에 당신의 이름이 뜨면 동료들은 전화를 받지 않는다.

이렇게 할 것

▶ 열정적이고 헌신적인 이들은 보통 조직에서도 열정적이다. 그래서 화도 많은 사람들이다. 당신이 그렇다면, 치밀어 오르는 강한 감정을 보호하는 사람이 돼라. 몸을 **뒤로** 젖히고 탐색을 위한 공간을 확보해 부정적인 에너지를 누그러뜨려라. 다른 사람들이 말하게 하고, 당신은 들어라. 당신의 아이디어를 홍보하거나 해결책을 찾는 데만 집중하지 마라. 비판 대신 건설적인 토론이 가능한 상황이 될 때까지 말을 하지 말고, 마음이 안정되었을 때 대화를 시도해라. 그래야 당신의 가치도 높아진다.

▶ 회의를 주재해야 할 때 어떻게 수준 높은 토론을 할 수 있을지를

고민해보자. 어떤 질문을 던져야 할까? 당신은 모든 사람이 더욱 흥미롭게 상호작용을 할 수 있도록 유도할 만한 대화거리나 정보를 가지고 있는가? 최근 여행에서 경험한 에피소드나 정치적 이슈 혹은 언론에서 다룬 사건의 뒷이야기 등 한두 가지 정도의 흥미로운 이야기를 준비해 회의실에 들어간다. 이때 당신이 대화를 독차지 하거나, 자신을 돋보이고 다른 사람을 깎아내릴 만한 이야기는 하지 않도록 주의해야 한다. 이 회의에서 당신의 목표는 대화가 원활히 이어지도록 돕는 재미있는 화젯거리와 지식을 제공하는 것이다.

▶ 당신이 잘하는 일을 '소유'하지 마라. 잘하지 않거나 즐기지 않는 일을 동료에게 넘겨주는 것은 누구에게나 쉬운 일이다. 하지만 자신에게 즐겁고 잘하는 일을 다른 사람에게 넘겨주거나, 그 일을 잘하도록 누군가를 훈련시키는 것은 쉽지 않다. 그렇다고 혼자서만 그 일을 독점하는 것은 성장에 도움이 되지 않는다. 다음의 표를 활용하여 평가를 해보라. 오직 당신만이 이 책임을 수행할 수 있는지, 그리고 당신이 이 일을 즐기는지에 대해 표기한다. 이것은 평가를 위한 것이 아니니, 진실하게 해보길 바란다.

일:	오직 나만 할 수 있다	나는 이 책임을 즐긴다
네		
아니오		

▶ 당신이 진심으로 즐기는 일을 수행하기 위한 교육을 누가 받는 게 좋을지 폭넓게 생각해보라. 당신은 자신만이 이 일을 할 특별한 자격이 있다고 스스로 확신하고 있는가? 당신에게 좋은 평가를 안겨준 업무를 다른 동료도 해볼 수 있도록 돕는 것은 당신의 영향력을 넓히고 동료들의 발전에 기여함으로써 스스로의 자력을 강화시키는 방법이다. 위 표를 채웠다면 하단의 표도 채워보자. 일단 당신의 할 일 목록을 검토하라. 당신이 독차지한 알짜 과제는 무엇인가? 당신이 대단히 사랑하는 일을 위임하면서 다른 사람을 발전시킬 기회를 잡을 용기가 있는가?

일:	오직 나만 할 수 있다	나는 이 책임을 즐긴다
네	지금 하라	다른 이들을 교육시킨다
아니오	독차지하지 마라	위임한다(가능하다면)

▶ 기쁨에는 전염성이 있다. 카라는 직원들과 즐거운 시간을 더 많이 갖기 위해 책상 위에 작은 퍼즐을 올려놓는 것을 선택했다. 퍼즐 자체로는 아무것도 아니지만, 이것이 직원들과의 대화를 이끌고 그 대화 속에서 새로운 아이디어를 창출하게 한다면 이야기가 달라진다. 퍼즐이 업무 능력 향상의 매개체가 되는 것이다. 가끔은 사진도 효과적인 소재가 된다. 제나는 두 손을 놓은 채 환하게 웃으며 집라인을 타고 있는 사진을 책상 위에 올려두었다. 회사 회계 담당자인 제나는 언제나 비용을 감시하고 재무보고서를 명확하게

작성해야 하기 때문에 말수가 적고 늘 신경이 곤두서 있지만, 그녀가 외부에서는 모험을 즐기고 활발한 사람이라는 것을 사진이 증명해주었다. 이런 대조적인 모습은 직원들의 흥미와 관심을 끌었고, 더 많은 대화를 이끌어내는 촉매제가 되었다.

▶ 동료가 중요하게 여기는 것을 발견해, 이에 관해 물으면 그들은 기뻐할 것이다. 화장실에 갈 때 동료의 책상 위에 있는 사진에 관해 물어보라(제나도 같은 이유로 집라인을 타는 자신의 모습이 담긴 사진을 걸었다). 책상에서 동료가 대학원 졸업장을 들고 찍은 사진을 발견했다면, 최근 대학원을 졸업한 것인지도 모른다. 그럼 그가 어떤 분야에서 학위를 받았는지, 전공은 무엇인지 묻는 것도 좋다. 만일 당신 옆에 앉은 직원이 바이크 헬멧을 가지고 다니는 걸 봤다면, 출근길에 바이크를 타는 기분이 어떤지를 묻는 것도 적절할 것이다.

▶ 수줍은 동료들과 대화를 시작하기 위해서는 노력을 좀 더 해야 한다. 선배라고 해서 후배보다 더 나은 대인관계 능력을 갖고 있는 것은 아니다. 수줍음이 많은 선배라면 반갑게 인사하는 것만으로 대화의 물꼬를 트는 데 도움이 된다.

▶ 체취를 관리하라. 체취 문제는 내놓고 말하기 어렵지만 정말로 심각한 불편을 초래할 수 있다. 실제로 나는 기업컨설팅 과정에서 수많은 직원에게 발냄새를 비롯한 체취로 인해 동료들이 고생하고 있다는 말을 전해야 했다. 음식을 먹은 후에는 양치를 해서, 당신의 점심 메뉴가 무엇이었는지 앞자리 동료가 알지 않도록 해야 한다. 양치를 못한다면 민트향 껌이라도 씹기를 권한다. 진심이다.

명심할 것

- 자석 같은 사람이 되려면 준비가 필요하지만, 스스로의 노력을 다른 사람들 앞에서 과시해서는 안 된다. 관계를 돈독하게 만드는 일은 자연스러워야만 한다. 어느 날 갑자기 나의 노력을 알아봐달라고 하면 상대는 부담스럽게 여길 수밖에 없다.
- 기분이 언짢은 날이 하루나 이틀 동안 지속되는 것은 당연하다. 하지만 가능하면 최소한으로 줄여라. 잔뜩 언짢은 얼굴을 하고 있는 사람에게 먼저 다가가 밝게 인사할 수 있는 강심장은 많지 않다.

구체적 사례
· · · · ·

말을 하라, 겁주지 말고

코리는 언제나 둘 중 한 곳에서 찾을 수 있다. 늘 사무실 컴퓨터 앞이나 체육관에 있기 때문이다. 그는 조용하다. 하지만 코리가 말할 때 동료들은 늘 귀를 기울인다. 그의 말 속에 놀라운 통찰력이 담겨 있을 때가 많기 때문이다.

한편 코리는 부끄러움도 많은 편이라, 복도를 걸을 때도 다른 사람들과 눈을 마주치려고 하지 않는다. 그래서 친하게 지내는 직원이 거의 없다. 코리는 흥미롭지만 가끔은 무서운 직원으로 알려져 있었다. 온통 근육질에 우람한 체구를 가진 코리가 스트레스를 받으면 마치 헐크처럼 화를 낼 때도 있기 때문이다. 한 동료는 이렇게 말했다.

"코리가 화낼 때마다 전화기나 의자를 집어던질까 봐 무서워요."

코리는 최근에 승진에서 탈락했는데, 자신의 탈락 이유를 알지 못해 괴로워했다. 내가 동료들이 그에 대해 어떻게 인식하고 있는지를 알려주자, 토리는 매우 놀라며 슬퍼했다. "나는 열심히 일하고 있어요. 그걸로 충분하지 않은 건가요?" 성과는 물론 중요하지만, 코리의 강렬한 인상은 불리하게 작용하고 있었다. 말수가 적고 내성적인 성격에 보기만 해도 위축되는 거구의 외모와 불같은 성격은 코리를 동료들에게 다소 위협적인 존재로 인식시킨 듯했다. 나와 상담을 마친 코리는 자신에 대한 동료들의 인식을 변화시키기 위해 노력하기 시작했다. 책상에서 일어나 의견을 구하고 자신의 의견을 전하려고 애썼다. 동료들을 보며 미소를 짓고, 눈을 맞추며, 대화에 더 활발히 참여했다. 이렇게 자신에 대한 인식을 바꾸기 시작한 코리는 이듬해에 최고운영책임자CEO로 승진하게 되었다.

16장

소통에 참여하는 법

첫인상은 끝까지 간다

내 친구 카트린은 스키를 선수만큼이나 잘 탄다. 카드린이 흰 눈이 쌓인 슬로프를 거침없이 내려갈 때, 나는 늘 그 뒷모습을 바라보며 하얗게 질린 얼굴로 엉금엉금 내려왔다. 그런데 최근 해변에 갔다가 그 날렵한 카트린이 물가에서 얼음처럼 굳어 있는 모습을 보고 나는 깜짝 놀랐다. "난 바다에 들어가는 법을 몰라. 파도의 흐름을 느껴본 적이 없거든." 카트린이 해변에 밀려드는 파도를 피해 멀찍이 뛰어가며 말했다. 바다에 대한 경험 부족이 순간적으로 카트린을 굳게 만든 이유라는 것을 깨달은 순간이었다. 이후로도 카트린은 스키는 즐겼지만, 해양 스포츠에는 조금도 관심을 두지 않았다.

유전적으로 인간은 결정을 빨리 내리도록 타고났다. 과학자들은 빠른 인식 또는 얇게 조각내기thin slicing라고 불리는 무의식적인 인간의 판단 과정을 확인했는데, 이것은 매우 순간적으로 자신에게 무엇이 중요한 것인지를 파악하는 능력이다. 저명한 심리학자 대니얼 카너먼Daniel Kahneman은 우리의 마음이 정신적인 지름길을 택하고 오직 '알려진' 것들만 다루려고 하는 때가 있다고 설명한다. 불행하게도, 효율적이지만 때로는 결함이 있는 우리의 내부 컴퓨터는 더 미묘한 정보에 주의를 기울이기보다 미리 정해진 믿음을 기반으로 무언가를 판단하게 만들 수도 있다. 당신이 소통을 추구할 때도 마찬가지다. 경험이 없거나 잘 알지 못한다는 믿음에 따라 순간적으로 소통에 참여하는 일을 머뭇거리게 된다면, 동료들은 당신의 행동을 통해 많은 것을 감지할 수 있을 것이다. 그리고 같은 주제로 소통할 때 다시는 당신을 초대하지 않을 것이다. 동료들 또한 순간적으로 당신을 판단하기 때문이다.

당신이 이렇다면 주목할 것

- '내가 어떻게 합류해야 하지?'라는 생각을 멈출 수 없다.
- 당신이 어떤 모임에 등장했을 때 대화가 멈추면 깜짝 놀라 그 자리를 떠난다.
- 새로운 상황에 처했을 때 눈에 띄는 것보다 투명인간으로 변하는 물약을 보내달라고 신께 기도하고 싶다.
- 지금 막 새로운 부서로 파견되었다.
- 당신은 사무실에서 가장 나이가 많은 '괴짜 노인' 취급을 받고 있다.

이렇게 할 것

▶ 새로운 상황을 제압하려고 욕심을 부리기보다 그것에 맞는 부드러운 방법을 찾기 위해 노력하자. 생각보다 간단한 방법을 찾을 수 있을지도 모른다.

▶ 당신이 누군가의 행동을 평가하는 것처럼, 당신 또한 상대에게 관찰되고 있음을 기억하라. 당신의 표정과 비언어적인 행동은 다른 사람에게 큰 영향을 미친다. 특히 당신이 임원인 경우, 당신의 등장은 직원들에게 상상(과 인식) 이상으로 강렬한 경험을 줄 것이다. 심리학자 낼리니 암베디Nalini Ambady는 한 교수의 10초짜리 강의 영상만을 본 학생들이 내린 강의 평가가, 해당 교수의 수업을 한 학기 내내 들은 학생들이 내린 평가와 비슷하다는 사실을 발견했다. 눈을 마주치고 미소를 지으며 편안한 제스처를 취하며 강의하는 교수들은 뻣뻣하고 일방적인 태도로 강의하는 교수들보다 더 높은 평가를 받았다. 당연하게도.

▶ 강연자, 혹은 회의를 주재하는 역할이 주어졌을 때 당신이 만날 사람들을 위한 칭찬을 미리 준비하고, 웃으면서 입장하라. 당신의 등장을 보면서 순간적으로 편한 느낌을 받을 수 있다면, 참석자들은 당신의 이야기에 계속해서 주목할 것이다. 요크대학교의 연구원들은 표현력 있고 활기찬 방식으로 의사소통하는 사람들이 차갑고 무표정한 사람들보다 호감을 더 얻기 쉽다는 사실을 발견했다. 심리학자들은 이것을 **표현력 후광**expressivity halo이라 부른다. 우리는 감정을 읽기 쉬운 사람들과 함께 있으면 편안함을 느낀다. 사람

들이 당신을 알 수 있게 하라. 먼저 표정부터 부드럽게 관리하자.

▶ 섣부른 판단이 중요하지 않다고 혼자 생각하기보다(혹은 그러기를 바라기보다) 미리 대비하라. 서류를 삐딱하게 들고 손에 가방을 잔뜩 든 채로 클라이언트의 사무실에 들어가지 마라. 입장하는 순간 클라이언트는 당신의 얼굴을 보는 대신 수많은 서류더미에 눈길을 줄지도 모른다. 이것은 당신이 어떤 사람인지를 인식하는 데 방해가 될 것이다.

▶ 당신의 행동과 복장에 대한 반응에 주목하라. 가령, 당신이 은행가로서 지역사회 지도자들을 만난다고 해보자. 그럴 때 좀 더 편안한 옷을 입는 것을 고려해보라. 혹시 조금 보수적인 배경을 가진 동료들과 함께 일하고 있는가? 당신의 신념은 옷으로 다리나 어깨를 가릴 필요가 없다고 할 수 있지만, 상대방의 믿음은 다를 수 있다. 만나려는 사람들의 성향을 잘 알지 못한다면 조금 더 보수적으로 옷차림을 갖춰라. 숄을 두르거나, 긴 바지를 입는 게 안전하다.

▶ 당신이 높은 직급의 직원이라고 해서, 회사 내의 어떤 공간에든 무조건 입장이 가능할 거라고 생각하지 마라. 직원들이 모여 간단히 티타임을 갖고 있는 휴게실에 들어가려 한다면, 잠깐만 생각해보라. 당신의 등장으로 대화에 찬물이 끼얹어질 수도 있다. 당신이 누군가를 방해할지도 모른다는 것을 염두에 두고 행동에 주의를 기울여라. 지금 그 공간에서 벌어지고 있는 일에 당신이 참여해서 지켜봐도 되는지, 혹은 나중에 참여하는 것이 더 좋은지 생각해보라. 잘 모르겠다면, 나중에 해당 직원에게 참여해도 좋을지 물어보고, 의견을 듣는 것이 좋다.

▶ 호기심을 가져라. 당신이 처음 합류한 '아웃사이더'라서, 어색함을 완화시키고 싶다면 질문을 던져라. 단, 간단한 질문이더라도 대화의 흐름을 방해할 요소가 있어 보인다면 삼가라.

▶ 다른 이들이 회의에 합류할 때뿐만 아니라 당신이 입장할 때도 가장 먼저 사람들과 눈을 마주쳐라. 그들도 당신처럼 불편하거나 수줍어할 수 있다. 좋은 대화를 상상해보라.

명심할 것

• 힐러리 클린턴은 "당신이 누구를 만나든 행복하게 행동하라"고 말했다. 그리고 빌 클린턴은 이렇게 말했다. "당신이 누구를 만나든 그 사람이 당신에게 선물할 갈비 한 접시를 들고 있는 것처럼 기쁘게 행동하라."

• 다른 문화권의 사람들을 만난다면 먼저 악수를 청하는 것이 적절한 행동인지 민감하게 살펴야 한다. 포옹은 하지 마라. 그 문화권의 사람들이 어떤 식으로 첫인사를 하는지를 미리 공부하자. 만약 고개를 숙여 인사하는 사회에서 일하고 있는가? 그렇다면 그렇게 인사해야 한다.

• 한 사람의 첫인상이 형성되는 방식을 이해한다면, 당신은 다른 사람들이 당신을 보는 인식에 긍정적인 영향을 줄 수 있다. 그리고 그것은 당신이 상호작용하는 사람들과 의미 있는 관계를 맺는 길로 향하는 소중한 첫걸음이 되어줄 것이다.

구체적 사례
· · · · ·

허락을 구하라

브라질에서 활동하는 기쁨의 의사회Brazil's Doctors of Joy의 설립자인 웰링턴 노게이라는 환자들을 만날 때 일방적으로 병실을 방문하지 않는다. 특히나 어린이 환자라면 아이들이 좋아하는 캐릭터의 옷을 입고, 문을 과장되게 두드리며 병실에 입장해도 되는지 묻는다. 환자가 허락하면 환하게 웃으며 병실로 들어선다. 매일 무표정한 의료진에게 둘러 싸여 있던 어린 환자는 가끔 벌어지는 이런 이벤트에 기쁨을 느낄 것이다. 침대에 누워 있던 환자들은 잠시나마 고통을 잊고 즐거워하고, 다른 동료 의사들은 환자를 대하는 웰링턴의 태도에서 많은 것을 배운다. 누군가의 공간에 존재하는 신성함을 무시하는 것은 권력을 폭력적으로 행사하는 것이나 다름없다. 당신이 누군가의 자리 옆으로 이동해 대화를 시작하든, 재고 검토를 위해 창고에 들어가든, 일단 먼저 그 공간에 있는 사람에게 물어보는 것이 현명하다.

행동에 합류하라

제프 싱클레어 회장은 자이푸르 사막의 지역 방문에 나와 함께했다. 자신과 교역하는 그 지역의 카펫 방직공들의 삶을 살펴보고, 그들의 노고를 치하하며, 지역 발전을 위한 경제 지원 방안을 논의하기 위한 방문이었다. 마을을 지나 카펫 회사의 출장소까지는 걸어서 5분 거리였다.

주민들은 외국인 무리의 방문에 잔뜩 긴장한 얼굴로 우리를 주시하고 있었다. 이곳은 외국인 손님들이 자주 방문하는 관광지가 아니었다. 싱클레어 회장은 지정된 회의 장소로 바로 가지 않고 잠시 멈춰서, 땅바닥에 굴러다니던 크리켓 공을 집어 투수처럼 폼을 잡더니 아이들에게 다시 던졌다. 아이들은 싱클레어의 모습을 보고 킥킥거리며 웃었다. 나도 싱클레어를 따라 공을 소년들에게 던졌고, 또다시 소년들의 웃음소리가 들렸다. 이후 우리는 소년들에게 다가가 자기소개를 했다. 영어가 통하지 않은 아이들은 어리둥절해했지만, 싱클레어가 야구 경기에서 홈베이스를 밟는 것 같은 제스처를 취하자 이해했다는 듯 소리를 지르며 웃었다. 그렇게 우리는 즐거운 첫 인사를 마쳤다.

소년들과 공을 주고받는 행동은 아주 짧은 시간 동안만 이루어졌지만, 우리의 '터무니없는 행동'에 대한 소문이 이미 동네에 퍼졌는지 많은 주민이 우리를 구경하러 거리로 나왔다. 인파를 헤치고 회의 장소에 다다랐을 때, 우리를 맞이한 방직공들의 얼굴에는 환한 미소가 가득했다. 우리는 그들에게 더 이상 낯선 사람들이 아니었다. 우리는 아이들, 스포츠, 그리고 마을에 좋은 학교를 짓기 위해 무엇이 필요한가에 대한 이야기를 즐겁게 나눴다. 빈곤한 마을을 위한 경제적 지원이라는 주제에 가까워질 무렵, 우리는 어느새 방직공들이 스스럼없이 다가서는 친구가 되어 있었다.

17장

스토리로 말하자

상대의 우뇌를 이용하여 소통한다

이야기는 협력을 촉진하는 신경화학물질인 옥시토신을 자극한다. 그래서 이야기를 하는 것은 사람의 감정을 불러일으키고 공감을 높이며 소통의 질을 높인다. 이야기로 말하기, 즉 스토리텔링은 고대부터 이어져 내려온 원시적인 형태의 의사소통 방법이다. 이야기를 통해서 인간은 열정과 고난, 슬픔, 그리고 기쁨을 공유한다. 공감 가는 내러티브는 우리가 많은 것에서 의미를 찾을 수 있게 돕는다.

신경경제학자 폴 잭Paul Zak의 연구는 인간이 뇌에서 이야기를 실제로 경험한 것처럼 처리한다는 것을 보여준다. 쉽게 말해, 이야기를 듣는 사람은 말하는 사람만큼이나 그 이야기에 공감하며 유대감을 형성하게 된다는 것이다. 1대1 미팅에서, 그룹 토론 중에, 혹은 무대에서 이야기를 하는 것은 듣는 사람을 당신과 함께 과거로 돌아가거나 미래로 여행하도록 초대하는 일이다. 이야기를 공유하는 것은 "나의 일부를 통해 당신을 이끌고 싶다"고 말하는 것과 같다. 당신이 진정성을 드러내며 이끌면 듣는 이들도 자연스럽게 따르게 된다. 당신이 직장에서 입는 옷이 이야기의 윤곽이라면, 이야기 자체는 옷 속을 채워 당신을 실제 사람으로 만들어주는 것이다.

이야기는 질서를 부여한다. 인간은 확신을 추구하기 때문에 서술 구조가 익숙하고 예측 가능한 이야기에서 위안을 얻는다. 이야기의 맥락을 따라가면서 강렬한 슬픔이나 분노 같은 감정을 느끼게 될 때 견딜 수 있는 이유는, 우리가 해결에는 갈등이 따른다는 것을 알기 때문이다. 이때 우리는 이야기를 편안하게 받아들이면서 동시에 논리적인 이성이 떠올리게 하는 의문이나 진실성 같은 방해에 대처할 수 있다.

통계와 계량, 숫자로 보이는 프레젠테이션, 즉 논리적 확실성의 영역은 과학적으로 우뇌에 호소한다. 하지만, 이제는 변하고 있다. 『드라이브』의 저자 다니엘 핑크Daniel Pink는 "우뇌 지배는 경쟁 우위의 새로운 원천이다"라고 말했다. 이성적인 의문은 논리적 영역의 자극을 바탕으로 하지만, 감정적인 공감은 마음속에서 만들어진다. 효과적인 스토리텔링은 일로 무장된 우리 뇌의 갑옷을 뚫고 개인적인 관계를 우선적으로 확립할 수 있게 해준다. 그리고 조금 더 부드럽게 우리의 관계와 일을 도모할 수 있도록 돕는다.

당신이 이렇다면 주목할 것

- 사무실에 있는 모든 사람들이 이질적으로 느껴진다. 이제 '인간'으로서 소통할 때다.
- 프레젠테이션 슬라이드를 만드는 일은 상사를 설득하거나 추가적인 자원을 요청하고자 할 때 당신이 자연스럽게 하는 일이다.
- 셔츠 단추를 모두 채운 것 같이 답답하고 빡빡하게 발표를 해서, 사람들은 당신을 지루하게 여긴다.

이렇게 할 것

▶ 무언가를 이야기할 때 듣는 사람들이 당신의 '회사용 발언'이 아니라 당신의 진정한 목소리를 듣게 한다. 집이나 사무실에서 최근에 일어난 일, 혹은 뉴스의 최근 사건들이 당신을 감동시켰고 당신이 전달하고자 하는 메시지와 관련이 있다면, 이를 포함시켜 말해보자. 미리 생각한 대본에서 벗어나는 것을 두려워하지 마라.

▶ 개인적인 삶에서 짧은 이야기를 찾은 후, 그것이 적절한 이야기인지 확인하고 싶다면, 사람들 앞에서 공개적으로 말하기 전에 친구에게 먼저 말해본다.

▶ 전략적으로 당신의 약점을 전달하라. 당신이 누구보다 성공을 거두었더라도, 당신의 성공 과정에 동료들이 겪는 것과 같은 수많는 실패와 실수의 경험이 있었음을 상기시킨다. 물론, 연설 시간을 심리치료 시간으로 바꿀 필요는 없지만, 그 누구도 조금의 흠집조

차 없는 완벽한 사람을 믿거나 좋아하지 않는다. 그러므로 자신의 약점을 드러내는 것에 두려워하지 마라.

▶ 제품 개발에 더 많은 자금을 투입하자고 경영진에 요청할 때 현 시스템이 실패하는 이유를 자세히 설명하지 마라. 불만을 전하는 데 시간을 모두 쏟는 대신, 새로운 투자로 인해 더 많은 이익을 얻을 수 있다는 긍정적인 메시지를 전달하는 것이 효과적이다.

명심할 것

• 당신의 이야기에는 진정성이 있어야 하며, 지나치게 길거나 자기만족에 빠지지 않아야 한다는 점을 기억하라.
• 인간의 뇌는 지나치게 자주 사용되는 특정한 단어와 구절을 무시하도록 프로그램되어 있으므로, 청중의 집중력을 방해하지 않으려면 진부한 말을 하지 않는다.

구체적 사례
. . . . .

진실한 이야기를 들려줘라

"당신이라면 당신을 고용하겠습니까?" 드류는 자신이 지원한 기업의 채용담당자들에게 스스로를 어필할 홍보 자료를 열심히 준비했다. 그는 기업에서 사원을 채용할 때 대졸자만을 대상으로 하는 대신, 대학 중퇴자들까지 포함시켜 더욱더 다양한 인재를 영입할 수 있어야 한다고 생각하고 있었다. 그래서 자신이 만든 새로운 채용 프로그램이 채택될 수 있도록 설득하려 애쓰고 있었다. 드류는 채용담당자들을 사로잡을 만한 말을 고심했다. 그리고 고심 끝에 자신의 이야기로 담당자들을 설득해보기로 결심했다.

마침내 채용담당자들 앞에 선 드류는 자신의 이야기를 시작했다. 그는 고교 시절 매우 실력이 출중한 운동선수였다. 하지만 운동선수로서의 커리어를 계속 이어갈 수는 없었다. 방황하던 드류는 불행하게도 마약을 파는 일에 몸담게 되었고, 더 나아가 범죄 조직에도 합류하게 되었다. 운이 좋게도 그는 아주 짧은 기간 동안만 감옥에 있었다.

그가 석방되었을 때 고교 시절 코치의 친구가 드류에게 새로운 기회를 주었다. 대학 졸업장이 없음에도 런던증권거래소에서 트레이더가 되기 위한 교육을 받을 기회를 얻은 것이다. 그는 정직하게 돈을 벌었고, 일이 그의 인생은 물론 그의 모친과 여동생들의 인생까지 바꿔놓게 되었다.

이제 드류는 10년 이상 결혼생활을 유지하고 있는 자랑스러운 아빠이자 가장이 되었다. 이 이야기는 채용담당자들의 마음을 완전히 사로잡았다. 드류가 자신의 삶을 변화시킨 이야기를 했을 때, 그들은 드류를 돕고 싶다는 생각은 물론 그가 개발한 새로운 채용 프로그램도 믿을 만하겠다는 생각을 하게 되었다.

18장

기다림의 미학

가끔은 아무것도 하지 않아야 해결된다

많은 사람들은 직장에서, 또 개인 생활을 하며 무의식적으로 어떤 행동을 취한다. 우리는 사건이 자연스럽게 전개되도록 두고 보기보다는 빠른 해결을 위해 개입하려고 한다. 물론 이것도 나쁜 선택은 아니다. 내가 지금 말하려는 것은 소극적으로 대처하거나 고의로 무시하라는 것이 아니다. 다만, '가끔은' 아무것도 하지 말라는 것이다. 의도적으로 다른 사람들이 문제를 해결하면서 **자신들**의 강점을 발휘할 수 있도록 공간을 남기자. 답을 찾는 것을 서두르지 마라. 회사의 시스템을 신뢰하고, 문제 해결의 당사자들이 대안을 반복하며 실패를 하더라도 시간을 갖고 해결할 수도 있도록 여유를 허용하자.

경쟁사회를 살면서 우리는 성공하려면 추진력과 헌신, 그리고 투지가 필요하다는 것을 배워왔다. 이런 배움의 전제는 성공하려면 엄청난 양의 에너지를 소모하는 것이 당연하고, 필요하다면 힘을 사용해서라도 원하는 것을 얻어야 한다는 것이다. 하지만 이 전제가 늘 옳은 것은 아니다.

화가 치밀어 오르기 시작할 때, 모든 사람들이 자신의 견해만을 주장할 때, 그리고 한정된 자원을 손에 쥐기 위해 경쟁이 심화할 때, 나는 한 발짝 물러서서 생각할 시간을 가져보라고 권한다. 단, 긴급한 상황이 발생한다면 책임을 회피하지 말고 현명하게 대처해야 한다. 하지만 대부분의 문제 상황은 매우 심각한 위기 상황이 아닌 경우가 많다. 지켜보다가 적당한 때를 기다려도 되는 상황인 것이다.

당신이 높은 직급의 관리자라면, 당신의 개입은 직원들의 혼란과 잡음만 더할 수도 있다. 당신에게 아주 훌륭한 아이디어가 떠올랐을 수도 있지만, 당신보다 낮은 직급의 사원도 훌륭한 생각을 해낼 수 있다. 그러니 해당 직원들이 문제를 해결할 수 있도록 잠자코 지켜보는 것도 리더의 좋은 습관이 될 수 있다. 물론 시간을 충분히 줘도 해결하지 못할 가능성이 있다. 그렇다 하더라도 직원들은 그 경험에서 많은 것을 배울 수 있다. 또한 당신은 이전의 해결책들이 효과가 없었던 이유를 설명하고, 왜 당신의 생각대로 일을 추진하는 게 효과적인지 설명할 적절한 기회를 얻을 수 있다. 한편 당신이 팀에서 낮은 직급의 그룹에 속해 있다면 경쟁이 치열할 때 인내심을 발휘하는 것이 좋다. 선배들과 경쟁해서 이길 확률은 극히 낮기 때문이다.

나의 현명한 고객 중 한 명은 "팀원들이 배고픈 순간 먹이를 주지 마라"라고 내게 조언했다. 지켜보지만 지나치게 관여하지 않는 입장을 유지하면서 그들의 문제해결 능력에 대한 자신감을 증명하게 하

......

는 것이다. 만약 당신이 뒤로 물러나 가만히 있고 다른 이들에게 일을 해결하도록 내버려뒀는데 여전히 할 일이 남아 있다면, 거리를 서서히 '좁힌' 지점이 가장 영향력을 발휘하기 좋은 위치가 될 수 있다.

당신이 이렇다면 주목할 것

- 할 수 있기 때문에, 당신은 항상 그래야 한다고 생각한다.
- 책임감은 결코 잠들지 않는다. 당신은 마치 조난당한 배를 찾기 위해 수평선을 살피는 등대 같다.
- 당신은 권력을 마음대로 휘두른다는 비난을 받아왔다.
- 위궤양이 있거나 잘 때 이를 심하게 간다.
- 어떤 문제를 해결하는 과정에서 배제되는 일은 당신을 미치게 한다.

이렇게 할 것

▶ 일에 끼어들기 전, 당신이 이것을 하려는 이유가 결과를 개선시키기 위해서인지, 아니면 당신의 자존심을 높이기 위해서인지 생각해보라.
▶ 당신의 에너지를 한정된 자원처럼 적당히 다뤄라.
▶ 공허함을 채우고픈 유혹을 이겨내라. 때로는 시스템이 문제를 알아서 바로잡기도 한다.

명심할 것

- 소극적이거나 관심이 없는 것과 직원들에게 기회를 주기 위해 행동하지 않겠다고 결정하는 것을 혼동하지 마라.
- 다른 사람들이 행동할 수 있게 공간을 두는 것은 위임하는 것과 다르다. 이것은 직원들이 스스로 나설 수 있는 기회를 만들어주는 것이다.

구체적 사례

•••••

슈퍼맨 망토를 벗어라

흐트러짐 없는 단정한 헤어스타일에 정갈한 맞춤 슈트를 입은 준이 사무실에 도착했다. 준은 4개국을 돌며 6차례의 고객 미팅을 성공적으로 마치고, 공항에서 내 사무실까지 제시간에 맞춰 왔다. 그는 자신감에 가득 차 있었다. 하지만 시간이 지나자 준의 긴장이 풀렸고, 토론에 임하면서 그는 자신이 탈진 상태라고 고백했다. 그럼에도 준은 간절히 원하는 결과를 얻기 위해서라면 달리는 기차에라도 뛰어들 준비가 되어 있었다. 깔끔한 슈트 속에 슈퍼맨 망토를 감추고 있는 듯한 준은 언제나 행동을 취할 태세를 갖추고 있다. 그래서일까? 준은 활동의 중심에서 제외되면 늘 크게 좌절하고 화를 냈다.

안타깝게도 준의 의지와 달리, 15년 동안 정신없이 달려온 준의 몸은 서서히 반항을 하고 있었다. 건강이 나빠지는 것을 느끼게 된

준은 마침내 자신을 사정없이 몰아붙이는 일이 더 큰 문제를 유발할 수 있다는 생각을 하게 되었다.

언제나 완벽을 추구하는 준은 자신의 팀원들도 완벽한 사람들이라고 자부했지만, 내가 상담을 진행해본 결과 준은 다른 직원들을 믿지 않았고 아무런 일도 위임하지 않은 성격이었다. 이 때문에 직원들의 불만이 가득했다. 나는 준의 힘을 가장 강력한 것에서, 다른 사람들의 성장을 돕는 마법의 터치로 완전히 재탄생시킬 계획에 돌입했다. 준은 직원들에게 더 많은 기회를 줘야 한다는 나의 조언에 공감을 표했고, 스스로 많은 일을 직원들에게 맡겨보기로 했다. 물론 직원들이 도움을 구하면 언제든 손을 내밀 준비를 하고 있었다.

그 결과 준의 팀원들은 더 많은 일을 경험하게 되었고, 더 많은 책임도 질 수 있게 되었다. 그러자 직원들이 일에서 느끼는 재미와 가치 또한 유의미하게 상승했다.

19장

부정적 사고에 도전하자

내면의 비관적인 소리를 잠재운다

내 마음은 나쁜 이웃과 같아서, 나는 그곳에 혼자 가지 않으려 한다.

— 앤 라모트Anne Lamott

"난 너무 부족해요. 빠르지도 않고, 똑똑하지도 않습니다." 내가 상담한 몇몇 CEO들에게서 들은 말이다. 대부분의 기업 대표들은 겉으로 보기에 자신감이 넘치고 두려움이 없어 보이지만, 가슴속에는 풀리지 않는 응어리가 가득하다. 그래서 상담을 진행할 때면 당장이라도 폭발할 것 같이 불안한 모습을 보일 때가 있다.

바깥세상이 위험해 보일지 모르지만, 우리 자신을 무너뜨리는 가장 강력한 대상은 마음속에 숨어 있는 부정적인 생각이다. 인간은 가끔 무의식적으로 절망에 빠져드는데, 심각한 경우에는 자신이 절망에 빠져 있다는 사실을 깨닫지 못하기도 한다. 이러한 내면의 괴롭힘을 잠재우기 위해서는 부정적인 생각을 바로잡아야 한다. 당신이 스스로를 고문하고 있다는 것을 인식하고 맞서 싸워라. 이때 '자신에게

당신이 생각하는 방식을 바꾸는 ABC

사건 발생
Activating Event

믿음과 생각
Beliefs and
Thoughts

결과
Consequences

친절하게 대하라'라는 말은 너무 부드럽다. 이제는 다른 접근이 필요하다. 스스로를 엄격하게 대하라. 내면을 갉아먹는 부정적 기운이 당신의 마음과 생각 전체를 물들이도록 놔두지 마라. 지금부터 내면의 적에게 공격적으로 도전하라.

위의 도표는 인지 행동 치료에서 보이는 내면의 충돌 과정이다. 도표에서 보이듯 아주 간단한 과정이다. 먼저 사건이 발생한다(A). 당신이 6개월 동안 일한 부서에서 다른 부서로 이동하라는 메일을 받았다고 하자. 그리고 내일 오후 3시에 새로 일하게 될 팀으로부터 만나자는 요청 메일을 받았다.

갑작스러운 부서 이동 통보에 어리둥절한 당신은 상사에게 무슨 일이 일어난 것인지 직접 물어볼까 하다가 그만 둔다. 상사에게 질문을 하고 설득력 있는 대화를 하려면 미리 생각을 정리할 필요가 있기 때문이다. 이때 당신은 이 사건을 어떻게 판단할지, 무엇을 믿어야 할지를 '선택'할 수 있다(B). 이때 당신은 이런 이유들을 떠올릴지도 모른다. 첫째, 당신은 한 번도 당신의 업무에서 인정을 받은 적이 없다. 둘째, 당신의 상사가 새로운 팀원을 영입하고 싶다는 생각을 했다. 셋째, 이것이 해고 위한 첫 번째 단계이거나, 앞의 두 가지 이유 때문에 다른 팀으로 발령을 낸 것이라고 생각한다.

이런 믿음의 결과(C)로, 당신은 끔찍한 밤을 보내고 다음 날 투덜거리며 출근해서 옆자리 동료에게 괜히 화를 내고 짜증을 부린다. 새로 합류하게 될 팀의 관리자에게 간결한 미팅 확인 메일을 보낸 후에는, 현재 팀 직원들과 점심을 먹는 대신 다른 회사의 채용공고를 확인한다. 오후 3시에 미팅을 하기 전까지 당신은 거의 어떤 것에도 집중을 할 수가 없다.

이제 뭔가 다른 접근을 시도해보면 어떨까? 만약 상황에 대한 당신의 판단(B)을 바꾸면 어떻게 될까? 당신이 다른 부서로 발령을 받은 이유를 이렇게 판단하는 것이다. 첫째, 후임자를 잘 교육시킨 덕에 당신이 이탈해도 업무 공백이 없고, 당신에게 더 복잡한 업무를 할 만한 능력이 있다고 상사가 인정했다. 둘째, 옮겨야 할 부서의 팀장이 당신의 업무 능력에 깊은 인상을 받고 자신의 부서에 발령을 내달라고 회사에 요청했다. 셋째, 당신이 현재 업무 분야에서 독보적인 전문성을 기른 덕에 더 많은 책임을 질 때가 됐다고 회사에서 판단했다.

이런 식으로 긍정적인 생각을 하게 되면, 당신은 새로운 기회를 준비하며 즐겁게 출근을 기다리고, 현재 부서 직원들과의 마지막 점심 식사에 참여해 깊은 이야기를 나누며, 유연하고 능력 있는 직원이라는 평판을 굳히게 될 것이다.

여전히 당신은 왜 부서 이동 명령을 받았는지 알지 못하지만, 한

가지는 확실하게 알 수 있다. 첫 번째 시나리오처럼 부정적 평가에 갇히게 되면 스스로 기분과 태도가 나빠지고, 결과적으로 평판도 나빠지며, 당신과 마주한 동료들 모두가 불편함을 느끼게 될 것이라는 사실이다.

ABC모델은 간단하지만, 그대로 따르기란 사실 쉽지 않다. 그래서 노력이 필요하지만, 그만큼 긍정적 사고를 배울 수 있다는 것을 기억하기 바란다. 스스로를 탓하거나 성공하지 못할 거라고 가정하는 것은 수동적 태도와 우울한 기분으로 빠지는 지름길이다. 파괴적인 생각에 대항하면 스스로를 긍정적인 사람으로 바꾸고, 다른 동료들에게는 더 닮고 싶은 동료가 된다. 우리의 내적 환경이 부정적인 가정에서 자유로워질 때, 직장에서 즐거운 경험이 꽃을 피운다는 사실을 기억하자.

당신이 이렇다면 주목할 것

• 머릿속에서 걱정이 떠나지 않는다.
• 걱정에 너무 집착해서 시간을 흘려보내다가, 정작 중요한 핵심을 놓치는 경우가 있다.
• 회사에 좋지 않은 일이 생길까 봐 두렵다.
• 언제나 최악의 경우를 생각한다.
• 항상 뭔가 '잘못된' 것이 있다.

이렇게 할 것

▶ 생각은 현실에서 명확히 드러나지 않는 이상 그저 머릿속에만 존재하는 실체가 없는 것이다. 그러니 그 생각이 아무리 끔찍하게 불공평하고 잘못되었다고 느껴지더라도, 긍정적으로 해석해보려 노력하자. 만약 아무리 노력해도 긍정적으로 해석할 수 없다면, 당신의 가설을 친구들이나 동료들에게 털어놓고 현실적인 생각인지 확인해보도록 하라.

▶ 스스로를 비난하는 생각을 도저히 잠재울 수 없다면, 머릿속으로 떠올리는 대신 노트에 적어보라. 작은 노트를 가지고 다니면서 시간을 정해 당신을 괴롭히는 생각을 적고, 이것을 ABC모델을 참고해 해석해보라. 긍정적인 방향으로.

▶ 내면에서 펼쳐지는 극적인 사건에 빠지지 마라. 상황을 달리 볼 수 있는 시각을 적어도 세 가지 정도 적고, 다음 날 출근해서 최소한 그 대안 중 하나가 맞는 것처럼 행동해보자.

▶ 불평등하고 부당한 것들만 보지 마라. 눈을 덮은 부정적인 안경을 벗고 좋은 일이 발생할 가능성을 찾는다.

▶ 내면의 긍정적인 속삭임을 들으며 그것의 크기를 키우려 노력해보라. 때때로 머릿속의 목소리를 **조절**하는 일은 즐겁다.

▶ 머릿속에서 긍정적인 상상의 나래를 펼쳐보자. 계속 근심에 쌓여 있기보다, 차를 마시면서 마음의 창을 열고 부정적인 생각을 훨훨 날아가게 하라. 당신이 "난 바보야, 난 사기꾼이야"라고 말하곤 한다면 상상 속의 여행 가방에 '내가 싫어하는 내 모습'을 모조리 담

아 쓰레기통에 던져버리는 것도 좋다.

명심할 것

• 가끔은 생각하는 방식을 바꾸는 것만으로 충분하지 않다. 상황 자체가 바뀌어야 할 때도 있다.
• 극단적으로 부정적인 사고방식을 바꿀 수 없다면 전문가의 도움을 받을 필요도 있다.

구체적 사례
• • • • •

완벽함을 버리고 존중을 얻다

런던에서 미국으로 건너가려던 한 부부가 내게 조언을 구했다. 미국인 아내는 일이 지체되었다며 좌절하고 있었다. 이탈리아인 남편은 그동안 그녀를 지켜본 의견을 이렇게 전했다. "아내는 쉬는 것이 아니라 이기는 것을 잘해요. 항상 모든 준비를 완벽하게 갖춰야 하기 때문에 늘 불안해하죠. 심지어 요리를 할 때도 엄격하고 정확하다니까요. 난 리소토를 요리하면서도 상사에게 질문하거든요. 그도 내게 조언을 구하러 전화하고요. 하지만 아내의 상사는 아내에게 절대 전화하지 않아요. 그러면 그녀가 긴장한 게 느껴지니까요. 아내에게 최악의 적은 바로 자기 자신이에요."

완벽을 추구하면 신경에너지의 힘이 작용하는 공간이 생긴다는 것을 인식하는 일이 앙투아네트에게는 쉽지 않았다. 한 기업의 지역 최고운영책임자로서 그녀는 불미스러운 사건을 예측하고 대응할 수 있는 능력을 인정받았지만, 그녀 자신은 스스로를 여전히 믿을 수 있는 사람으로 보지 않았다. 그녀는 언제나 자신이 충분히 하고 있지 않다는 두려움에 휩싸여 있었고, 이런 생각 때문에 스스로의 앞길을 방해하고 있었다. 나는 앙투아네트와 상담을 진행하면서 실제 결과에 비해 그녀의 생각과 가정이 어땠는지를 확인했고, 그녀 내면에 있는 불안을 노트에 써보게 했다.

자료를 검토한 결과 앙투아네트의 이성적 자아는 자신이 맡은 일을 잘하고 있고 생각하고 있었다. 다만 자신이 권위가 있는 자리에 앉아 있기 때문에 다른 사람들과 소통하는 것이 중요한 과제였음에도 주저하고 있었다. 오랜 상담 결과 앙투아네트는 느긋하게 마음을 먹기 시작했고, 카랑카랑했던 목소리 톤도 조금씩 안정적으로 바뀌었다. 이제 그녀는 더욱 자신 있게 사무실에 들어가 자신의 견해를 제시했다. 단체로 안도의 한숨을 내쉬는 그녀의 동료들을 보니 앙투아네트가 진정 변화했다는 사실이 실감났다. 이제 그들의 최고운영 책임자는 더 이상 불안정하지 않다. 그녀는 동료들의 걱정과 씨름할 준비가 되어 있었고, 결과적으로 그들 중 더 많은 사람들이 그녀의 조언을 구하게 되었다.

20장

내 생각을 갖는다는 것

정보에 입각한 세련된 관점을 기른다

나는 특별한 재능이 없다. 단지 열정적인 호기심이 있을 뿐이다.

— 알버트 아인슈타인

"현명한 선택을 하기 위해 알아야 할 것 중에 내 시야에서 벗어난 것이 무엇이라고 생각합니까?"

브라질의 거대 보험 회사 포르투세구루의 회장인 제이미 가평클은 자신을 방문한 임원진들의 질문에 1시간에 걸쳐 답변한 후 내게 이렇게 물었다. 이것은 묻고 대답하기에 훌륭한 질문이었다. 세련된 관점을 개발하고 이를 계속해서 새롭게 개선해나간다면, 당신은 어느 위치에 있든 조직의 중요한 자산이 될 것이다. 반면 이미 알고 있는 것을 반복하기만 한다면, 소모적인 기업 상품이자 그저 멍청한 동료가 될 위험에 처할 수도 있다. 그러니 자신을 차별화하라.

• 조직에 중요한 주제에 관한 지식을 확장하라.

- 당신이 몸담고 있는 회사에 대한 인식을 넓혀라.
- 당신의 책임하에 만들어야 할 자료에 담길 주장을 철저하게 정보에 근거하여 표현하라.

BNP파리바그룹의 임원인 필즈 위커 뮤린Fields Wicker-Miurin은 관점이란 내 생각의 중심이 아니라 '중심을 통해 세상을 바라보는 시각'이라고 여긴다. 당신이 한 사안에 대한 관점을 분명하게 표현할 수있다면 동료들은 당신이 어떤 생각을 하고 있는지 알게 되고, 만약그 관점에 동의하지 않는다면 건강한 토론을 할 수 있는 기회가 주어질 것이다. 하지만 새로운 아이디어나 다른 사람들이 제공하는 통찰력에 열린 마음을 갖는 게 중요하다고 해서, 자신의 의견을 갖는일의 중요성까지 부인해서는 안 된다.

나는 성공을 열망하는 고객들과 만날 때면, 그들이 명령을 내리는사람에서 의견을 내는 사람, 즉 토론을 준비하면서 양질의 대화를 가능하게 하는 전문가로 변할 수 있게 돕는다. 이전 장에서 우리는 감정적 관계를 맺는 것의 중요성에 대해 이야기했다. 그렇다면 이번에는 인지적 관계를 맺을 기회를 가져보자. 당신이 고위 임원이라면 사장실에 불쑥 들어가서 "어떻게 생각해요? 어떻게 해야 하죠?"라고묻는 것은 옳지 않다. 그 대신 가능한 해결책과 함께 상황을 새롭게구성할 몇 가지 참신한 방법을 생각한 후 들어가기를 권장한다. 당신이 의견을 표현하는 데 두려움이 생긴다면, 그것은 스스로가 일을 너무 게을리 하거나 혹은 못했다고 여기기 때문이다.

수많은 기업, 경영자, 또는 전문가들이 사고방식을 확장하기보다 기존의 생각을 강화하는 언어를 주로 사용하면서 고정적 사고방식을 발전시키려 하는 것은 드문 일이 아니다. 정교하게 만들어진 정보 수집 기술을 고려할 때, 오직 명백한 데이터에만 의존한다면 당신의 의견은 묵살되고, 위신 또한 땅에 떨어질 수 있다. 이러한 정보들은 당신이 아니더라도 다른 누군가가 제시할 수 있기 때문이다. 그러므로 당신의 생각과 관점을 정리하기 위해 구글에만 의존하지 마라. 당신의 전문분야와 관련 있는 분야의 컨퍼런스에 참석하고, 완전히 다른 분야의 잡지나 신문, 학술지를 읽어라. 또한 평소 만나는 사람들이 아닌 다른 분야에서 일하는 사람들과 대화하라. 그런 다음 현명하고 통찰력 있는 당신의 관점을 회의실에서 발표하라.

당신이 이렇다면 주목할 것

- 지위가 더 높은 직원으로 승진할 준비가 되어 있다.
- 사람에 대해 관대한 관리자가 되고 싶다.
- 모든 사람들이 같은 정보원을 이용하고 있으므로 이제는 상황을 바꿀 때가 되었다.
- 당신의 팀이 제공하는 해결책은 같은 분야에서 일하는 사람이라면 누구나 예측 가능하다.

이렇게 할 것

▶ 늘 호기심을 갖고 채우며 지내라. 이동 시간을 활용하여 블로그를

읽고 전문분야 외의 팟캐스트를 청취하라. 책을 다운로드하거나 가지고 다녀라(기내에서 잡지만 보느라 꼼짝 못하지 말고).

▶ 새로운 지식을 끼워 넣을 시간을 가져보라. 당신의 메시지를 어떻게 하면 간단하게 만들어 청중과 연결시킬지 생각한다. 이때 다른 사람들은 모르는데 당신만 아는 것을 자랑하지 않도록 주의하라.

▶ 관점에 완벽하게 동의하지 않는 출처의 자료라도 반드시 읽어라. 소셜미디어 피드에 당신과 반대 의견을 가진 사람을 추가한다.

▶ 많은 양의 정보를 매일 혹은 주1회 제공하는 뉴스채널을 구독하라. 당신이 즐겨 찾는 언론사 외의 다른 언론사 기사나 칼럼도 반드시 읽어 본다.

▶ 세계 상황에 관한 고정관념을 뒤집어놓는 한스 로슬링Hans Rosling의 『팩트풀니스』 같은 책을 읽어보라. 또한 직관적이지 않은 정보를 제공하라. 이는 팀원들이 더 나은 정보를 습득하게 돕고, 그들 중 누구도 자신의 가정에 대해 부끄러워하지 않게 해준다.

▶ 당신이 존경하는 사람들에게 어떻게 의견을 정하는지 질문하라. 그들은 어디서 정보를 얻는가?

▶ 또 이렇게 물어라. "내가 알아야 할 것이 무엇인가요?" 그리고 답을 들을 시간을 충분히 확보하라. 완전히 이해하기 위해서라면 더 많은 시간을 보내도 좋다.

▶ 당신이 홍보할 수 있는 상품 및 전략에 영향을 받는 사람들과 직접 대화하면서 얻은 통찰력을 팀원들과 공유하자.

▶ 성공의 정의에 참여하라. (내부 또는 외부) 고객이 가장 말하는 요구는 당신의 팀이 목표를 달성하는 데 완벽하게 도움이 되는 것이

아닐 수도 있다. 정보를 수집하고 확실히 제안할 수 있는 대안을 생각한 후 고객을 만난다. 고객이 요청을 바꾸지 않을 수 있지만, 적어도 당신은 건설적인 토론에 기여함으로써 만남의 가치를 높일 수 있다.

명심할 것

- 타이밍이 중요하다. 회의가 끝나가고 있을 때 새로운 정보를 불쑥 꺼내는 것은 좋지 않다. 흥미로운 컨퍼런스를 소개하는 카탈로그를 들고 퇴근하고 있는 상사를 쫓아가지 마라.
- 당신의 의견을 개선했다고 해서 당신이 옳다는 의미는 아니다. 자신의 관점을 시험하면서 항상 배움에 열린 자세를 가져라.

구체적 사례

• • • • •

호기심으로 지지를 얻다

두 곳의 서로 다른 투자은행이 신규 여성 임원들을 위한 리더십 프로그램을 만들어달라고 내게 부탁했다. 그래서 나는 프로그램을 구상하며 승진을 준비하는 각 후보자들이 자신의 가능성을 제대로 확인하고 더욱더 자신감을 갖도록 돕는 데 집중하고, 조직 발전과 관련이 깊은 일에 적극적으로 기여했던 가치를 널리 알리는 데 주력했다. 각 여성 임원들은 특별하게 습득한 전문지식을 바탕으로 구체적이고도 날카로운 조언을 던져 회사에 크게 기여한 바가 있었다. 여성 예비 임원진들은 각 부서별 팀장과 이야기를 나누며 팀장들이 어떻게 생각하고, 무엇을 읽으며, 무엇이 그들의 의사결정에 자극을 주는지 알아보는 시간을 가졌다. 나는 그것이 사생활 침해로 비칠까 봐 두려웠지만, 여성 임원들의 강한 호기심은 그들의 대화 상대를 돋보이게 했다.

떠오르는 트렌드와 최근 시장 상황, 주요 역사적 순간의 해석에 관한 토론을 통해 그들은 지적인 힘을 발휘했다. 내가 진행한 프로그램에 참가한 여성 임원들의 이름이 승진자 명단에 올려져 있었을 때, 많은 고위 경영진들은 느긋하고 매우 관계지향적인 방식으로 정보를 처리하는 방식이 지닌 힘을 이미 알고 있었다. 즉, 여성 임원들의 섬세한 호기심은 그들이 원하는 승진을 위해 필요한 표를 얻는 데 도움이 된 셈이었다.

21장

항상 옳을 필요는 없다

스스로를 믿어라, 이건 진리다

마음을 절대 바꾸지 않을 거라면, 왜 가지고 있는가?

— 에드워드 드 보노Edward de Bono

당신의 평판을 좋게 유지하고, 다른 사람의 평판 역시 그렇게 되도록 도와보자. 틀리지 않을까 하는 절박한 두려움은 당신에게 뭔가가 매우 잘못되었다는 신호를 보낼 것이다. 절대 틀리지 않아야 한다는 생각에 지나치게 집착하는 것은 불안감의 표시다. 회사 내에서 당신의 입장을 강하게 주장하고 싶다면, 당신의 지식에 한계가 있음을 인정하고 반대 의견에 꼼꼼하게 질문하는 태도를 취하자. 단호하게 제자리에 서서 귀를 닫고 팔짱을 낀 채 새로운 정보에 마음을 열지 않는다면, 그것은 동료들에게 당신이 상처받기 쉽고 약점이 있으며 두려움을 느끼고 있다는 신호를 보내는 것이다.

아무리 옳은 생각이라 하더라도, 합리적인 대화가 어려울 정도로 자신의 생각에 빠져 있는 사람들은 언제든 큰 대가를 치른다. 홀로 고립된 자신을 발견하거나, 허풍쟁이 동료들이 당신의 성과를 깎아내리는 광경을 목도해야 할지도 모른다.

반드시 옳아야 한다는 잘못된 신념에 빠져 있을 때도 위험하긴 마찬가지다. 무엇이 진실일까? 무엇이 옳은 것일까? 옳은 것과 옳지 않은 것의 두 관점이 모두 진실에 부합한다면 어떤 것을 선택해야 하는가? 내가 맞으면, 상대방은 틀렸을까?

많은 사람들이 옳지 않으면 틀리다는 이분법적인 답변을 강요하는 교육 제도에서 자랐다. 게다가 오늘날의 업무 영역은 점점 더 전문화되어가고 있다. 이런 이유로 당신이 전문가라는 타이틀을 갖고 있다면 여러모로 공격을 당할 수도 있다. 특히 공식적으로 의견을 내놓을 위치에 있지 않은 사람들에 의해 대안이 제시된다면 더욱 그렇다. 물론 전문가가 아니더라도 매우 가치 있는 관점을 제시할 수는 있다. 당신은 혹시 조직에서 가장 높은 직급에 앉아 있는가? 그렇다면 직원들이 당신 앞에서 다른 주장을 펼치기는 더욱 어렵다. 따라서 당신이 먼저 손에 꼭 쥐고 있는 옳은 것을 포기하는 일이 훨씬 더 중요하다.

당신은 야망이 있고 승진을 간절히 원하는가? 그렇다면 당신이 분명히 옳은 상황에서도 혼자 스포트라이트를 차지하려 하지 마라. 언제나 당신의 견해를 인정받을 필요는 없다. 만약 누군가가 당신이 제시한 아이디어를 설명하며 사람들의 눈길을 끌고 있다면 그를 지지해주라. 그리고 그 사람이 찬사를 마음껏 만끽하게 하라. 그러면 당신은 관대한 상사로서 인정받게 될 것이고, 직원들의 호감도 또한 상승할 것이다. 이것이 굳이 앞으로 나서지 않아도 되는 이유다.

때로는 당신이 완전히 틀릴 때도 있다. 그럴 땐 솔직하게 "내가 실수했다"고 인정하라. 자신의 잘못을 인정하지 못하는 상사는 그 어떤 상황에서도 인정받지 못한다.

당신의 팀원을 비롯해 당신의 상사 또한 당신이 어떤 능력을 갖고 있는지를 확인하려 할 것이므로, 당신이 아는 것을 모두 보여줄 수 있는 방법을 찾는다. 언제나 모든 일이 잘 풀릴 수는 없다. 때때로 실수가 발생하고 당신이 잘못된 판단을 내릴 가능성 또한 충분히 존재한다. 이를테면 당신이 신생 기업과 새로운 부품 공급 계약을 체결했을 때 처음에는 비용을 효과적으로 절감했다고 생각했을 것이다. 그러나 부품에 하자가 발생하고, 납품 기일이 미뤄진다면 감당해야 할 비용은 천정부지로 치솟게 될 것이다. 이때 문제를 숨기려 하면 할수록 당신의 능력에 대한 주변의 의심은 커져갈 것이다. 따라서 이럴 때는 잘못을 사실대로 털어놓는 것이 가장 좋다. 당신의 상사나 팀원들 모두와 질 좋은 관계를 오랫동안 맺고 싶다면 실수를 되돌릴 적절한 시간을 놓쳐서는 안 된다.

당신이 이렇다면 주목할 것

- 당신은 항상 옳아야 한다는 생각에 빠져 있고, 이것에 목숨을 건다. 그렇게 하지 않으면 직업을 잃을 것 같다.
- 틀리는 것은 당신의 팀 내에서 절대 용납되지 않는다.
- 당신은 반향실(반향실 효과란 특정한 정보에 갇혀 새로운 정보를 받아들이지 못하는 현상을 의미한다 – 옮긴이)에 살고 있다. 당신의 소셜미디어,

뉴스 피드, 구독 신문 목록은 모두 당신과 완벽하게 일치된 견해를 다루는 것들로만 채워져 있다.

- 당신은 사장이고 직원들은 단지 지시만 받으면 된다고 믿는다.
- 당신은 팀의 말단직원이고, 알고 있는 것을 모두 알리기 위해 열심이다.
- 이의를 제기할 때면 목소리가 더욱 커진다.
- 스스로를 설명하라는 요구가 모욕적으로 느껴진다.

이렇게 할 것

▶ 논쟁하기보다 추가하라. 즉흥 희곡의 첫 번째 규칙은 '네, 그래서……'라 불린다. 가령 당신이 "이런, 화장실에 오랑우탄이 있어"라고 말을 걸는데, "아니야, 없어"는 잘못된 대답이다. 일단 부인하면 말의 흐름이 갈 방향을 잃는다. 하지만 "그래, 그래서 오랑우탄을 약품 수납 선반에 밀어 넣으려고 했지만 너의 알약이 공간을 너무 많이 차지하던데"라는 긍정적인 대답을 한다면 어떨까? 대화가 점점 더 흥미로워질 것이다.

▶ 토론에 참여하여 다른 관점을 밝히면서 그것을 받아들이라고 요구하지 마라. 가끔은 누군가의 인식이나 반론이 당신의 입장을 더 복잡하게 하거나 이상한 뉘앙스를 더할 수도 있다.

▶ 당신이 옳다고 해서 상대방이 반드시 틀린 것은 아니라는 것을 기억하라. 마찬가지로 당신이 틀렸다 해도 상대방이 옳지 않을 수도 있다. 그 사실을 발견하는 과정을 즐겨라.

▶ 책임을 지고 당신의 잘못을 사과하라. 혹시 도움이 필요할 경우를 대비해 뒷부분에서 사과에 관해 자세히 다룰 테니 참고하라.

▶ 서로의 의견이 일치하지 않더라도, 토론이 끝나고 어느 시점에서는 당신을 포함한 팀 전원이 함께 책임을 져야 한다는 것을 인식하라. 반대 의견을 요약하여 공유하고 귀담아 들어라. 그런 다음 어떤 결정을 내렸다고 팀원들에게 다시 한번 말하라.

▶ 강한 의견을 내는 사람들도 속으로는 약간 두려워할 수 있음을 염두에 두자. 그리고 그런 사람들 또한 토론에 열린 마음일 수 있다는 것을 인식하라. 또한 당신이 틀렸다고 누군가가 확신에 차서 반박하더라도, 당신이 옳다고 생각한 바를 탐구해보고 싶다는 양해를 구하라.

▶ 당신이 실수가 용납되지 않는 환경을 만들고 있는 것은 아닌지 확인하라.

명심할 것

• 자신의 의견에 강하게 자신감이 있다 해도, 다른 대안을 배척하거나 무시하지 마라.

• 나중에 당신이 옳았다는 것이 밝혀지더라도 "내가 그렇게 말했잖아"라며 화내지 않는다. 좀 참아라!

구체적 사례

. . . . .

옳은 규칙이 잘못된 결과를 낳을 수도 있다

도기 제품을 생산하는 업체에서 도예가들을 관리하는 일을 하는 샤이나는 요즘 더 일하기가 힘들어졌다. 그녀는 모든 제품에 적어도 다섯 가지의 색상을 더 입혀야 한다고 주장했다. "그렇게 화려하게 만들어야 물건이 팔려요." 샤이나가 설명했다. 이 주장을 뒷받침할 만한 정확한 데이터가 수집된 건 아니었지만, 해외에서 좀 더 화려하고 다채로운 디자인의 도기에 더 좋은 반응을 보이고 있는 것은 사실이었다. 수출률 상승의 핵심은 독특한 상품을 제공하는 것에 있었다.

샤이나는 다섯 가지 색상을 더 입히라는 지시만을 남긴 채 관리자 교육 대상에 뽑혀 워크숍을 떠났다. 일방적인 지시를 받은 도예가들은 격분했다. 샤이나가 내린 지시가 예술가로서의 자존심에 너무나 큰 상처를 남긴 것이다. 도예가들은 자신들의 의무사항을 잘 이해하고 있었고, 자신들의 제작 방식을 준수해주는 것은 회사의 의무 중 하나였다.

모욕을 당했다고 느낀 도예가들은 항의했고, 도예가들이 자신이 지시한 표준 방식을 지키지 않는 것을 용납할 수 없는 샤이나도 불만이 커졌다. 자신이 정한 규칙을 열성적으로 고수하려는 샤이나는 도예가들의 개성을 대수롭지 않게 여겼다. 예술가들은 눈길을 사로잡는 상상력을 배제한 채 샤이나가 지시한 필수적인 개수의 색상만을 입힌 도자기를 제작하는 방식으로 자신들의 불쾌감을 표시했다.

. . . . .

결국 샤이나가 도기의 경쟁력이 어디에서 오는가를 다시금 깨닫고 나서야 융통성 없는 평가가 중단되었고, 도예가들은 경쟁력 있는 도기를 다시금 생산하게 되었다.

제 4 부

충성심을 기르기

GROW LOYALTY

이번에는 우리를 돕는 **그들**에 대한 이야기를 할 차례다. 사무실이 유리로 된 초고층 빌딩이든 당신 부모님의 차고든 간에, 당신은 목표를 혼자 이룰 수 없다. 당신과 함께 일하는 사람들을 최고로 활용하려면 단지 돈만이 아닌 그 이상의 무언가가 필요하다. 당신의 동료들이 왜 그렇게 행동하거나 생각하는지 관심을 가지고 다가가라.

당신이 해야 할 일을 힘들게 실천하고 있을 때는 그들을—아이의 축구시합 참관 약속을 어기면서까지 당신의 지시를 이행하려 하고, 모처럼의 데이트를 포기한 채 마감 일정을 맞추려 노력하고, 단지 당신을 돕기 위해 밤잠을 건너뛴 당신의 동료들을—잊기 쉽다. 동료들이 당신에게 하는 질문은 다가오는 프로젝트에 관한 것일 수도 있지만, 중요한 건 일하면서 그들이 자기 자신에게 던지는 질문이다. 만약 그들이 '내가 중요한가?' '내 일이 중요한가?' 같은 질문을 하고 있다면, 당신은 리더로서의 자질을 스스로 되돌아봐야 한다.

긍정적인 기운이 널리 퍼진 기업의 문화 한가운데에는 사람들이 서로에게 관심을 가지고 서로를 보살피려 하는 노력이 숨어 있다. 당신이 리더든 평사원이든 간에 우선 동료들과 인간적인 관계를 맺고 나서 목표 달성을 기대하라. 그것이 팀을 하나로 묶는 접착제다. 너그러운 마음가짐을 가지고 다른 사람들을 기꺼이 도울 수 있게 준비함으로써 서로에게 집중하고 헌신하겠다는 의지를 보여라. 아울러 동료들이 업무를 원활히 수행할 수 있도록 필요한 정보와 일의 전후사정을 명확하게 전달하라. 그래야 직원들의 스트레스를 줄이고 성공 가능성을 높일 수 있다.

성과 평가에 너무 겁먹지 마라. 우리가 하는 일에는 언제나 중요한 **이유**가 있다. 잠시 짬을 내서 일의 이유를 확인하고, 동료들과 그것을 공유하는 데 두려움을 갖지 마라. 사무실 분위기를 띄워서 서로의 성공을 즐겁게 축하할 수 있는 시간을 확보하자.

당신이 이렇다면 이번 파트를 주목할 것

- 매일의 일상을 중요하게 만들 준비가 되어 있다.
- 팀원들 사이의 관계를 더 깊어지게 할 때가 되었다.
- 좋은 사람들에 둘러싸여 좋은 일을 하고 있지만, 누구도 그것이 그렇게 대단한 것인지 느끼지 못한다.
- 장기적인 목표는 아주 멀리 있기 때문에, 길을 잃지 않도록 중간 지점의 이정표가 필요하다.
- 애정에 굶주렸음을 떠들썩하게 이야기하는 직원들만이 지나친 배려를 받고 있다.
- 당신의 직장은 재미라고는 눈꼽만큼도 찾아볼 수 없는 곳이다.

22장

역할 분담은 명확하게

일의 맥락을 정확히 전달하고 승인한다

세상이라는 무대에서,
모든 남자와 여자는 단지 배우일 뿐이다.

— 셰익스피어

우리는 각자 맡은 분야에서 문제가 생기지 않도록 열심히 일한다. 하지만 우리는 기계가 아니라 인간이므로, 일을 하면서 자기 자신을 잊어버리지 않는 것도 대단히 중요하다. 그래서 나는 사람들에게 일로 규정되는 회사 인간이 되기보다 진정한 자신이 누구인지를 기억하면서 일하는 게 좋다고 충고한다.

직원들에게서 최고의 역량을 이끌어내려면 직원 각자가 스스로에게 무엇을 기대하는지, 그것을 규정할 권한의 한계가 어디까지인지를 잘 알고 있어야 한다. 회사 내에는 더 많은 일을 하고 싶지만 그것이 권력욕이나 도를 넘은 욕심으로 보일까 봐 두려워하는 직장인들이 많다. 다시 말해, 평범한 직원들은 회사 내의 관행을 어겼다며 질책 받을 것을 우려해 즉각적이고 창의적인 해결책을 내놓고 말하는 것을 가끔 주저하기도 한다.

2017년에 갤럽은 195개국 250만개의 팀을 대상으로 실시한 연구 결과를 토대로 다음과 같은 결과를 발표했다. 조직 내에서 각 개인이 갖는 역할의 명확성이 성공을 이끌고 스트레스를 감소시켜 팀의 효율성 향상에 크게 기여하는 요소라는 것이다. 구체적인 목표를 정해 배분하면 각자 맡은 역할에 따라 개인 시간을 관리하고 집중하도록 유도할 수 있는데, 이는 몇몇 직원이 너무 많은 일을 떠맡아 에너지를 완전히 소진할 위험이 있는 소규모 기업이나 임무 중심의 조직에서 특히 중요하다.

조직 내에서 해야 할 역할에 혼선이 생길 때는 관계의 질이 떨어진다. 내게 상담을 받는 몇몇 관리자들은 종종 "'역할의 명확성이 낮다는' 게 무슨 소리죠? 직원들이 모두 직무기술서를 가지고 있잖아요!"라고 말한다. 직무기술서는 필수사항이지만, 지속적으로 개선이 필요한 팀 내 업무 배분 기준을 명시하기보다 주로 직원을 채용하지 않아야 하는 이유가 담긴 문서인 경우가 많다. 따라서 이것만으로는 역할을 명확히 하는 데 충분하지 않다.

조직을 설계하는 일은 차트와 직위에서 시작된다. 각 업무에 맞도록 직제가 꾸려지고 자리에 사람을 앉히는 것은 어쩌면 쉬운 일이다. 문제는 자리를 만드는 것과 달리, 그 자리에 앉는 사람들의 성격은 하나의 기준으로 정리할 수 없다는 데 있다. 이런 상황에서 불편함을 느끼는 사람들이 나를 찾아오는데, 이때 나는 '심리적인 정화'를 해보라고 조언한다. 조직에서 주어진 역할에 자신만의 방식을 적용하고 싶어 하는 것은 인간의 본성이기 때문에, 이것이 가능해지면 직무수행자의 일에 대한 애정과 의미가 커진다. 하지만 고용인이나 관리자에 의해 수정을 '당하면' 역할의 불이행으로 이어질 가능성이 크다. 갑작스런 윗선의 지시로 내 업무의 범위가 변해 당신이 중요하다고 생각했던 일들을 처리하는 데 영향을 미친다면, 누가 책임을 져야 할까? 이런 경우 직무수행자는 분노에 휩싸일 수 있다. 최악의 경우 '팀장이 날 무시하고 있나?' 혹은 '내 업무가 왜 이렇게 계속 줄어들지? 날 해고하려고 하나?' 같이 피해망상적인 생각에 빠질 수도 있다. 따라서 현명한 리더나 관리자가 되고자 한다면, 언제나 각 개인의 역할과 관리자의 역할을 명확하게 구분하고, 부득이하게 변경해야 한다면 사전에 해당 직원과 면담을 통해 변경 사유를 이해시켜야 한다. 아울러 직원의 생각도 귀담아 들어봐야 한다.

내 고객들 중 얼마나 많은 사람들이 자신의 진짜 관리자가 누구인지를 헷갈려 하는지 안다면 아마도 깜짝 놀랄 것이다. 실제 '직속상관'과 '상사처럼 지시를 내리는 사람'이 둘 다 존재하는 경우에 이런 일이 생기는데, 문제는 그 둘의 지시 사항이 같지 않은 경우에 발생한다. 예를 들어보자. 샐리는 시카고에서 고급 스포츠카를 판매하는 딜러다. 그녀는 매달 자동차 판매 현황을 중서부지역 운영 책임자에게 보고해야 한다. 한편 샐리는 홍보 부문 부사장이 개최하는 회의에도 참석해야 한다. 지역 운영 책임자는 샐리에게 이번 달은 연말이니까 판매율을 더욱더 높여야 한다고 지시한다. 반대로 홍보 부문 부사장은 다음 분기까지 자동차를 더 이상 판매하지 말라고 지시한다. 부사장은 자사 자동차의 희소성을 부각시켜 가격을 급격히 올릴 계획을 세우고 있다. 서로 다른 지시를 내리는 두 사람 사이에 낀 샐리는 머리가 터지기 직전이다.

당신 회사에도 무수한 '샐리들'이 존재할지 모른다. '샐리들'의 정신을 온전하게 지켜줘라. 일을 어떻게 해야 하는지 헷갈리게 하지 말고, 무엇을 기대하는지 분명히 밝혀라.

당신이 이렇다면 주목할 것

- 당신의 팀이 제출한 업무 결과물이 목표 달성에 실패했다.
- 마감 일정이 다가오는데 세부 사항의 책임 소재가 모호하다.
- "이건 내 일이 아니다"는 협력하지 않겠다는 변명이다.
- 어디서부터 시작해야 하는지 확실하지 않고, 누구에게 전화해야 하는지도 명확하지 않다.

이렇게 할 것

▶ 프로젝트를 진행할 명확한 단계적 조치를 결정한 후 팀 회의를 종료하라. 특히 책임자를 지정해 공표하고, 마감 날짜도 명시해야 한다.
▶ 새로운 프로젝트를 시작할 때 미래 시간을 절약하려면 현재 시간을 충분하게 투자해 꼼꼼하게 계획해야 한다. 해야 할 일이 무엇인지, 언제, 또 누가 하는지를 재검토하는 미팅을 개최하라. 책임 소재가 두 사람 이상에게 중복될 경우, 누가 최종적으로 일을 책임질지 논의를 통해 결정한다.

▶ 각자의 역할이 무엇인지를, '그 역할의 당사자'와 다른 팀원들 모두가 이해할 수 있도록 명확히 설명한다. '이런 일이 생길 경우에 누구에게 전화를 할까'와 같이 발생 가능한 혼란을 예측해보고, 사전에 대비할 수 있는 매뉴얼을 만들어 배포하자.

▶ 아래 표과 같은 'RACI' 차트를 만들어라. 프로젝트를 시작할 때나 진행 중인 작업을 중간 검토할 때 관련 직원들을 모두 불러 아래 양식을 작성해보도록 하자. 작성 후에는 모두의 차트를 모아서, 궁극적으로 누가 어떤 업무를 책임지는지 그리고 누구의 업무 영역이 조정되었는지를 다시 한번 정리해 공유하라. 이때 프로젝트 책임자와 실무담당자가 같은 사람이 아니라는 사실을 명확히 하자. 대규모 인원이 투입되는 프로젝트에서는 업무 진행에서 리더의 조언(답변이 필요한 의사소통을 포함)이 필요한 사람과 단지 진행 상황을 통보받기만 해도 되는 사람을 구분해줄 필요가 있다. 누가 어떤 메일에서 누락돼서는 안 되는지 협의해서 공표하자.

실무담당자Responsible	업무를 실제로 수행하고 일을 완수할 책임이 있는 사람
의사결정권자Accountable	중간 과정이나 완료된 업무를 궁극적으로 책임지는 사람
업무수행 조언자 Consulted	조언을 하지만 업무 수행에 직접 관여하지 않는 사람(주요 이해관계자 혹은 주제 전문가)
결과통보 대상자 Informed	중간 과정이나 업무의 결과를 통보받거나 정보를 계속 전달받을 필요가 있는 사람

▶ 『1분 경영』에서 켄 블랜차드Ken Blanchard가 제안한 것처럼 "각 직원들의 목표가 별도의 종이에 쓰여 있는지 확인하고, 읽는 데 1분 이상 걸리지 않게"하여 그들이 무엇을 해야 하는지 정확하게 알 수 있도록 한다.

▶ 만약 프로젝트에서 당신과 같이 감독자의 역할을 맡은 사람이 한 명 더 있다면, 다른 감독자 및 직속 부하직원과 함께 만나 서로의 요구를 듣고 조정할 수 있도록 조율한다.

▶ 회사 내에서 새로운 역할을 맡은 사람의 경우, 하나의 역할을 끝내고 새로운 역할을 시작하는 시기를 다른 직원들에게 명확히 알려야 한다.

▶ 회사의 공식 정책을 무시하거나 특정 업무를 맡고 있는 담당자를 깎아내리면서, 몇몇이 은밀하게 모여 논의하면서 문제를 해결하려 하지 마라. 관리자가 엄격한 기준 대신, 자신의 호불호를 기준으로 누군가에게 더 많은 기회를 준다면 그 회사는 발전 가능성이 없다.

▶ 만약 어쩔 수 없는 상황에 의해 역할이 변할 수밖에 없다면, 불필요한 혼란과 경쟁을 야기하기보다 그 상황에 대해 해당 담당자와 여러 관리자들을 모아놓고 솔직하게 이야기하는 것이 현명하다.

명심할 것

• 새로운 프로젝트를 시작할 때, 계획은 있지만 세부적인 업무 체계 및 역할 분담에 대한 기준이 세워져 있지 않다면 "현재로서는 명

확한 가이드라인이 없다"고 솔직하게 말해야 한다. 이는 직원들이 어떤 일을 새롭게 시도해보거나, 그 시도가 올린 성과를 오롯이 누릴 수 있도록 허락해주는 것과 같다.

- 당신이 나쁜 의도로 그렇게 결정한 것은 아니겠지만, 책임 소재에 대해 폭넓게 소통하지 않고 직원에게만 책임을 물으면 비겁한 상사로 받아들여질 것이다. 이는 당연히 당신의 평판을 훼손하고 당신의 조력자들에게까지 피해를 줄 수 있다.

구체적 사례

· · · · ·

내게 권한이 있나?

자산 규모가 10억 달러에 달하는 대형 부동산 회사에 새로운 최고 운영책임자로 영입된 시드가 어느 날 나를 찾아왔다. 부임 초기에 시드의 업무 평가는 놀라울 정도로 형편없었다. 그는 불건전한 관행을 버리기는커녕 오히려 이를 환영하는 듯한 결정을 자주 내렸다. 내가 그런 결정을 내리는 이유에 대해 묻자, 시드는 의외의 대답을 했다. "내게 그런 문제에 대해 자율적으로 판단할 힘이 있나요? 회장님의 의견대로 모든 것이 처리되고 있는 걸요."

나는 시드에게 올바른 의사결정을 방해하는 요인이 무엇인지를 다시 물었다. 시드는 회사의 우선순위가 명확하지 않고, 주간 운영위원회 회의가 없으며, 기본적인 절차 준수 또한 이루어지지 않는다고 설명했다. "하지만 시드, 그걸 바로잡는 게 당신의 일이에요." 내가 대답했다.

시드 또한 처음에는 그렇게 생각했지만, 최고결정권자인 회장의 행동은 시드가 정확한 규율을 정해 시행할 권한이 없다고 믿게 만들었다. 나는 회장에게 시드의 고민에 대해 전달했고, 회장은 며칠 후 시드를 불러 다음과 같이 전했다. "이제 자네의 생각과 판단을 귀담아 듣겠네. 역할도 강화해야겠지. 만약 내가 또다시 나쁜 방식으로 일을 처리하려고 하면, 내게 맞서 싸워주게. 자네는 이제 명실상부한 최고운영책임자니까."

안심해, 그건 네 일이 아니야

때때로 직장인들은 어떤 일을 덜 하기 위해 결재를 받아야 한다. '고객에게 고가의 상품을 구매하게 하는 것'은 레스토랑 직원 교육의 필수 과정이다. 대형 레스토랑에 신입 소믈리에로 취업한 내털리는 고객들이 더 비싼 와인을 주문하도록 유도하는 게 자신의 역할이라는 이야기를 듣고 마음이 복잡해졌다. 전문 소믈리에로서 성장하길 바랐고 열심히 일할 각오를 불태웠지만, 물건을 파는 것에는 자신이 없었기 때문이다.

부담감이 커진 내털리는 와인을 소개하며 꽃과 타닌, 과일 향 등을 언급하며 친근하게 설명하던 이전의 스타일을 잃어버린 채 딱딱한 태도로 고객을 대하게 되었다. 이를 발견한 매니저는 내털리의 부담감을 알게 되었고, 내털리에게 가장 근사한 조언을 해주었다. "내털리, 소믈리에의 가장 중요한 업무는 와인을 고객들에게 매력적으로 설명하는 거야. 비싼 것을 고르도록 유도하는 게 아니고."

매니저의 조언을 듣자, 내털리의 마음이 편안해졌다. 그리고 그녀는 이전의 친근한 태도로 돌아와 고객들을 대하기 시작했다. 자신의 매력을 찾게 된 내털리는 특별히 의도하지 않았음에도 높은 판매 실적을 올리게 되었다.

23장

일의 참의미

모든 업무에는 이유가 있다

인간의 본성 가운데 가장 기본적이고 강렬한 욕구는
중요해지고자 하는 바람이다.

— 존 듀이John Dewey

당신은 알람시계가 울리기 전에 침대에서 벌떡 일어나 열정을 가득 품은 채 급히 직장으로 향하는가? 그렇다면 매우 훌륭한 직원이다. 만약 이웃이 회사에 가기 싫어한다면, 꼭 당신의 비결을 공유해주길 바란다.

혹시 위와는 정반대로, 알람시계가 몇 번이나 시끄럽게 울리도록 침대에서 일어나지 않거나, 지각이 확실한데도 부엌에서 커피를 내려 마시며 꾸물대고 있는가? 다음과 같은 부정적인 생각을 하면서 말이다. '결국 내가 문제인가? 내가 이래서 다른 사람들과 차이가 나나? 누가 나한테 신경이나 쓸까?" 만약 당신이 이런 상황에 놓여 있다면, 이번 장을 특히 유심히 읽어보길 바란다.

많은 사람들이 오해하는 것이 있는데, 인간은 돈만을 추구하도록 타고나지 않았다. 『휴먼 이퀘이션』에서 제프리 페퍼Jeffrey Pfeffer는 수십 개의 산업에 걸친 연구를 검토한 후, 도전적이고 의미 있는 업무를 제시하는 회사는, 직원들을 컨베이어벨트 위의 나사쯤으로 취급하는 회사들보다 더 많은 성공을 거두었다고 밝혔다.

돈으로는 의미를 살 수 없지만, 일은 의미를 가져다줄 수 있다. 일을 더 높은 목적으로 연결시키는 것은 채용과 생산성에 **의미 있는** 차이를 만들어낸다. 세계적인 컨설팅그룹인 맥킨지는 최고의 인재들이 돈보다 고무적인 사명을 부여하는 기업을 선택하는 비율이 훨씬 높다고 발표했다. 또한 전 세계 300개 기업을 대상으로 한 베인앤컴퍼니의 연구에 의하면, 일에서 의미와 영감을 발견한 한 명의 근로자와 동일한 생산량을 창출하기 위해서는 2.25명의 직원들이 더 필요하다고 한다.

여기서 문제가 복잡해진다. 일의 의미는 사라진 채 성과를 강요하는 임무 중심 조직의 직원들은 매일 고된 일상을 살아내느라 더 높은 목표로부터 멀어지는 데 반해, 자신의 일이 소비자에게 얼마나 중요한 영향을 미치는지를 정확히 알고 있는 근로자들은 구매자들의 만족도에서 커다란 의미와 영감을 찾아낸다. 그렇다. 믿을 만한 실내 위생 시설을 갖추도록 돕는 배관을 만드는 공장 노동자는 적당한 비용의 주거비용을 승인해주는 사회복지사보다 업무 만족도가 높고 더욱 활기찰 것이다.

대니얼 케이블Daniel Cable은 『그 회사는 직원을 설레게 한다』에서 도파민(즐거운 경험을 할 때 뇌에서 분비되는 신경전달물질)이 직원들을 자발적으로 지원한 군인처럼 완전히 변화시킬 수 있다고 설명한다. 즐거운 경험을 할 때 유독 시간이 빨리 흐르는 것처럼 느끼는 이유도 도파민이 시간에 대한 우리의 인식을 조절하는 데 관여하기 때문이다. 하지만, 불행하게도 반복성에 주력하는 일터의 흐름은 구성원들의 머릿속에서 도파민과 같이 활력을 느끼게 하는 호르몬이 분비되는 일을 차단한다. 이런 이유로 지금 하고 있는 일의 실질적 효과를 실제로 느끼게 만들어, 무미건조한 단조로움을 없애야 한다.

와튼스쿨의 애덤 그랜트Adam Grant 교수는 일의 진정성이 높아지는 요인과 관련해 흥미로운 결과를 발표한 적이 있다. 방사선사들을 두 그룹으로 나눠 한 그룹에는 의료기록 파일을 보낼 때 환자가 밝게 웃고 있는 얼굴 사진을 함께 보내고, 나머지 그룹에는 관행대로 의료기록 파일만 보냈다. 그 결과 얼굴 사진을 받은 그룹은 의료기록만 받은 그룹보다 환자의 상태에 대해 29퍼센트 더 길고 상세한 보고서를 작성하고, 46퍼센트 더 높은 진단 정확도를 달성했다고 한다. 사진 덕분에 환자를 데이터로서만 보지 않고 한 명의 귀중한 생명으로 대하면서, 자신들이 환자의 건강을 지키는 또 다른 보호자라는 생각을 갖게 된 결과였다.

기쁨의 의사회Brazil's Doctors of Joy의 설립자인 웰링턴 노게이라 또한 브라질의 소아 항암병동에 있는 아이들과 병원 식사 담당 직원들이 만난 후에 위와 비슷한 현상이 생겼다고 전했다. 식사 담당 직원 중 몇 명이 암 치료를 위한 영양 보충을 책임지는 치료팀으로 옮기자마자, 실수가 줄어들고 일의 속도가 더욱더 빨라졌다는 것이다. 이처럼 직원들이 자신이 하는 일의 수혜자와 직접 마주하는 것은 사장의 고무적인 연설을 듣는 것보다 훨씬 더 효과적으로 동기부여를 강화시키는 것으로 밝혀졌다.

직장에서 어떤 일을 하든, 우리는 기계가 아니라 인간이므로 일에서 의미를 찾는 것은 중요하다. 새벽에 길거리를 청소하는 일을 하는 사람들은 모든 청소를 마친 후 깨끗해진 거리를 볼 때 뿌듯함과 함께 자신의 일이 지닌 참의미를 깨닫는다고 한다. 단지 돈을 벌기 위해서가 아니라 내가 이 일을 함으로써 누군가의 출근길이 상쾌해질 것임을 믿는 것, 이것이 바로 일의 참의미가 아닐까 싶다.

당신이 이렇다면 주목할 것

- 당신은 스스로를 단순한 벽돌공처럼 느낄지 모르지만, 사실은 웅장한 성당을 짓고 있다.
- 급여는 당신의 팀이 일을 성사시키기 위해 흘리는 피와 땀과 눈물을 정당화하지 못한다.
- 급여 수준은 낮아도 열정만큼은 낮지 않았는데, 최근에 우리는 왜 이렇게 힘들게 일을 하고 있는지, 그 이유를 잊어버렸다.
- 당신이 보기에 친구들은 더 멋지고 폼나는 직업을 갖고 있는 듯하다. 그래서 '내게 무슨 문제가 있는 건 아닌지' 슬슬 걱정이 커지고 있다.

이렇게 할 것

▶ 모든 이들의 긍정적인 일체감을 확립하라. 동료를 소개할 때 그들

의 노력이 더 큰 목표를 달성하기 위해 얼마나 중요한지를 함께 드러내라. 아울러 그들이 하는 일도 설명해주면 좋다. 가령 "이 사람은 매니저인 메그야"라고만 하지 말고 대신 "메그를 만나봐. 오후 9시 이후에 도착하는 관광객들의 예약률이 가장 높은 곳이 우리 호텔인데, 이게 전부 그녀 덕분이지"라고 소개하는 것이다.

▶ 팀원들이 돌아가면서 서로의 성과에 대해 인터뷰하고, 그것을 글로 만들어 자랑할 수 있는 워크숍을 개최해보라. 자신에 대한 동료의 칭찬을 '글로' 확인하게 되면, 누구나 자신의 일에 대해 더욱더 뿌듯함을 느낄 것이다.

▶ 팀 전체에 긍정적인 분위기를 조성할 수 있도록, 팀 소개 문안을 만들어보라. 혹시 당신의 팀이 영화관 티켓 발급기의 기업 간 마케팅을 담당하고 있는가? 그렇다면 당신의 팀에 대해, 관객들이 즐겁고 신나는 밤을 보내 수 있도록 도와주는 사람들이라고 소개해보라. 팀원들의 당당함이 증가할 것이다.

▶ 회의를 하는 도중에 시간을 내 각자가 하는 일이 영향력을 발휘한 순간들, 이를테면 극도로 긴장한 고객을 안심시켰거나, 구급 의약품이 전달된 것을 확인한 순간, 또한 유통 전에 제품에서 하자를 발견해 더 큰 손실을 줄였던 순간 등을 공유하라. 더욱더 많은 사람들이 이러한 요령을 터득할 수 있도록 경험과 노하우를 공유해보자.

▶ 잠시 쉬어가는 시간을 가지며 당신이 이제껏 쌓아온 것은 무엇이고, 그것이 당신의 동료들에게 어떤 긍정적인 영향을 미쳤는지 생각하며 지나온 시간을 되돌아본다.

명심할 것

- 연구에 따르면 직장에서 의미 있는 순간은 리더에 의해 만들어지지 않는다. 하지만 부실한 경영만큼 그 의미를 망치는 것은 없다.
- 사무실 로비에 회사의 사명을 게시한 것으로는 충분하지 않다. 그러므로 직원들이 자신의 일이 왜 중요한지 그 의미를 찾을 수 있도록 돕는다.

구체적 사례

· · · · ·

일을 하는 이유를 떠올려라

패션 디자이너인 호퍼는 협상에 늘 자신이 없었다. 패션 디자인이라는 예술적 영역에서는 자신의 능력이 출중하다고 자부했지만, 돈의 영역에 들어섰을 때는 어떻게 해야 좋을지 결정을 내리지 못했다. 패션업계에서 호퍼의 평판은 높았지만, 패션 스튜디오를 운영하는 리더로서의 실력은 그다지 좋지 않았다. 그럼에도 수많은 디자이너 지망생들이 호퍼의 팀에서 일하며 그를 본보기로 삼고 있었다.

호퍼는 자신의 팀원들 모두가 어엿한 디자이너로서 독립하기를 원했고, 자신이 본을 보여야 할 때라는 사실을 깨달았다. 그래서 호퍼는 천재 디자이너로서의 영역에서 한발 벗어나 창의적인 운영자로 일하기 시작했다. 호퍼 스스로 자신의 일이 어떤 의미를 지녀야 하는지를 결정하자, 그는 자신과 팀원들을 위해 더 적극적으로 협상

· · · · ·

에 임할 수 있게 되었다.

  결국 그의 패션 스튜디오는 참신한 인재의 인큐베이터 같은 역할을 하게 되었고, 호퍼는 노련한 협상가로서 손해보지 않고 일하는 방법과 적절한 비용을 청구할 줄 아는 리더가 되었다.

24장

시간을 선물하는 일

우리는 할 일이 너무 많다

슈퍼볼 경기 중에 방영되는 상업광고의 광고비는 약 500만 달러라고 한다. 한편 적지 않은 근로자들이 시간당 임금을 받고, 변호사들은 분당 비용을 청구한다. 시간은 돈이다. 그래서 또한 시간은 힘이다.

만일 당신이 나를 기다리게 한다면, 당신의 하루에 필요한 것이 내 하루에 필요한 것보다 더 중요하다고 소통하고 있는 셈이다. 동료가 일을 떠넘긴다면 그 사람은 당신의 직장 생활에(물론 개인 생활에도) 엄청난 영향을 미치게 될 것이다. 한편 공유 달력을 사용하면 서로의 일정을 묻지 않고도 회의 일정을 정할 수 있고, 그만큼 당신의 일정에 가해지는 부담이 줄어든다. 컴퓨터는 정보처리 속도에 따라 가격이 달라지고, 공장 설비는 주문이 얼마나 빨리 처리되는지에 따라 효율성이 증명된다. 휴가와 병가처럼 당신이 일을 쉬는 기간은 모두 숫자로 계산돼 회사의 회계부서로 넘어간다. 이처럼 시간은 우리 삶에 많은 영향을 미친다.

다소 슬픈 것은 생계를 위해 일한다는 것이 종종 당신의 시간에 대한 통제력을 스스로 포기하는 것을 의미한다는 사실이다. 사실 모든 직장인이 이렇다. 시간 문화를 연구하는 사회 심리학자 로버트 레빈Robert Levine은 경제가 호황인 나라에서 효율성에 더 큰 가치를 둔다는 사실을 발견했다. 바쁘게 사는 것이 최고라고 찬양하며 매 순간이 중요하다고 믿는다면, 우리는 어쩌면 혁신은커녕 온전한 정신까지 해칠지도 모른다.

2017년에 갤럽이 250만 명의 미국인을 대상으로 실시한 조사에 따르면, 원하는 것을 하는 데 충분한 시간이 있다고 느끼는(한마디로 '시간의 풍요'라 불리는) 비율이 기록적으로 낮아지고 있다고 느낀다고 한다. 애슐리 월런스Ashley Whillans는 「행복을 위한 시간Time for Happiness」이라는 기고문에서 "시간의 빈곤은 모든 경제적 계층에 걸쳐 존재하며 그것의 영향은 심오하다. 시간이 부족한 사람들은 더 높은 수준의 불안과 우울, 스트레스를 경험한다. 그들은 덜 웃고 덜 건강하며 생산성이 떨어진다"고 말했다.

시간이라는 선물을 주는 것은 여러모로 유익하다. 가령 교수들은 7년간 재직 후 한 학기 동안 쉬는 안식년을 오랫동안 즐겨왔다. 이 기간은 연구년이라고 불리기도 하는데, 이때 교수들은 연구에 몰두하거나 자신의 분야에 관한 책을 집필하기도 하고, 단지 회복을 위해 휴식을 취하기도 한다. 이런 휴식 기간의 도입은 요즘 들어 기업들 사이에서도 인기를 끌고 있다. 「포춘」이 선정한 '일하기 좋은 100대 기업' 중 25퍼센트의 기업은, 직원들에게 그간 일한 공로에 대한 보너스 및 열정을 재충전하라는 의미로 장기 휴가를 제공한다. 일부 기관에서는 몇 달씩 쉬도록 휴가를 주는 대신 매주 직원들이 새로운 아이디어 등을 시험해볼 수 있도록 비정기적으로 단기 휴가를 주기도 한다.

과거 3M은 '15퍼센트의 시간(근무시간의 15퍼센트는 업무 외 딴짓을 하라는 규칙)'이라는 선도적인 제도를 도입했다. 1974년에 3M에서 근무하던 과학자 아트 프라이Art Fry는 이 시간을 이용해 종이 뒷면에 접착제를 발라 완벽한 북마크를 만들어냈다. 이것이 오늘날 전 세계적으로 사용되는 히트 상품 포스트잇의 탄생 스토리다. 직원들에게 시간을 선물하는 시스템이 좋은 결과를 보이자, 점차 여러 기업이 이런 제도를 도입했다. 특히 구글은 직원들에게 20퍼센트의 시간을 선물했는데, 지메일과 구글 뉴스가 이 시간에 탄생되었다고 한다.

당신은 여기서 이렇게 생각할 수 있다. '그래, 다 좋아. 그런데 이건 대기업에서나 가능한 일이지. 우리 회사 같은 중소기업은 어림도 없을 걸?'

잠시 책장을 넘기지 말고 창의력을 발휘해보자. 커스는 명확한 의제를 가지고 회의에 참석하기 때문에 항상 제시간에 회의를 끝마쳤다. 길고 지루하게 이어지는 회의에서 탈출하게 된 직원들은 커스에게 '시간 편집증 관리자'라는 별명을 붙였는데, 이는 불필요한 시간 소모를 덜어준 상사에 대한 존경의 표시였다. 당신도 회의 시스템을 바꿔 시간을 선물할 수 있는지 생각해보라. 이렇게 작은 것에서부터 시간을 선물한다면, 기업의 크기는 크게 중요한 것이 아닐 것이다. 당신의 사무실을 행복한 공간으로 만들고 싶은가? 당장 시간을 돌려 줘라.

당신이 이렇다면 주목할 것

• 마음에 드는 결과가 나올 때까지 회의를 진행하는 상사에 지쳐 있다.
• 일을 하면서 하루 중 잠깐이라도 쉴 틈이 있기를 바란다.

이렇게 할 것

▶ 1시간보다는 45분 회의를 열어라. 그렇게 하면 정시에 열리는 모임과 모임 사이 시간에 사람들에게 휴식을 줄 수 있다. 트렌드를 앞서가라.

▶ 스탠딩 회의를 시도하라. 회의를 서서 진행한다는 것은 **움직이지 않고 하는 것이 아니라 의자 없이** 하는 것을 의미한다. 회의 시간이 더 짧아지고 집중도 더 잘될 것이다. 또한 회의 중간에 딴짓을 하는 습관도 줄어들 것이다.

▶ 제시간에 회의를 시작하되, 지각한 사람들이 나중에 회의 내용을 이해할 수 있도록 시스템을 만들어라. 새로운 사람이 회의실로 들어올 때마다 처음으로 되돌아가선 안 된다. 이것은 제시간에 회의에 참석한 사람들에 대한 예의다.

▶ 공유 업무에 효율적으로 집중해서 일찍 끝낼 수 있게 하기 위해 회의 중에 핸드폰과 개인 전자기기를 멀리할 것을 권장하자. 가능하면 전화 회의 대신 화상 회의 기술을 사용하라. 동료들이 당신을 볼 수 있을 때 멀티태스킹을 하는 것은 더 어렵다.

▶ 회의 없는 날을 만들어라. 예를 들면, 모두에게 방해받지 않고 집중하는 요일을 정해, 그날에는 그 어떤 회의도 하지 않기로 약속하는 것이다.

▶ 주요 프로젝트를 막 끝낸 직원들에게 값비싼 저녁을 사주기보다 휴가로 보상해주는 것을 고려하라.

▶ 팀원들 모두가 주어진 휴가를 꼭 사용하게 하라. 쓰지 않은 휴가를 매몰차게 없애버리는 정책은, 업무로 벅찬 직원들이 휴가를 즐길 여유를 만들어주지 못한다. 고된 근로자들이 휴식을 취할 수 있도록 휴가를 상기시키고 편하게 쉴 수 있게 승인해줘야 한다.

▶ 회의 시간을 지킬 수 있게 자진해서 돕는다. 회의 중간에 정중하게 '진행 과정을 확인'하고 모인 사람들에게 시간이 얼마나 남았는지 알려주는 것은 임원이 아니어도 누구나 할 수 있는 일이다.

▶ 시간을 여유 있게 쓰는 것을 연습하라. 직원 회의와 세미나 참석 스케줄을 연달아 잡지 마라. 직원들에겐 중간 중간 쉬는 시간이 필요하다.

명심할 것

• 모든 직급의, 모든 근로자는 시간을 선물받는 것을 기뻐한다. 시

간이 안 가는 금요일 정오에 일찍 퇴근할 수 있는 선물을 주면 누구라도 대단히 기뻐할 것이다. 다만, 업무가 산더미처럼 쌓여 있을 때에는 깜짝 휴가를 줘도 무용지물이 될 수 있다는 걸 염두에 두자.

- 원격 근로자들은 사무실에 있는 동료들이 휴식을 취하고 있는 모습을 볼 수 없다. '당신의 컴퓨터 안에서' 살고 있는 동료들에게 '좀 쉬어라'라는 쪽지를 보내보자.

구체적 사례
· · · · ·

당신은 1분을 누릴 자격이 있다

매시 59분, 차임벨 소리가 사무실 공기를 가르며 울린다. 순간적으로 사무실에는 적막이 흐르고 고객들과 통화하던 사람들은 대화를 멈춘다. 브라질 상파울루에 있는 한 재즈 아카데미의 대표인 핀토는 "우리 직원들은 하루의 많은 시간을 일에 전념하기 때문에 난 매시간 1분씩 그들에게 쉬는 시간을 돌려주고 있어요"라고 말한다. 이는 간단해 보이지만 매우 효과적인 방법이다. 1분은 아주 잠깐처럼 느껴질 수도 있지만, 흐름에 따라 형태가 바뀐다. 초반에는 방해받은 것처럼 느끼지만, 조금 지나면 아주 편안히 마음껏 즐기게 된다. 45초가 되면서부터 불편할 정도로 시간이 길게 느껴지고, 58초와 59초를 지나면 상쾌한 기분이 들면서 그전보다 맑은 머리로 토론을 다시 시작할 준비를 갖추게 된다.

· · · · ·

좀 쉬면서 해!

때때로 직원들에게는 쉬면서 일하라는 격려가 필요하다. 미셸은 건설 회사의 프로젝트 관리자다. 그녀는 팀원들이 좀처럼 휴가를 사용하지 않는다는 것을 알아챘다. 그래서 미셸은 가족의 기념일이나 아이의 학교 행사가 있으면 반드시 휴가를 쓸 것을 강조하기 시작했다. 이후 미셸은 직원들에게 휴가를 주고 즐기라고 권하는 간단한 행동으로 직원들의 만족도가 더 높아졌다고 빙그레 웃으며 내게 말했다. 미셸은 자신의 팀원들이 인생의 즐겁고 소중한 시간을 가족들과 보낼 수 있도록 배려함으로써, 자신 또한 행복을 경험하게 되었다고 말했다.

종료 시점을 확실하게 정한다

명확한 목표를 세우면 "끝났다!"고 외칠 수 있다

완수하는 것이 완벽한 것보다 낫다.

— 친구의 페이스북에서

대부분의 직장에서 프로젝트의 시작일과 마감일은 명확하게 정해져 있다. 그리고 직원들은 이러한 목표를 향해 시간을 관리하면서 업무를 제때 완수할 때 만족을 느낀다. 현실 세상에는 '끝'이 분명하게 규정되어 있지 않아서 자원을 낭비하고 신경을 날카롭게 만드는 상황이 자주 발생한다. 이것은 끊임없이 일의 범위가 확장되거나 프로젝트 자체가 탐험과 같아서 어떤 일을 했는지 명확히 설명할 수 없는 경우에 발생하기 쉽다.

프로젝트 관리를 가장 크게 망치는 단어인 '스코프 크리프scope creep', 즉 '고객 및 상급자가 업무의 범위나 목적을 자주 변경하여 프로젝트 수행에 악영향을 미치는 상황'이 오지 않도록 해야 한다. 또한 스코프 크리프는 계약자 또는 팀원들이 기대치를 초과하여 '더 많은 가치'를 전달하고자 할 때나, 예상치 못한 사건으로 상품을 제공하는 시간과 방법에 영향을 미칠 때, 혹은 작은 요청으로 시간이 많이 걸리는(비용도 많이 들 수 있는) 노동이 늘어날 때도 생긴다.

담당자가 인지하기도 전에, 생산물의 양과 완성되기까지의 소요 시간이 점점 늘어나게 되면 문제가 발생할 수 있다. 담당 직원이 '이것은 원래 내 소관이 아니었다'는 점을 관리자에게 제때 말하지 못하면, 그는 좌절을 느끼게 될 것이다.

우리가 "끝났다!"고 외치지 못하는 중요한 이유 중 하나는 익숙한 일을 하는 것이 점점 더 편해지기 때문이다. 문제를 푸는 데 익숙해지는 것은 기분 좋은 과정이다. 전문가가 되어가는 것은 즐겁다. 그래서 '왜 지금 그만해야 하지?' 하는 생각을 하기 쉽다. 또한 프로젝트를 진행하는 동료들과 친분이 깊어지면서 그들과 함께하는 시간이 즐거워진다면 이 흐름을 끊고 싶지 않을 것이다.

모르는 세계를 탐구하기 위해 당신이 알고 있는 것으로부터 관심을 돌리는 데는 더 큰 에너지가 필요하며, 그러려면 함께 하던 동료들 무리를 갈라놓아야 할 것이다. 하지만 아무도 감히 "끝났다!"라고 외치지 못하기 때문에, 당신은 완벽하게 마무리되었다고 생각될 때까지 계속 일을 진행하면서 그들과 시간을 함께 보낸다. 동료들과의 돈독한 관계는 계속 유지하는 것이 좋다. 하지만 그것에만 매몰되어서는 곤란하다는 것 또한 잊지 않길 바란다. 지속적으로 새로운 관계를 키워나갈 방법을 찾고, 일과 사람을 분리해 생각할 수 있어야 한다.

심리학자 배리 슈워츠Barry Schwartz는 일을 충분히 잘하는 사람들인 '만족하는 사람들satisfiers'은 '극대화하는 사람들maximizers'보다 직장에서 일관성 있게 더욱 행복하다는 것을 발견했다. 극대화하는 사람들은 최적의 선택을 추구하지만, 그들의 결정이 반드시 더 나은 것은 아니다. 이 경우 예상되는 문제가 무엇인지 명확하게 의사소통을 하면, 당신이 "끝났다!"고 외치는 데 한결 큰 도움을 받을 수 있게 될 것이다. 직장에서 만족감을 느끼는 데 필요한 요소는 "우리 일이 다 끝났다"고 말하는 용기다. 동료들 사이에서 존중받고 그들의 충성심을 기르고 싶다면, 회의나 프로젝트, 혹은 계획 설정을 품위 있게 시작하고 '끝내는 법'을 배워라.

당신이 이렇다면 주목할 것

- 당신의 팀은 함께 일하고 서로 어울리는 것을 즐긴다.
- 당신의 일정에 누군가의 이름을 올리는 것은 어렵다. 당신이 언제나 회의에 참석 중이기 때문이다.
- 항상 더 할 일이 있다.

이렇게 할 것

▶ 목표를 명확하게 밝히고 자주 다시 언급하라. 기대가 커지면 처음에 정한 업무를 완수한 다음, 새로운 목표에 동의하는 과정을 거친다. 목표 달성과 연관된 모든 사람들은 전반적인 목표가 무엇이고 그것이 어디에 기여하는지 명확하게 말할 수 있어야 한다. 업무가

진행되는 도중에 팀원들에게 프로젝트 계획과 마감일을 지속적으로 상기시킨다.

▶ 만약 테스크포스 팀을 만들 날짜를 정한다면 해체할 날짜도 함께 지정한다. 끝도 없이 일이 다시 시작되고 진행되는 것을 방치하지 마라.

▶ 회의의 명확한 안건을 설정하고, 할당된 시간이 끝나기 전이라도 목표를 달성했다면 그 즉시 회의를 끝내라. 회의를 할 때 누군가가 개입하지 않으면, 참석자들은 자리를 지키는 데 시간을 낭비하게 될 것이다. 시간이 어떻게 사용되는지 주의 깊게 살펴라. 만약 참석자들이 시작이나 마무리 시간에 10분을 넘겨 골프를 주제로 잡담을 나눈다면, 앞으로는 더 짧은 시간으로 회의 일정을 잡는다.

▶ 작품을 기획하거나 발표할 때 간단한 음료를 준비한다면, 사람들이 음료를 마시며 잡담에 빠져들지 않도록 하라. 가장 좋은 방법은 작품에 관한 논의가 공식적으로 끝나는 시점이 언제인지를 확실히 알리고, 그 시간만큼은 집중하게 하는 것이다.

명심할 것

• 당신은 하나의 프로젝트를 완료했다고 선언한 다음, 새로운 계획을 시작하는 것에 동의할 수 있다. 끝을 인식하는 것은 새로운 시작을 촉진시키는 방법이다.

• 회의실의 분위기를 읽고 목표를 확인하라. 당신이 안달한다고 해서 회의가 끝나는 것은 아니다.

구체적 사례
·····

잦은 변경을 피하라

줄스는 매우 오래된 자신의 주방을 잡지에 등장하는 감각적인 부엌으로 개조할 순간을 꿈꾸며 몇 년간 돈을 모아왔다. 그녀의 책상 위는 디자인 잡지를 오려낸 기사들로 가득했다. 여름휴가 때 다녀온 유럽에서 줄스는 싱크대 벽을 메울 푸른색 타일과 아일랜드 식탁을 장식할 타일을 힘겹게 가져 왔다. 막 직장에서 은퇴한 줄스는 새로운 부엌과 함께 하고 싶은 일에 전념하면서 사랑하는 사람들을 위해 요리를 하고 그들을 즐겁게 해줄 날만을 고대하고 있었다.

부엌 리모델링을 위해 다섯 명의 건축가와 미팅을 한 후 줄스는 와이엇을 고용했다. 그는 막 개인 사업을 시작한 초보 사장이었지만, 줄스의 예산 내에서 최고의 결과물을 뽑아낼 적임자로 보였다. 와이엇은 줄스와 만나면서, 이번 작업이 그녀에서 단순한 인테리어 보수 이상의 의미가 있다는 것을 파악했다.

줄스는 와이엇의 디자인뿐만 아니라, 와이엇이라는 사람도 매우 마음에 들어 했다. 자신의 취향을 완벽하게 이해하고 있는 와이엇에게 무한한 신뢰를 보냈다. 와이엇 또한 줄스가 끊임없이 사소한 변경을 요구해도 거절할 수 없었다. 줄스를 보면 자신의 어머니가 떠올랐기 때문이다. 하지만 와이엇과는 달리 그의 직원들은 줄스의 끝없는 요구에 지쳐가고 있었다.

"와이엇, 이번 프로젝트에 끝이 있긴 한 겁니까?" 직원 중 한 사람이 불만을 터트리자 와이엇은 문제의 심각성을 깨닫게 되었다. 반면 아무것도 느끼지 못한 줄스는 직원들에게 간식을 나눠주며 더 잘해달라는 당부의 말만을 되풀이하고 있었다. 마침내 와이엇은 일을 끝내야 할 시기를 선언할 필요성을 느꼈고, 줄스에게 더 이상의 수정 변경은 불가하다는 입장을 전했다.

줄스는 와이엇의 말을 듣고 자신이 그에게 과중한 부담을 줬다는 것에 당황했다. 또한 자신의 까다로운 요구를 묵묵히 들어준 와이엇과 그 직원들에게 미안함과 고마움을 느꼈다. 마침내 부엌 공사가 마무리되었고, 줄스는 와이엇과 그의 직원들을 초대해 감사의 인사를 전하는 파티를 열었다.

26장

모두에게 충분히 많다!

부족한 게 아니라 풍족한 것이다

인생에서 당신이 가진 것에 집중하면 언제나 더 많은 것을 갖게 될 것이고,
없는 것에 집중하면 결코 충분히 갖지 못할 것이다.

— 오프라 윈프리

추수감사절 예배에서 남편과 나는 '부족함이 아니라 풍족함으로 세상을 바라보라'는 목사의 가르침이 단순하면서도 여러 문제에 폭넓게 적용될 수 있다는 것에 놀랐다. 각 식품군마다 세 가지 음식 정도는 있어야 먹을 것이 있다고 굳게 믿었던 어머니 손에서 자란 나는, 내가 생각하는 기본값을 적은 것이 아닌 많은 것으로 바꿔버리면 어떻게 될지 궁금했다. 『성공하는 사람들의 7가지 습관』에서 스티븐 코비Stephen Covey는 이렇게 말했다. "대부분의 사람들은 **부족함의 사고방식**이 머릿속에 깊이 새겨져 마치 인생에 파이가 단 하나만 있는 것처럼 생각한다. 그래서 누군가가 파이의 큰 조각을 가져가면 나머지 사람들이 그만큼 갖지 못한다고 생각한다"라고 했다. 부족함의 사고방식을 가진 사람들은 인정과 신용, 권력, 이익을 공유하는 데

큰 어려움을 겪는다. 이런 사람들은 다른 사람이 성공할 때 진심으로 축하해줄 수 없기 때문에, 누군가와 의미 있는 관계를 맺기도 쉽지 않다.

반면, 풍족함의 사고방식을 가진 사람들은 좋은 것이 모두에게 충분하다고 가정한다. 그래서 질투나 시기심이 없다. 다른 사람의 연봉이 올라도 고통스러워하지 않는 것은 그 사람의 성취가 당신에게서 아무것도 빼앗아가지 않는다는 것을 알고 있기 때문이다. 늘 '충분하지 않다'는 태도를 취하고 시간과 돈, 자원이 부족한 것에 불평하는 리더들은 전형적으로 자신에게 없는 것을 향해 도전을 계획한다. 그래서 성장보다는 유지에 초점을 맞추게 된다. 반대로 풍족함을 바탕으로 하는 사고방식을 가진 리더들은 주로 사람들과 새로운 아이디어를 찾고 그것을 개발할 준비가 되어 있다. 이런 사람들은 기회가 풍부하다고 느끼기 때문에 직장에서의 의미와 기쁨도 더 잘 느낀다.

당신이 이렇다면 주목할 것

• 주는 것은 당신의 영혼을 따뜻하게 해준다.
• 동료가 더 많이 받는 것은 내가 더 적게 받는 것을 의미한다.
• 한정된 예산과 줄어든 자원에 온 신경을 쏟고 있다.
• 한 달에 한 번은 "……이면 좋을 텐데"라는 속마음을 내뱉는다.
• 뭔가를 나누려고 하면 약점을 잡힌 것처럼 불안하다.

이렇게 할 것

▶ 관대해져라. 지식이나 인맥, 연민과 같이 당신이 제공하고 공유해
야 할 모든 무형 자산이 풍부하다는 것에 집중한다. 조직 생활에서
대개 부족한 감사와 정보를 동료들과 '나눈다면' 공급은 저절로
다시 채워진다.

▶ 다른 사람들에게 시간을 할애함으로써 시간의 풍요를 경험하라.
연구에 따르면 시간을 비축해놓는 것이 흘러가는 시간을 늦추는
효과(시계바늘이 천천히 움직이는 것처럼 느끼는 것)가 있다고 한다.

▶ 중요한 프레젠테이션이나 행사 직전에 성과에 대한 압력이 치솟
고 있을 때, 스스로에게 성공할 수 있는 능력이 있는지 걱정하기보
다 팀원들에게 "내가 어떻게 하면 당신을 더 빛나게 도울 수 있을
까?"라고 묻자. 다른 사람들을 도울 수 있다고 인식하는 것은 자신
이 부족할 수도 있다는 내면의 의심을 종종 잠재워준다.

▶ 가능성을 보는 긍정적인 사람들과 시간을 보내면서 자신만의 풍
요로운 환경을 조성하라. 빠트린 것은 빨리 알아차리고, 목표 달성
을 축하하는 것을 잊어버린 동료들에게 축하 식사자리를 제안해
보자.

▶ 머릿속에 있는 생각을 인지하고 당신이 가진 모든 것에 집중하기
위해 의식적인 노력을 한다. 가끔은 목록을 만드는 것이 도움이 되
니 당장 실천하라. 우선 페이지 한 쪽에 거의 공유하기 민망할 정
도로 욕심이 가득한 꾸밈없는 생각들을 모두 적는다. 그런 다음 다
른 페이지에 그것에 관한 포괄적이고 긍정적인 해석을 적는다. 풍

족함의 관점을 완전히 믿지 못하더라도 걱정하지 마라. 익숙해지는 데에는 연습이 필요하다.

▶ 감사 일기를 써라. 매일 감사한 일을 적는다. 최소한 10가지 이상을 기록하는 것을 목표로 한다. 커피 한잔을 함께 할 재미있는 동료가 있다는(그리고 커피를 살 돈이 있다는) 것과 같이, 일상적인 일이지만 종종 간과하기 쉬운 감사한 부분들을 생각해보자.

▶ 풍족함의 사고방식을 방해하는 가장 큰 적은 편협한 관심이다. 좁은 시야를 넓혀서 당신 주변에 있는 모든 것에 관심을 가져라. 책상 위로 고개를 들어 주위를 살펴라.

▶ 의도적으로 놀랍고 경이로운 경험을 시도하라. 풍족함의 사고방식을 가진 사람은 배움과 성장을 간절히 원한다. 참신한 경험을 찾아, 모르는 세계로 뛰어들 때 발산되는 풍부한 에너지와 열정에 푹 빠져보라.

명심할 것

• 스스로 피해자라고 생각하지 마라. **속았던** 경험은 웬만하면 머릿속에 남겨두지 않는다.

• 늘 기쁨과 관대함으로 동료들을 대한다면, 직장에서뿐 아니라 그 이후의 날들이 더욱 행복해질 것이다.

구체적 사례

．．．．．

복도에서의 치료

1736년에 설립된 벨뷰 병원은 미국에서 가장 오래된 공공병원이다. 그곳에서 내가 인턴십을 시작했을 때, 모든 것이 부족했다. 구급차가 굉음을 내며 들어오면 환자와 의료진들이 몇 개 안 되는 엘리베이터로 한꺼번에 몰려들었다. 차트를 작성할 펜조차 찾을 수도 없었고, 접수 구역에는 겨우 서 있을 정도의 공간만 있었다. 당연하게도, 의자를 차지하는 것 또한 쉽지 않았다. 개인 사무 공간이 충분하지 않았기 때문에 나는 몇 번이나 복도에서 치료 과정을 진행해야 했다.

벨뷰 병원의 시스템을 이해하는 것은 사실상 불가능했다. 대체 일을 어떻게 처리할까? 환자 치료를 위한 매뉴얼이나 진료 기록 등을 저장할 컴퓨터 시스템도 잘 갖춰져 있지 않았는데 말이다.

그렇지만 나는 그 당시를 떠올리면 꽤나 애틋한 마음이 생긴다. 나와 함께 인턴 생활을 했던 심리학 전공 동료들 모두 고생했지만, 우리는 서로 경쟁하기보다 아껴주고 격려하며 어려운 시기를 견뎌냈기 때문이다. 그래서 모두가 신뢰받는 심리 전문가로 성장할 수 있었다.

우리는 배운 것을 공유하고, 누군가의 성과에 대해 들은 것이 있으면 알려주고, 지도교수나 관리자가 서로에 대해 물으면 긍정적으로 답하겠다고 굳게 (큰 소리로) 다짐했다. 인턴 기간 동안 동기들은 매주 목요일 밤, 길 건너 같은 장소에서 만나 술을 마셨다. 그 자리에서 우리가 겪는 문제들은 즐거운 이야깃거리가 되었다. 단단한 신뢰로 연결된 우리는 몇몇 부조리한 상황마저도 웃으며 이야기할 수 있을 만큼 서로를 아꼈다. 인턴십이 끝난 후 30년도 더 지났지만, 인턴십 동기들 중 다수는 여전히 자주 연락하며 지낸다.

27장

미래를 위한 투자

사회적 담보는 큰 자산이다

나는 고객들에게 **사회적 담보**를 쌓으라고 권한다. 당신은 도움이 필요한 순간에 자산이 초과 인출되는 것을 원하지 않을 것이다. 당신의 사회적 담보 계좌에 자산을 충분하게 쌓아라. 누군가에게 받은 만큼 보복을 하거나 수익 위주의 관계를 맺으라는 말이 아니다. 당신이 보답으로 얻을 수 있는 것보다 남을 위해 할 수 있는 일이 무엇인지 더 생각해보라는 것이다. 그렇게 하면 기분도 좋아지고 당신에게도 좋다. 우리는 이미 앞 장에서 풍족함의 사고방식이 지닌 중요성과, 관대함을 당신의 기본 마음가짐으로 정립할 때의 이점에 대해 논의했다. 이번 장에서는 그 논의를 더욱 심도 있게 다룬다.

『기브앤테이크』의 저자 애덤 그랜트는 이렇게 말했다. "회사의 리더로서 성공을 보장하기 위해 할 수 있는 가장 중요한 일은 기버giver

들의 문화를 만드는 데 투자하는 것입니다." 좋은 사람들은 받기만 하고 끝내지 않는다. "남을 돕는 것은 좋은 일이잖아. 그게 새로워?" 애덤 그랜트가 주최한 커뮤니티 토크에 참여한 후 한 친구는 내게 이렇게 물었다. 맞는 말이다.

하지만 슬프게도 현실은 이와는 다른 경우가 많다. 보통 다른 사람들을 돕기보다 자신의 주장을 관철시키는 일이 더욱 우선시된다. 흔히 사람들은 시간이 부족해 누군가를 돕기 어렵다고 하지만, 동료들에게 도움을 주는 행동을 하는 데에는 단 몇 분밖에 걸리지 않는다. 믿을 수 있는 조언을 하거나 동료의 업무와 관련한 적절한 연구 결과를 제시하고, 관련이 있지만 덜 알려진 전문가의 컨퍼런스 정보를 알려주는 일에 소요되는 시간은 5분이면 충분하다. 경쟁이 치열한 환경에서 일할 때는 한정된 자원을 눈 깜짝할 사이에 써버리거나 자신만을 위해 숨기면서, 나를 위한 행동을 먼저하고픈 유혹에서 벗어나기 힘들다. 그래도 참아라.

사람들은 당신이 얼마나 신경 쓰고 있는지 알기 전까지 당신이 얼마나 많은 것을 아는지 신경 쓰지 않는다. 바로 이것이 먼저 소통해야 하는 중요한 이유다. 당신의 아이디어에 찬성하는 지지자를 만들려면 우선 동료들의 마음을 사로잡아야 한다.

동료들이 필요한 것을 예상하는 것, 심지어 필요한 것이 무엇인지 그들이 알기 전부터 그 또는 그녀의 욕구를 파악하는 것의 중요성은 두말할 필요가 없다. 무엇이 동료에게 필요할지 미리 판단하기 위해서는 평소에 그들을 주의 깊게 살펴야 한다. 이것은 당신의 평판을 좋게 만드는 장기적인 투자이며, 어떤 직업이든 상관없이 모두 유용하게 쓰일 무기가 되어줄 것이다.

당신이 이렇다면 주목할 것

- 밤에 잘 자고 싶고, 낮에는 기분이 더 좋길 바란다.
- 미래에 투자해야 할 때다.
- 일이 잘 되어 가고 있다.
- 욕심은 좋은 것이라 생각한다.

이렇게 할 것

▶ 먼저 선행을 실천함으로써 호의에 의한 인간관계를 구축하라. 당신에게 부탁하는 사람이 '누구든' 5분간 부탁을 들어준다.

▶ 당신과 갈등을 빚고 있는 사람들에게 아낌없이 배려하고 관심을 기울여라. 이 일은 심리적으로 저항을 불러올 수도 있다. 그래서 실천하기에 결코 쉽지 않지만 매우 효과적인 방법이다. 당신과 불편한 관계에 있는 사람은 보통 가장 가까이에 있는 사람들이기 때문에, 당신은 그들이 필요로 하는 것에 대해서 잘 알고 있을 것이다. 불편한 사람에게 먼저 돕겠다고 제안해보자.

▶ 회의를 할 때 소극적으로 앉아 있지 마라. 동료나 상사, 혹은 후배 팀원이 방금 중요한 아이디어를 제시했는가? 그렇다면 그가 비전을 성취하는 것을 돕기 위해 당신이 쉽게 해줄 수 있는 일을 적어도 한 가지 이상 생각해내라. 질문할 때까지 기다리지 말고 당신이

생각하고 있는 것을 그들에게 말한다.

▶ 동료가 당신의 제안을 받아들이지 않을 수도 있음을 인정하라. 먼저 돕겠다고 제안하되, 당신의 제안을 받은 사람이 거절할 수 있는 권한도 부여하자.

명심할 것

• 이익을 추구하고 야망이 있는 사람도 남들에게 관대할 수 있다.
• 당신이 자신의 심리치료 결과표를 계속해서 보관하고 있다면, 당신은 아직 관대함의 힘을 완전히 믿는 것이 아니다.

구체적 사례

• • • • •

화내지 말고, 함께 식사하라

프랭크는 나와 상담하면서, 팀장인 자신의 허락을 받지 않고 불쑥 사무실로 들어와 필요한 정보를 달라고 팀원들을 독촉하던 영업팀장 카르미네가 얄미워서, 그를 압박하고 싶었다고 털어놓았다. "자기가 뭐라도 되는 줄 아는 겁니까? 우리 팀은 이미 오래 전부터 함께 일하고 있었다고요. 그냥 막 밀고 들어와서 답변을 내놓으라고 요구할 순 없는 거죠. 그는 악명 높은 양아치입니다." 내가 당시 상황에 대해 좀 더 물어보니, 그제야 비로소 프랭크의 속마음이 드러났다.

프랭크는 카르미네의 부서가 고객들의 요구를 충분히 충족시키지 못해 고군분투하고 있다는 것을 알고 있었다. 그래서 자신에게 먼저 양해를 구했다면 어떤 자료도 선뜻 내주려고 했다. 카르미네의 태도에 화가 난 프랭크는 직접 따지고 싶었지만, 참기로 했다. 그러고는 영업팀원 한 명을 초대해 술을 한잔 마시며 그 팀이 직면한 위기에 대해 들어보기로 했다. 이를 통해 프랭크는 카르미네가 필요한 것을 예상하고 해결책을 제시해주었다.

프랭크가 먼저 도움을 주자, 거만하던 카르미네의 태도가 바뀌었고 말투 또한 부드러워졌다. 카르미네는 프랭크에게 자신의 팀원들이 자주 외근 중이어서, 정보에서 소외된 느낌을 받았다고 해명했다.

서로의 팀이 완벽하게 협조해야 함에도 불구하고, 그다지 큰 친분이 없다는 걸 깨달은 프랭크는 두 팀의 연합 회식을 계획했다. 회식 자리에서 프랭크와 카르미네는 물론 두 팀의 팀원들은 친해졌고, 조금 더 부드럽게 서로를 대할 수 있게 되었다. 회사 전체로 번질 수 있었던 갈등은 지속되는 우정의 토대가 되었고, 프랭크의 평판은 더욱더 높아졌다.

28장

자기애를 존중하자

모든 자아에는 약간의 사랑이 필요하다

> 사람들은 자신에 대해 말할 때 결코 지치지 않는다.
>
> ─ 로즈, 나의 삼촌

솔직해지자. 사람은 모두 자신이 훌륭하다는 것을 인정받기 원한다. 그러나 이것은 칭찬을 갈구하거나, 단순히 잘했다는 업무 피드백을 필요로 한다는 것을 뜻하는 게 아니다. 내가 지금부터 말하려고 하는 것은 당신이 오랜 시간에 걸쳐 공헌한 바, 회사의 역사와 함께해온 지난 시간, 그동안 수행해온 선구적인 연구, 당신의 역할이나 업무 분야에서 쌓은 노하우 등의 중요성을 말 그대로 **인정**받는 것이다.

이러한 인정 욕구는 겉으로 드러날 수도 있고, 속으로 감추고 싶어 하는 비밀일 수도 있다. 비록 당신은 인정에 대한 욕구를 '넘어서야' 하겠지만, 나르시시즘과 같은 감정에 취할 수밖에 없으며, 이것은 당신 옆의 동료도 마찬가지다. 자신에 대한 믿음을 갖고 싶어 하는 것은 정신이 건강하다는 신호다. 그리고 건강한 자아를 유지하려면 주기적인 자양분이 필요하다. 여기에는 특별한 비밀이 있는데, 동료들의 자아에 당신이 먼저 먹이를 준다면 당신의 자아도 오랫동안 배가 고프지 않을 거라는 사실이다. 자신의 나르시시즘을 한껏 드러내는 자신감 넘치는 사람들조차 자신이 잘났다는 것을 확인하고 싶어하기 때문에 누군가의 칭찬을 거부하기가 쉽지 않다.

한편 당신의 입장을 존중받지 못하거나 공헌한 바를 제대로 인정받지 못하게 되면, 처음에는 자기 자신에게 화를 내지만 나중에는 동료들에게 끓어오르는 분노를 토해내게 된다. 바로 이때 문제가 생긴다. '왜 내 의견을 구하지 않는 거지?' '왜 갑자기 내가 이렇게 무시를 당하는 거지?' 하는 생각에 빠지게 되면서 자격지심이 발동하게 되는 것이다.

그렇다면 당신은 동료들에게 어떤 피드백을 주고 있는지 생각해보라. 당신은 지금껏 다른 사람들이 성공할 수 있는 여건을 만들었고, 새로운 노력을 하며 앞으로 나아가고 있다. 당신은 프로다. 그런데 '그들은 내가 한 모든 일을 깨닫지 못하나?'라는 생각이 든다면, 당신의 행동 어딘가에서 동료가 섭섭함을 느끼고 있을지 모른다.

당신의 동료가 원하는 것은 무엇일까? 당신과 마찬가지로 인정받는 것이다. 지금 당신이 그들에게 줄 생각이 없는 것은 무엇인가? 어떤 것이든 인정이다. 그렇다면 결과는 어떻게 될까? 모두에게서 만족이 사라지고 나르시시즘의 물줄기가 말라버린다. 모두가 인정을 위한 전쟁을 벌이고 있다면 우선 상황을 확인하고 동료들의 마음을 어루만져라.

제임스의 셔츠는 항상 빳빳하게 다려져 있다. 거기에 멋스러운 커프스단추를 달고 커다란 금시계를 착용하고 있다. 제임스는 거드름을 피우며 걷고 멋진 스포츠카를 몰지만, 항상 화가 나 있다. 경영위원회에 소속되어 있으며 돈을 꽤 벌었고 새로운 최고운용책임자를 채용했지만 화가 난 듯한 모습에는 변화가 없다. 제임스가 새 직원에게 바라는 것은 단순하다. 자신의 영향력에 수긍하고 나르시시즘을 어루만져주는 것이다.

제임스는 이런 생각을 하고 있다. '내가 이 새로운 분야를 개척했다는 것을 그들은 모르는 걸까? 심지어 가상화폐라는 명칭이 생기기도 전부터 비트코인에 투자하고 있었는데, 새로 진행될 프로젝트에 아무도 내 이름을 올리지 않았어. 물론 일선에서 물러나기 위해 나를 대신할 투자전문가를 고용하긴 했지만, 이 사람들은 내가 경영진에게 수백만 달러를 투자하는 위험을 감수하도록 설득했다는 것을 모르는 건가?'

만약 직원들이 회의 시작 전에 "당신의 창의성과 선견지명이 없었다면 절대 여기까지 올 수 없었을 것입니다"라고 제임스를 추켜세우는 말을 했다면 많은 것이 달라졌을 것이다. 혹은 회의 마지막에 제임스에게 한마디 해달라고 부탁하기만 했어도 그의 분노를 돋우지 않았을 것이다. 회사에서 막강한 영향력을 발휘하는 제임스의 분노는 극에 달했고, 자신이 새로 채용한 직원들을 고통스럽게 하겠다는 다짐을 하기에 이르렀다.

제임스는 극단적인 나르시시스트로 봐야 할 듯하다. 극단적인 나르시시스트들은 남들보다 앞서 있고 역동적이며 다른 이들에게 영감을 준다. 수많은 연구에 따르면, 성공의 진정한 요소는 자신감보다는 역량, 이기주의보다는 이타주의, 카리스마보다는 성실성이라고 한다. 그러나 현실에서는 제임스와 같은 극단적인 나르시시스트들이 정상에 오른다. 나르시시스트들은 당당한 자존감을 바탕으로 혁신과 선구적인 정책, 그리고 역경 앞에서 인내심을 발휘할 에너지를 얻기 때문이다. 하지만 제임스처럼 자신을 인정하지 않는 사람들을 공격하는 방향으로 자신의 영향력을 사용한다면, 종국에는 자신의 나르시시즘을 채우지 못해 협업을 할 수 없는 사람으로 변화할지도 모른다. 주변 직원들은 돌보지 않고 자신만을 우선으로 생각하며, 뜻대로 되지 않을 때 감정적으로 대처한다면 누구도 그를 진심으로 인정하지 않을 것이기 때문이다.

속지 마라. 자신감은 자신의 가치를 증명하려는 간절한 욕망과 공존할 수 있다. 자신이 부족하다는 감정으로부터 스스로를 보호하기 위해, 오만과 자기 권력의 확장이라는 망토를 걸칠 수 있음을 기억하자. 칭찬에 대한 공공연한 추구와 강한 자부심 사이에서는 종종 역의 상관관계가 발생한다. 직장에서 자신의 멋들어진 깃털을 뽐내는 데만 관심이 있는 공작새들(직급에 상관없이), 그러니까 당신이 진정으로 인정해줄 생각이 없는 사람들을 대해야 한다면 간단한 칭찬으로 이야기를 시작하라. 이것만으로도 그들은 쉽게 관리가 된다. 내 말이 의심스럽다면 그들의 나르시시즘을 한번 어루만져보라. 진짜다. 작은 칭찬만으로도 안심하고 편안해하는 그들의 모습을 확인할 수 있을 것이다.

만일 당신의 상사가 나르시시스트라면, 주의해야 한다. 당신에게서 필요한 인정을 받지 못하면, 상사는 당신의 자존감이 파괴될 때까지 심리적으로 압박을 가할 수 있다. 나르시시스트들은 당신이 한 일에 대해서는 조금도 칭찬하지 않는 반면, 자신의 업적을 과시하면서 스포트라이트를 독점하려 한다. 이것은 공정하지 않을뿐더러, 무례한 행동이다. 당신의 기여를 상사가 노골적으로 무시하면 당신 역시 그들의 성공을 업신여기거나 과소평가하고 싶어진다. 악순환이다. 상사와 전쟁을 벌이려는 게 아니라면, 그들을 깎아내리고 싶은 충동을 참고 존중하는 태도를 보여라.

아마도 당신은 왜 내가 이치에 맞지 않은 행동을 부추기는지 궁금할 것이다. 이기심으로 온몸을 감싸고 있는 자기중심주의자들을 단죄하는 게 옳은 일이 아닐까? 틀린 질문은 아니다. 하지만 극단적인 나르시시스트로의 공격으로부터 살아남으려면 직관에 반하는 행동을 할 수 있어야 한다.

만약 나르시시스트인 상사가 당신에게서 자신을 향한 비난의 분위기를 감지한다면, 어떻게든 당신을 공격하려 들 것이다. 다행스러운 것은 무자비한 나르시시스트일수록 다른 사람의 인정과 칭찬을 통해 전혀 다른 행동을 보이는 경우가 많다는 것이다. 그러니 비난하거나 무시하지 말고, 그들의 대단한 점을 인정함으로써 짐승 같은 그들을 길들여라. 다음과 같은 표현을 사용해보는 것도 좋다. "당신은 나를 도울 수 있는 유일한 사람이다." "내가 어떻게 도와줄까?" 나르시시스트가 동료든 상사든 간에, 당신이 그들을 위협하지 않는다는 인상을 심어주게 되면 그들 또한 당신을 칭찬하며 부드럽게 대하게 될 것이다.

당신이 이렇다면 주목할 것

- 칭찬을 받고, 상담을 받고, 공개적으로 인정받아야 하는 사람이 누구인지 생각하는 것을 잊는다.
- 당신이 속한 분야에서 이미 인정받는 전문가들이 당신을 홀대하고 있다.
- 당신의 동료는 칭찬에 대한 끝없는 욕망을 가지고 있다.
- 당신의 성과를 인정하지 않는 동료들을 괴롭히는 꿈을 꾼다.
- 당신의 아이디어에 대한 지지를 얻고 싶다.

이렇게 할 것

▶ 많은 나르시시스트들에 둘러싸여 있을 때, 당신은 스스로에 대해 부정적으로 느낄 위험이 있다. 이때 자존감을 회복하고자 자신의 가치를 주장하고 싶은 충동이 일어날 수 있지만 참아라. 당신의 가치를 스스로 주장하려 하지 말고, 나르시시스트들을 먼저 칭찬하는 우회적인 방법을 사용하는 것이 현명하다. 앞서 살펴본 것처럼 다른 사람들을 평가 절하하기 좋아하는 사람들은 칭찬에 대한 절실한 욕구를 갖고 있다. 그들에게 칭찬을 아끼지 않을 최상의 방법을 찾아라. 당신이 아주 싫어하는 사람일지라도, 칭찬할 만한 구석이 한두 가지쯤은 있다. 비록 당신의 칭찬이 드라마틱한 반전을 만들지 못하더라도, 그들의 노력에 대해 칭찬하는 것은 매우 좋은 방법이다.

▶ 당신과 다른 사람들 사이에 높은 긴장감이 형성되어 있을 때에는 그들의 행동에서 칭찬할 만한 긍정적인 측면을 찾기 어려울 수도 있다. 하지만 노력하라. 다른 사람의 자존감을 높이는 것은 갈등을 해소하는 매우 강력한 방법이다.

▶ 더 깊은 관계를 맺기 위해 그 사람이 개인적으로 가장 소중하게 여기는 것이 무엇인지 다시 생각해보라.

▶ 지나치게 건방진 상대와 정면충돌하는 상황을 피하려면 '하지만'을 '그래서'로 바꿔라. 그 사람의 아이디어를 바탕으로 당신의 생각을 발전시켜본다.

명심할 것

• 응답하라, 반응하지 말고. 나르시시스트가 자아를 관리하는 일은 일종의 스포츠일 뿐, 당신에 대한 개인적인 모욕이 아니다. 궁극적으로 당신은 자기 자신을 돌봐야 한다. 적어도 1년 동안 생각할 수 있는 모든 방법을 다 시도했는데도 상황이 여전히 나쁘다면, 다른 직장을 찾는 게 나을 수도 있다.

• 타이밍을 조심한다. 진급이나 성과평가 기간에 상사를 지나치게 칭찬하지 마라. 그것은 명백하게 교활해 보일 수 있다.

. . . . .

상대가 간절히 원하는 자신감을 주어라

65세의 비키는 일주일에 나흘만 일하고 싶었다. 그녀는 유능한 자산관리인으로, 회사 대표인 존이 정말로 자신에게 의지하고 있다는 것을 알고 있었다. 만약 비키가 주당 근무시간을 줄이겠다고 말하면 존이 화를 낼 것은 분명했다. 비키는 존이 자신의 의견에만 집중하지 않았으면 좋겠다고 생각했지만, 그는 비키가 곁에 있어야만 편안함을 느꼈다.

존의 불안감을 알고 있지만 비키도 근무시간을 양보할 수는 없었다. 그래서 비키는 새로운 전략을 택하기로 했다. 그녀는 왜 자신이 더 나은 근무 스케줄을 누릴 자격이 있는지 말하는 대신, 존이 진정으로 갈망하는 '자신감'에 주목했다. 대부분 사람들은 존을 아이비리그 출신의 성공적인 경영자로 생각했다. 사실 겉으로 보면 존에게 부족한 것은 아무것도 없어 보였다. 하지만 비키는 존의 허세 뒤에 숨겨진 나약한 모습을 보았고, 자신의 존재가 존의 자신감을 북돋아준 것을 깨달았다. 결과적으로 비키는 존이 자신에 대한 의존도를 줄이기 위해 노력하는 동안, 개인적으로 그리고 공개적으로 존의 리더십 감각을 인정하며 칭찬해 존이 홀로 설 자신감을 심어주기로 했다.

최근에 존은 협력 업체 선정에 관한 비키의 전문적인 견해를 듣기 위해 휴가지에 있는 그녀를 급하게 호출했다. 빨리 도착하기 어렵다면, 자신의 전용기를 보내주겠다는 말까지 했다. 하지만 비키는 전용기를 타고 날아오는 대신 존에게 이렇게 말했다. "존, 수치를 분석하는 일에서 당신보다 능력이 뛰어난 사람은 없어요. 당신은 이제 나를 넘어섰습니다."

이후 허리케인으로 입은 공장 피해 상황을 점검하고 후속 조치를 논의하기 위해 투자자들이 모인 자리에서, 존은 직접 자산 피해 상황을 설명했다. 존이 브리핑을 마치자, 비키가 일어나 이렇게 말했다. "존은 정말 겸손한 사람입니다. 폭풍이 몰아치자마자 모든 공장 상황을 둘러보고 점검한 사람이 바로 존이에요. 그는 나보다 더 회사 상황을 잘 파악하고 있습니다."

이런 행동이 몇 번 반복된 후, 비키는 일하는 시간을 줄이는 문제로 존에게 찾아갔다. 그리고 그녀는 존의 리더십이 얼마나 훌륭한지, 그리고 그가 얼마나 성장했는지를 칭찬했다. 그러고는 자신과 같은 시니어 대신 다음 세대의 리더십으로 회사 분위기를 전환할 토대를 마련해야 할 때라며, 근무시간 단축을 허가해달라고 요청했다. 존의 대답은? 물론 승낙이었다!

29장

특별한 순간을 기념하는 일

성공과 실패를 기억해야 성장한다

대부분의 조직은 일상적인 일(휴식시간, 티타임 등)부터 연간 모임이나 은퇴 기념 파티와 같은 주요 이벤트까지 많은 행사를 치른다. 성공한 기업들은 전통의 중요성을 인식하고 있기 때문에, 직원들이 고대하고 열망하고 추억할 수 있는 반복적인 경험을 의도적으로 만든다. 이런 기념행사에는 많은 비용이 필요하지 않고, 조직의 모든 직원들에 의해 만들어질 수 있다.

신중하지 못한 실수를 저지른 팀원에게 멘탈 회복을 기원하며 유머가 넘치는 상을 수여한다면, 실수를 정상으로 돌려놓고 성장을 도모할 수 있다. 대형 거래가 마무리된 후 신나는 음악을 2분간 틀어놓는 것은 사기를 북돋운다. 세일즈 피치를 하기 전에 단체로 모여 응원하는 것은 지금이 특별한 순간이고, 우리가 늘 함께 하고 있으며,

준비가 되어 있다는 소통을 하는 즐거운 행사가 될 것이다.

이처럼 획기적이고 특별한 순간을 기념하는 것은 모든 직원이 역사를 공유하고, 결속력을 다진다는 느낌을 갖게 한다. 아울러, 단지 두 사람 사이에서 매일 하는 의례적인 행동만으로도 서로의 연결고리를 분명하게 만들 수 있다.

예를 들어 한 컨설팅 회사의 총무이사인 제리는 매일 아침 내게 모든 것이 잘되기를 기원한다는 굿모닝 메시지를 보낸다. 나도 그녀를 위해 같은 행동을 한다. 우리의 하루는 언제나 우리가 성취한 것들에 대해 감사하며, 다가오는 밤이 즐겁거나 편안하길, 혹은 둘 다 이루어지길 바란다는 메일로 끝을 맺는다. 가끔 제리는 나를 웃게 하는 그림이나 만화를 보내기도 한다. 그녀는 이런 것을 아주 잘한다.

대기업에는 전사적으로 이루어지는 대형 행사를 주관하는 인사부서들이 있지만, 때때로 최고의 행사는 팀원들 스스로가 조직하는 것이다. 뭔가를 시작하기 전에 작은 의식을 치르는 것은 구성원들이 열의를 불태우며 행동할 준비를 하게 한다.

뉴질랜드 럭비팀 올블랙스는 1905년부터 경기를 하기 전에 힘찬 발 구르기와 리드미컬한 함성이 돋보이는 마오리족 전통 춤인 '하카'를 선보이고 있다. 모든 선수가 나와 하카를 추는 광경은 정말 멋질 뿐만 아니라, 신경과학적으로 선수들이 서로의 감정을 느끼고 고무되는 효과를 만들어낸다고 한다. 당신의 팀에서도 이런 작은 의식들을 해보는 것은 어떨까? 불안감을 줄이고 에너지와 집중력을 높일 수 있을 것이다.

당신이 이렇다면 주목할 것

- 프로젝트가 끝나는 순간은 먼 미래의 일이다.
- 당신의 팀은 함께 일하지만, 실제로 함께 하려고 할 때도 시간이 걸리지 않는다.
- 팀원들 사이에 자부심과 기쁨을 심는 것은 좋은 방법이다.
- 팀 문화를 형성하고 싶다.

이렇게 할 것

▶ 전사적으로 의미가 있는 연도를 기념하라(창립기념일 혹은 1년이나 5년, 혹은 10년이 되는 기념일). 사원이 몇 안 되는 작은 기업이라도 부담을 가질 필요는 없다. 큰 카드를 만들어서 모두 서명하게 하거나, 하고 싶은 말을 적은 노트를 모아서 멋진 상자에 넣는 것도 좋다. 나중에 꺼내 읽어보면 새로운 대화의 물꼬를 틀 수 있을 것이다.

▶ 매달 생일인 직원들을 모아 와인으로 건배를 하며 축하를 건넨다.

▶ 일의 흐름을 인식하라. 특히 최종 목표 달성까지 시간이 많이 남은 경우 프로젝트의 이정표를 확인한다. '목표의 반까지 온 것'을 기념하는 모임을 주최하라. 처음부터 프로젝트를 진행했던 직원들이 얼마나 열심히 달려왔는지 서로 이야기를 나눌 수 있는 좋은 기회다. 이때 꿈을 분명하게 다시 상기시켜라. 우리가 이 일을 왜 하고 있는 건지, 목표는 무엇인지에 대한 대화를 나눠보자.

▶ 엄청난 실수를 저지른 사람에게 상을 주는 날을 정하라. 단, 당신은 오직 자신만을 지명할 수 있다(다른 사람을 부끄럽게 만드는 것은 목적이 아니다). 이런 행사는 원격으로 일을 해도 진행할 수 있다. 매달 첫 번째 화요일을 가장 큰 실수를 저지른 사람을 축하하기 위해(또한 그 실수에서 배우기 위해) 전화를 거는 날로 정할 수도 있다. 각자 아쉬운 순간을 한 가지씩 공유해달라고 부탁하라. '발표'는 3분을 넘지 않아야 한다. 빠르고 가볍게 해야 한다는 의미다. 발표의 목적은 분위기를 개선하고 지원을 제안하며, '앞으로 우리가 무엇을 다르게 할 수 있을까?'에 대해 말할 기회를 갖는 것이다. 아울러 유쾌하고 즐겁게 실수를 되돌아보는 것이다.

▶ 부정적인 이야기를 공개적으로 할 수 있는 날도 정하면 좋다. 예를 들어 목요일을 '불만의 날'로 선언하고, 각자가 말하고 싶은 불만을 자유롭게 이야기할 수 있는 자리를 마련하는 것이다. 이를 통해 긍정적인 태도를 유지할 수 있다.

▶ 완성을 향한 마지막 박차를 가하기 직전에 마감을 축하하는 행사를 준비하라. 이때 팀원들 대신 팀장이 나서서 준비하는 것이 좋다. 프로젝트를 끝낸 직원들에게는 행사를 준비할 에너지가 남아 있지 않을 것이다.

▶ 모두가 바쁜 시기라면 모든 사람들이 한가해질 때를 하염없이 기다릴 수는 없다. 그러므로 누가 활동을 조정해야 할 책임이 있는지 확실히 알고 있어야 한다.

명심할 것

- 형편없게 열리는 기념식이 회사의 또 다른 나쁜 문화가 되도록 내버려두지 마라. 제대로 되지 않으면 차라리 그만두고, 끊임없이 다른 시도를 해보자.
- 당신이 만약 가족 기업에서 일한다면, 사업상의 긴장과 일 때문에 개인적인 축하 행사를 미루지 마라. 행사가 예정되어 있다면, 회의는 그 이후로 미루도록 하자.

구체적 사례

어제보다 더 나은 오늘을 만들 기회

리키는 도시의 이곳저곳에 불쑥 나타나는 푸드트럭을 운영한다. 그의 직원들은 시간당 일하는 아르바이트생들로 주기적으로 바뀌었다. 리키는 장사를 시작하기 위해 트럭을 오픈하기 전, 직원들에게 각각 트럭에서 마지막으로 일했던 시간을 되돌아보고 가장 좋았던 순간을 뽑은 다음 그 순간을 다시 오게 하거나 더 나아지게 할 방법을 제안하자고 한다. 그러면 다들 웃으며 자신만의 경험을 이야기할 수 있는 기회가 만들어진다. 이 시간 동안 직원들은 지난번에 일할 때 겪었던 일들을 떠올리고, 새로 만난 동료와 상호작용을 만드는 과정에서 무엇이 중요한지를 다시금 떠올려볼 수 있다.

30장

기쁨과 웃음의 전파

일터를 활기차게 한다

당신은 더 많은 보너스, 창의적 사고력 향상, 신뢰도 증가, 그리고 더 큰 기회를 원하는가? 웃어라. 직장에서의 유머는 일에 엄청난 이익을 가져다준다. 다음을 살펴보자.

- 「포춘」 선정 '일하기 좋은 100대 기업'에 종사하는 직원 중 82퍼센트는 "나는 즐거운 조직에서 일한다"고 대답했다.
- 모든 조건이 같다면, CEO의 89퍼센트는 유머 감각이 뛰어난 사람을 고용하는 것이 더 낫다고 생각한다.
- 유머 감각이 뛰어난 관리자들은 너무 진지한 사람들보다 조직에서 더 많은 기회를 얻는다.
- 특히 스트레스를 많이 받는 위치에서 어느 정도 가벼운 마음을 가

질 수 있는 사람들은 긍정적인 평가를 받는다. 실제로 그들이 그런 사람이든 아니든 간에, 다른 사람들은 그들이 최고의 자리에서 자신을 통제할 수 있는 사람이라고 여긴다.

- 임원이 더 '재미있을수록' 보너스가 높아진다.
- 감독자가 적절하게 유머를 활용할 줄 알면, 성과 향상 및 직원들 전체의 결속력을 높일 수 있다.

당신은 재미가 없는 사람이라고? 당황하지 말자. 지금 당장 이 책을 내려놓고 스탠드업 코미디 수업을 들으러 달려갈 필요는 없다. 사무실에 기쁨과 웃음을 불어넣기 위해 대단한 능력이 필요한 것은 아니다. 그냥 긴장감을 잠시 풀기만 하면 된다. 당신이 하는 모든 일마다 엄청나게 중요하다고 생각하며 다가갈 필요가 없고, 항상 진지하게 스스로를 대할 필요도 없다! TV 채널 니켈로디언의 한 팀장은 이렇게 말했다고 한다. "우리는 스펀지밥을 파는 거지, 암을 치료하자는 게 아니야. 다들 왜 이렇게 긴장하고 있어?"

일터의 긍정적인 분위기와 생산성 및 창의성의 증가에는 밀접한 관련이 있다. 일터에 웃음이 가득한 문화가 있을수록, 거절당할 두려움 없이 아이디어를 마음껏 내보이며 브레인스토밍할 수 있다.

심리학자 다니엘 골먼Daniel Goleman은 "웃음은 뇌와 뇌 사이를 가장 짧게 이어주는 방법이다"라고 말했다. 웃음은 협력을 공고히 하는 유대감을 구축한다. 함께 웃는 것으로 시작하는 협상은 서로에게 종종 유익한 결과를 가져다준다. 웃음은 스트레스를 막아주기도 한다. 스스로 잘 웃거나 상황을 즐긴다면 부담이나 스트레스를 크게 느끼지 않을 것이다.

와튼스쿨의 시걸 바르세이드 Sigal Barsade 교수는 직원들의 감정이 섬처럼 동떨어져 있는 것이 아니라는 것을 밝히는 광범위한 연구를 진행해왔다. 우리는 주변의 감정적인 상태에 영향을 받고, 다시 이것을 토대로 계속해서 우리의 기분을 퍼뜨린다. 당신 옆자리에 앉은 동료의 키득거림이 당신의 하루를 밝게 해줄 수 있는 것이다. 신경과학자들은 다른 사람들이 웃는 것을 들을 때 거울 뉴런이 자극을 받는다는 사실을 증명했다. 그래서 마치 자신이 웃고 있는 것과 같은 즐거움을 경험할 수 있다. "일하면서 웃지 말라"고 말하는 사람들은 틀렸다. 당신의 기분은 나의 기분에, 나의 기분은 당신의 기분에 영향을 미친다. 우리 모두는 약간의 들뜨고 가벼운 분위기를 일터에 주입해야 할 책임이 있다. 당신이 있는 곳을 즐겁게 만드는 일에는 전염성이 있으며, 이는 성공의 핵심 요소다.

당신이 이렇다면 주목할 것

- 일을 진지한 것이 아닌, 즐거운 것이라고 여길 때가 왔다.
- 당신은 매우 중요한 사람이다.
- 뇌가 막힌 것 같고 창의력이 고갈되고 있다.
- 모두가 두려워하고 있다. 다들 바짝 얼었다. 전혀 재미가 없다.

이렇게 할 것

▶ 대부분의 감정적인 의사소통은 보디랭귀지, 얼굴 표정, 그리고 말투를 통해 이루어진다. 설령 그 순간 즐거움을 느끼지 못했더라도, 행복했다면 지을 만한 표정으로 분위기를 바꿔라. 기분까지 좋아질 것이다.

▶ 자기인식을 잘할수록 직업적으로 성공할 가능성이 높다. 먼저 당신의 특이한 점에 대해 농담을 해도 좋다. 사무실을 긴장하게 만드는 사람이 아닌, 긴장을 풀어주는 사람이 돼라.

▶ 커피머신 옆에 게시판을 만들어 업무와 관련된 만화를 게시하고 동료들을 초대하라. 변호사보다 변호사 농담에 더 크게 웃는 사람은 없는 것처럼, 속사정을 아는 사람들은 박장대소할 만한 소재를 찾아 게시해보자. 당신이 직접 그린 몇 개의 만화를 올려도 좋다.

▶ 유머를 강요할 수는 없지만 당신이 좋은 본보기를 보여줄 수는 있다. 사소한 것부터 시작하라. 농담이나 재미있는 구절을 공유하거나, 말장난을 하거나, 최신 프로젝트의 앞 글자를 따서 눈길을 끄는 줄임말을 만든다. 오늘 한 사람만 웃게 만들었어도 당신은 성공한 것이다.

▶ 만약 당신이 그냥 재미가 없다면? 혹은 다른 사람들이 아무도 웃지 않는다면? 그래도 괜찮다. 강요하지 않는다. 하지만 낄낄 웃고 있는 팀원들에게 얼굴을 찡그리며 예의 없게 굴지 마라. 그들과 함께 웃거나, 긍정적인 분위기에 그저 같이 어울리면 된다.

명심할 것

- 자세한 내용을 알고 있는 사람만 이해할 수 있는 농담을 하거나 다른 사람의 노력을 비웃는 행위는 참아라.
- 포용적인 공동체를 만들려면 모든 사람이 (적절한) 유머의 대상이 될 기회를 얻어야 한다.
- 갈등이나 긴장을 해결하기 위해 유머에 지나치게 의존하지 마라. 가끔은 진지한 개입도 필요하다.
- 간결한 발언에 웃는 이모티콘을 덧붙이는 것은 웃기지 않는다.
- 모든 형태의 유머가 적절한 것은 아니다. 직장은 라커룸 유머와 화장실 유머, 혹은 정치적, 성적, 악의적, 종교적, 동성애 혐오, 외국인 혐오에 관한 농담을 하기에 적절한 장소가 아니다.

구체적 사례
· · · · ·

긴장을 풀고 바보 같은 춤을 춰라

페리의 친구들이 그녀에게 "너의 새로운 팀원들이 너의 몸개그와 바보 같은 춤을 좋아하니?"라고 묻자 그녀는 이렇게 소리쳤다. "어머! 난 이 직장에 6개월을 다니면서 단 한 번도 긴장을 푼 적이 없다고!" 페리는 사실 퇴근 후 완전히 지친 상태로 집에 오고, 직장에서 맡은 새로운 포지션에 적응하느라 애를 먹고 있었다. 그래서 몸개그를 보여줄 여유가 없었다.

다음 날 페리는 친구들의 조언대로 위험을 감수해보기로 했다. 그래서 직원들이 모인 회의실에 입장하다가 일부러 '엎어졌다'. 모두들 킥킥거렸다. "다음엔 어떻게 우리를 놀라게 하실 건가요?" 팀원들이 물었다. 사실 팀원들은 페리를 감정을 속으로 삭이는, 약간 불행한 사람으로 보고 있었다. "음, 댄스 스텝이라면 제가 좀 알죠." 페리가 재치 있게 대답했다. 분위기가 바뀌면서 웃음소리가 쏟아졌다. 방금 전 페리는 그녀 자신, 그리고 다른 사람들에게 가벼운 바보짓으로 활기 넘치는 순간을 즐기는 것을 허락한 셈이다.

제 5 부

갈등
해결하기

RESOLVE CONFLICT

심리적으로 문제가 생기면 마음이 아프고, 몸이 반항하며, 절친한 친구들조차 당신의 불평에 싫증을 내게 된다. 당신은 머릿속이 복잡해서 일을 할 수가 없다. 이제 갈등을 해소해야 할 때다.

일 역시 계획대로 되지 않을 가능성이 크다. 임무 중심의 조직에도 언제나 당장 폭발할 것 같은 오해가 존재한다. 당신이 신경을 쓰면 쓸수록 문제가 더욱 심각해 보일 수 있다. 그렇지만 당신만 그런 건 아닐 것이다.

존중과 신뢰와 관대함의 기초가 되는 것들은 모든 사람들이 호의를 갖도록 유도한다. 하지만 현실에서는 이것만으로 충분하지 않은 경우가 많다. 감정이 고조되면 일이 복잡해진다. 그래서 이번 파트에서는 호기심을 갖고 용감하게 당신의 실수나 한계에 꼬리표를 붙임으로써 해결책에 기여할 수 있게 돕는 지침을 제시하려 한다. 당신의 감정을 용감하게 공유하면 동료들과의 공통점이 드러나기 때문에, 섣불리 정면으로 맞서는 것보다 더 효과적으로 사람들을 당신 편으로 만드는 방법이 될 것이다. 이는 또한 사람들 사이의 분열을 일으키는 불필요한 추측을 없애버릴 수 있다.

깊은 인연은 갈등에도 불구하고 유지되는 것이 아니라, 갈등으로부터 형성되는 것이다. 그 차이를 극복하는 능력으로 당신은 더 많은 협력자들을 참여시키고 새로운 아이디어를 실험하면서 더 많은 것을 배울 수 있다. 이런 방식으로 당신의 지식과 인맥을 확장하는 것은 일에 의미를 부여하고 성공을 위한 준비를 더욱더 확고하게 할 수 있도록 돕는다.

당신이 이렇다면 이번 파트를 주목할 것

- 정직과 그에 수반되는 평온함을 간절히 원한다.
- 확실히 자리를 잡은 조직 내에서 새로운 계획을 시작하고 있다.
- 연봉 인상이나 새로운 기회를 요구할 때다.
- 당신이 문제라는 말을 들었다.
- 당신이 시행하는 과정과 절차가 제대로 작동하지 않는다.
- 회의와 메모가 너무 많다.
- 감정이 격앙되어 있다.
- 사람들은 자신의 진짜 생각을 말하는 것을 두려워한다.
- 파벌이 형성되어 가십거리가 늘어나고 있다.

31장

상대의 입장에서 생각하자

타인의 관점에서 받아들인다는 것

팬케이크를 아무리 납작하게 만들어도,
여전히 양면이 있다.

— 필 박사

다른 사람을 움직이기 위해서, 나는 때때로 사람을 움직여야 한다는 것을 깨달았다. 말 그대로다. 그들을 자리에서 일어나게 해서 거리로, 서로의 동네로, 사무실로, 집으로, 정원으로 데리고 가라. 어떤 사람들은 이것을 체험교육experiential education의 한 종류라 부르고, 또 다른 사람들은 행동학습action learning이라 부른다. 내가 확실히 아는 한 가지는 함께 하고, 나누고, 그냥 같이 있는 것이 관계 맺기에 관한 그 어떤 이론을 읽는 것보다 효과적이라는 사실이다. 우리는 각자 자신의 주관적인 관점으로 세상을 바라보며, 위험성이 높을 때 편향적인 시각은 더욱 두드러진다.

　모든 갈등을 해결하려면 결국 다음의 질문에 이르게 된다. '정말 중요한 게 뭐야?' 답을 혼자서 알아내기는 힘들다. 다른 사람의 입장이 되어 그 사람의 관점에서 바라보면, 한때 명백하다고 믿었던 것들이 초점을 잃고 흐릿해진다. 항상 책상 앞에서 결론을 추론할 수는 없다. 그래서 가끔은 엘리베이터나 버스를 타고, 혹은 어쩌면 비행기를 타고(여유가 된다면) 여행을 해야 할 수도 있다. 단, 이 책에서 제공한 수많은 도구를 마음속에 장착하고 떠나는 것을 잊지 마라. 기본적인 것들일수록 마음의 토대를 닦는 데 도움을 줄 것이다. 이전 장들에서의 조언은 의미 있는 대화를 불러일으킬 것이고, 다른 사람의 장소에 직접 가는 행동은 더욱 깊은 관계를 맺게 해줄 것이다.

다른 사람의 입장에서 생각한다면 그들의 문제를 해결하도록 돕고, 힘든 일에 대한 새로운 관점을 얻게 되며, 지속적인 호의를 만들어낼 수 있다.

당신이 이렇다면 주목할 것

- 모든 면에서 긍정적인 영향을 받고 싶다.
- 당신의 행동으로 의도하지 않은 결과의 대가가 클 수 있기 때문에 시야를 넓히고 싶다.
- 세상은 서로 연결되어 있으므로 그 안에서 서로의 입장 차에 대해 더 자세히 알고 싶다.

이렇게 할 것

▶ 온라인 회의를 시작할 때 모두에게 창밖으로 무엇이 보이는지 물

어보라. 이것이 당신을 그들이 있는 곳으로 이동시킨다. 대답은 한 문장으로 제한한다. 오래 걸리진 않을 테지만, 말 그대로 멀리 있는 당신의 자리를 직원의 지근거리에 '마련하는' 과정이 되어줄 것이다. 회의를 시작할 때 가벼운 질문을 던지는 것은 인간적인 대화를 이어가게 한다.

▶ 스카이프, 구글 행아웃, 줌, 페이스타임의 영상 기술로 사무실에 직접 방문하는 일의 영향력을 대체할 수는 없다. 직접 갈 수 있는 여유가 있다면 보스니아에 있는 엔지니어링 팀을 만나보라. 그들이 본사의 지시 사항을 어떻게 이해하고 실행하는지를 즉각적으로 알 수 있다. 이제 더 잘 알았을 테니, 소통하고 업무의 진행 상황을 좀 더 효과적으로 공유할 방식을 함께 정하라.

▶ 당신의 최신 제품을 코딩하는 엔지니어들이 시내 근교에서 일하고 있다고 해보자. 그들은 대개 답답할 정도로 느리고, 마감 시간을 지키지 않는다. 그들의 불성실함을 탓하기 전에 사무실에 한번 가보라(그곳이 차고라도). 시끄러운가? 추운가? 감각적인 환경이 사고 능력에 영향을 주는가? 동료들도 같은 경험이 있나? 엔지니어들은 회사에 소음 차단 헤드폰을 요청할 수 있다는 사실을 알고 있었나? 이제 당신은 당장 어떤 변화를 일으켜 도움을 줄 수 있을지를 생각해야 한다.

▶ 당신의 업무를 전달받는 사람들을 방문하라. 보안경을 제조한다면 그것을 사용하는 공장을 방문한다. 사용자를 직접 만나는 것은 새로운 목적의식을 제공한다. 주위를 둘러보라. 환경을 이해하는 것만으로도 획기적인 사실을 알아낼 수 있다. 당신은 공장 근로자

들이 아동용 장난감을 담기 위해 포장재를 재활용하고 있다는 사실은 몰랐을 것이다. 그렇다면 그 테디베어들을 시장에 내놓는 것을 도울 수 있는가? 팀을 위해 그것들을 구매할 수 있는가? 이와 관련한 공동 프로젝트를 진행하라.

▶ 당신이 공무원이라면 최근 내려진 건축 계획이 환경에 어떤 영향을 미칠지 알고 있는가? 정부 관계자들은 '물을 이동시킬' 수 있다고 무심코 말했다. 그게 무슨 뜻일까? 주민 거주지가 영향을 받을 것인가? 아니면 나무가? 수송로가? 당신이 현장에 도착하기 전까지는 문제 해결이 쉬워 보일 수도 있다. 일단 지역사회를 방문하면 지역 사람들의 불평이 무엇인지 분명해진다.

▶ 동료와 다섯 번에 걸쳐 적대적인 메일을 교환한 다음, 방금 긴장되는 두 번째 전화를 받았는가? 가만히 있지 말고 뭔가를 하라. 당신과 티격태격한 그 사람에게 물어보자. 혹시 그에게 중요한 장소에서 당신과 만날 의향이 있는지 말이다. 그곳은 그들의 사무실이 될수도 있고, 혈압을 높이는 건물 부지, 혹은 그 사람에게 기쁨을 주는 음반 가게나 악기점일 수도 있다. 어떤 선택을 하든 그 장소에서 당신은 상대방에 대해 많은 것을 배우고 더 잘 소통할 수 있을 것이다.

▶ 상대방의 영역에서 만날 때는 그들의 관심사에 대해 적극적으로 이야기할 준비를 하고 가라. 미리 알아보고 정보에 근거한 질문을 할 수 있도록 한다. 소통이 필요하다면, 상대방의 관심사를 적극 활용하라.

▶ 정해진 답이 없는 질문을 하고 예상하지 못했던 답변을 준비하라.

전문용어나 약어, 혹은 이해하지 못하는 단어의 설명을 요구하는 것을 두려워하지 마라.

▶ 상대에게 적극적으로 감탄하라. 판단하려는 충동을 버리고 그 순간을 직접 느껴본다. 그리고 잘 들어라. 그들의 이야기를 반드시 당신의 이야기와 연결시켜야 한다는 부담은 갖지 않아도 된다.

▶ 당신은 지역사회 구성원과 협력자들, 그리고 동료들을 대면할 때 그들이 있는 곳에서 만나기 위해 시간과 자원을 투자해왔다. 그 이후에는 어떻게 해야 할까? 시간을 갖고 곰곰이 생각해보라. 만약 이동을 계획하고 있다면 "그래서 어떻게 하자는 거지? 이것이 나나 회사나 더 넓은 세상을 위해 무슨 의미가 있는데?"라는 질문에 대한 대화를 나눈 후, 모든 사람들이 모일 수 있는 장소를 정한다.

명심할 것

• 누군가의 공간에 들어서면서 느끼는 흥분과 낯섦이 당신에게는 인스타그램에 올려야 할 순간처럼 참신하게 느껴질 수도 있다. 지금 당장 핸드폰을 내려놓고 회의를 진행하며 유대감을 형성하라. 그런 다음 사진을 찍어도 되는지 양해를 구하는 것이 좋다. 그 사진은 서로 소통한 순간을(당신이 그렇게 했다면) 담아낼 것이고, 그것은 허락 없이 마구잡이로 찍은 관광객 버전의 사진보다 훨씬 가치 있는 사진이 될 것이다.

• 융통성과 모험심을 가져라. 당신이 기대하지 않은 것이 당신에게 가장 많은 가르침을(또 기쁨을) 줄 수 있다.

구체적 사례

당신의 세균이 나의 세균이다!

린지 레빈은 인도에 방문했다가 놀라운 경험을 했다. 델리의 주요 도로들 중 한 곳에 있는 혼잡한 주거지를 방문한 린지는 주민들에게 몇 가지 질문을 던졌다. "하는 일이 있는가?"라고 질문하자, "급식과 음식을 나르는 일을 한다"고 말했고, "위생을 위해 무엇을 하고 있는가?"를 묻자 알아서 하고 있다고 답변했다. 마지막으로 "화장실은?"이라는 질문에는 "화장실은 전혀 없다"고 대답했다.

인도에서 보내는 한 주 동안 린지를 포함한 많은 여행자들은 '델리 설사(인도에서 감염되는 지독한 설사)'로 고생했다. 갑자기 여행자들의 극심한 불편함을 초래한 상황에 온 관심이 집중되었다. "이 사람들은 우리의 요리사지만 씻을 장소가 없어요." 그 순간 농장 관리인과 주방장, 음식 서버, 그리고 저녁 식사 사이의 관계는 완전히 새로운 의미를 지니게 되었다. 우리는 같은 물, 공기, 세균을 공유해야 했다. 그게 좋든 싫든.

델리의 주거환경을 목격하기 전까지, 왜 우리는 모든 사람들이 수돗물을 공급받는다는 편파적인 추정을 했던 것일까? 우리가 인도에서 보고, 냄새를 맡고, 대화한 경험은 서로 연결된 세계에서 개인과 기업의 책임에 대한 깊은 반성을 불러일으켰다.

책상에 있는 표로는 부족해

다른 사람의 관점을 이해하기 위해 전 세계를 돌 필요는 없다. 그보다 가끔은 사무실 복도를 걸어 다녀야 할 때가 있다. 거대한 변화를 겪고 있는 보험 회사의 관리자로 임명된 보험계리사 카라는 사람들 앞에서 자랑스럽게 선보일 목표 달성 예측 프로그램을 개발하기 위해 오랜 시간을 들였다.

그녀의 프레젠테이션을 들을 청중 중에는 조직에서 가장 성과가 높은 에반이 있었다. 유명한 '슈퍼스타'인 그는 카라(그가 한 번도 시간을 내어 만난 적이 없는 사람)가 자신의 사업부 리스크를 다시 분석했다는 것을 알고 격분했는데, 그것은 목표를 수정하거나 놓친다는 것을 의미했기 때문이다. 그렇게 된다면 최악의 경우 보너스는 없을 것이고 보상은 줄어들 것이다.

화가 난 이반은 발표 자리에서 그녀에게 질문을 퍼붓고 계산을 대체할 것을 제안하며 직접적인 행동에 나섰다. CEO는 에반의 공격을 새로운 체계를 위태롭게 하는 것으로 받아들였다. 그리고 에반에게 경고했다. "네 행동을 바꾸지 않을 거면 새로운 직업을 찾아야 할 거야."

결국 에반은 리스닝 투어(회사 전체를 돌면서 의견을 듣는 것)에 나서서, 그의 팀이 새로운 절차를 어떻게 활용할 수 있는지에 대한 구체적인 과정을 끈기 있게 경청했다. 마침내 에반은 카라에게 가르침을 받고 싶다는 요청을 했고, 함께 일하면서 그녀의 다양한 능력을 알게됐다. 에반은 사과했고, 카라와 에반은 좋은 파트너가 되었다.

32장

동료의 감정을 읽어보자

감정은 소통과 성공의 열쇠다

일하는 사람의 동력은 두 개의 도로 위를 달린다. 사무실을 서로 연결하는 복도들은 각 지역 주요 도로의 수많은 정지 신호와 집중을 방해하는 요인, 그리고 잠재적 지연 요인과 비슷하게 기능한다. 이것을 인식의 통로라고 해보자. 그 길은 당신이 가장 친숙하게 느낄 것이다. 당신은 메모나 회의, 공식 프레젠테이션, 휴게실에서의 수다와 같은 눈에 잘 띄는 표지판을 통해 자신의 위치를 알고 적응할 수 있다.

다른 길도 있는데, 그 길은 더 빠르지만 들어가기가 벅차다. 그곳으로 가려면 혼란스러운 장애물을 뚫고 들어가 기어 변속을 하고 이동에 노력을 쏟아야 한다. 하지만 일단 접근하기만 하면 새로운 프로젝트에 들어갈 충분한 연료가 있기 때문에, 교통이 원활해지다가 갑자기 목적지에 도달할 여러 개의 연결 통로와 만나게 될 것이다. 이것이 바로 감정 고속도로다.

내가 지난 30년 동안 기업 컨설팅을 하며 배운 것은 이렇다. 손쉽게 볼 수 있는 것만을 보고 판단하는 것은 편하지만 주로 비효율적이라는 것이다. 잠시 달리기를 쉬고 기분(당신과 그들의)에 주의를 집중하는 능력은 평범한 사람과 뛰어난 사람의 차이를 드러낸다. 잠시 멈춰서 방 안의 긴장감이나 동료들의 걱정스러운 표정, 과도한 기대감, 또는 무심한 시선을 느끼고 반응하려 노력해보라. 이것이 조직 운영에 가장 필요한 필수적인 데이터를 포착하는 핵심이다. 대부분의 회사에서 직원들은 무엇이 그들에게 동기부여를 주거나 생산성을 떨어뜨리는지, 혹은 바보같이 겁먹게 만드는지 분명하게 표현하지 않고 입을 꾹 다문다. 이런 상황에서 동료들의 감정적인 신호(그다지 감추고 있지 않은)를 해석하는(그리고 반응하는) 능력이 있는 사람은 경쟁에서 유리할 수밖에 없다.

대인관계의 요령을 높이기 위해 이러한 심리적인 해킹을 시도해보라. 그것은 절대 실패하는 일이 없는, 아주 간단한 비밀이다. 그리고 그것은 당신의 마음을 조사 도구로 이용할 필요가 있다고 말한다. 나는 이것을 '감정 거울 확인하기'라고 부른다. 먼저 당신이 느낀다면 그들도 느낄 것이라는 가설에서 시작하라. 새로운 기회나 다루기 힘든 갈등에 맞닥뜨릴 때나 익숙하지 않은 협력자와 대면할 때는 다음과 같이 해보자.

1. 1분에서 어쩌면 3분까지, 숨을 깊게 들이마시고 당신의 기분에

조금씩 다가간다. 당신은 지금 불편한가(또는 흥분되는가)? 어떤 부정적인 결과가 두려운가? 이번 업무의 성공이 왜 그렇게 중요한가? 계속하라. 현재 상황에 의해 도전받고 있는 가장 중요한 신념이 있는가? 신경이 날카롭거나, 불안감이 당신을 괴롭히고 있는가? 뭔가 '잘못된' 것이 있나? 사무실 공기가 '수상'한가? 다른 차원의 생각을 해보자. 실속 없이 겉만 번드르르한 당신의 일에 대해 동료에게 조심스럽게라도 터놓을 수 있는지 생각해보고, 그렇다면 무엇이 당신을 부글부글 끓게 하는지 표현할 말을 찾아라. 우리의 몸속이 신경수용체로 채워져 있다는 사실을 기억한다. 때때로 뇌는 우리를 실망시키지만, 몸은 거짓말을 하지 않는다. 속은 편한가? 이를 악물고 있나? 허리가 아픈가? 직접 경험한 것을 말하도록 노력한다.

2. 당신의 주변 환경을 스캔하라. 또 누가 당신과 같은 느낌(긍정적이거나 부정적인)을 공유하고 있을까?

3. 전략적으로 취약한 부분을 보완하라. 당신이 무엇을 완성해야 하는지가 아니라 그 일이 당신에게 어떤 영향을 미치는지에 대한 대화를 동료들과 시작한다. 당신이 걱정하거나 기뻐하는 일에 라벨을 붙이고, 동료들이 그들의 경험에 비추어 반응하고 공유할 수 있는 여지를 많이 남긴다. 그 일이 그들에게 어떤 영향을 미치고 있는가? 만약 그들이 당신에게 왜 지금 이런 질문을 하는지 묻는다면 사실대로 말하라. 당신의 감정적인 레이더가 이제 작동했고, 그것이 동료들의 입장에서 어떤 불편함(혹은 행복한 기대감)을 알리는 것일 수도 있다고 생각했다고. 이런 방식

·····
239

으로 소통한다면 당신은 인간적인 동료로서 당신의 동료와 직속 부하직원, 파트너가 당신과 함께 초고속도로를 타고 이동할 수 있게 허락하는 셈이다.

당신과 다른 사람 사이에 긴장감이 있을 때

당신이 화가났다면 아마도 당신과 일하는 동료 역시 몹시 화가 났을 것이다. 동료는 침착해 보이지만, 당신에게 필요한 정보를 적절한 때에 전달하지 않고 아무런 말도 하지 않아 속을 썩일 것이다. 당신은 그런 건방진 생명체가 대체 왜 불만을 가진 건지 짐작할 수도 없다. 하지만 당신이 이런 파트너십을 이어가야만 한다면 동료에게 더 열심히 하라고 요구하기보다, 그의 경험에 대해 물으며 진심으로 조언을 구하라. 그 대화는 양쪽 모두를 고통에서 벗어나게 해주고, 전에 몰랐던 새로운 차원의 이해를 만들어낼 수도 있다. 또한 협업의 속도도 빨라질 가능성이 높다.

만약 직속 부하직원 때문에 자신감이 떨어졌다는 느낌이 들면, 방어적 태도는 던져버리고, 스스로를 돌아보라. 당신 또한 동료들이 스스로를 초라하게 느끼도록 만들지는 않았는지 생각해보자. 동료들이 당신을 무례하다고 느끼는가? 다른 사람들이 당신에게서 존중받는다고 느끼는 것이 정말 확실한가? 직접 당사자에게 물어야 진실을 알 수 있다.

당신이 이렇다면 주목할 것

• 동료들은 분명 무슨 생각을 하고 있지만 당신은 전혀 모르고 알려고 노력하지도 않기 때문에, 이제 더 이상 그들을 신경 쓰지 않는 거나 마찬가지다.
• 긴장감이 고조되고 있기에 새로운 전략을 시도하려고 한다.
• 그동안 부서 내에 엄청나게 많은 변화가 있었지만 아무도 "잘 지내니?"라고 당신에게 묻지 않는다.

이렇게 할 것

▶ 감정을 스캔하라. 무엇 때문에 발걸음이 경쾌한가? 혹은 이 프로젝트가 왜 그렇게 지겨운가? 왜 갑자기 사무실에 들어가기 두려운가? 옆에 앉은 동료에게 당신의 경험을 자세히 이야기할 수 있는지 생각해보라. 큰 행사를 앞두고 기분이 가라앉는가? 혼란스러운 내면을 표출하면서 회의를 시작하는 것을 두려워하지 마라. 모인 사람들 중 누가 당신과 비슷한 기분을 느끼는지 질문해보자. 당신의 '존재'를 솔직하게 내보이는 일은 심지어 가장 위협적인 관리자조차 훨씬 더 접근하기 편한 대상으로 만들어준다. 당신이 더 '우리들 중의 한 명'처럼 보일수록, 직원들은 당신과 완벽하지 않은 상태를 공유하는 것을 두려워하지 않게 된다. 이것이 바로 당신이 필요한 정보를 얻는 방법이다!
▶ 성과 평가와 프로젝트 개시 기간 동안, 특히 가장 기분이 좋을 때

당신이 동료들에게 어떤 감정을 떠올리게 하는지(또 그 이유는 무엇인지) 묻는다. 그들의 귀중한 대답을 듣고 참고하여 더 나은 사람이 될 수 있도록 하라.

▶ 확인 절차로 회의를 시작하라. 워크숍이나 전략 회의에서 참석자들이 어떻게 느끼는지 묻는 것은 많은 기업 문화에 역행하는 것처럼 보일 수 있지만, 오히려 정말로 그 공간을 따뜻한 분위기로 만들어준다. 당신이 모임을 주도하고 있다면 감정을 중심에 놓는 것이 얼마나 중요한지 본보기를 보일 좋은 기회다. 이야기를 나누거나, 혹은 단순히 당신의 마음에 있거나 직감적으로 떠오르는 것을 언급하라(마음에 걸리는 일을 제대로 시작하기 전에). 흔히 이는 다양한 관점을 종합하기 위해 시도하는 것이지만, 서로 다른 위치에서 시작한다면 토론이 원활하지 않을 가능성이 높다. 그러니 역할과 직위는 잠시 내려놓은 채 핵심을 파고들어라.

▶ '내가 이 사람에게 느끼는 감정은 어느 정도로 진실일까?'라고 스스로에게 물어라. 이러한 확인 과정은 억측에 기반한 판단을 없애고 공감을 형성하며, 특히 다른 배경을 가진 사람들과 함께 일할 때 진정한 유대감을 쌓는 훌륭한 방법이다. 새로운 협력자와 관계를 빨리 형성하고 싶다면 팀원들을 초대하여 둘씩 짝을 지어 순서를 정해 발언하도록 해보자. 그리고 그중 한 사람에게 자신의 분야에서 경력을 인정받은 결정적인 순간의 이야기를 들려달라고 하라. 말하는 사람의 어떤 점이 칭찬받을 만했는지 주목하면서 칭찬의 말을 건네자. 그런 다음 듣는 사람에게 이런 자질을 어떻게 가질 수 있을지 생각해보게 한다. 한번 해보라. 정말 강력한 배움의

효과를 확인할 수 있다.

명심할 것

- 당신의 반응이 항상 다른 사람의 반응과 같다고 가정하지 마라. 당신의 추측이 맞는지 확인해봐야 한다!
- 폭넓은 시야를 가져라. 주변에 당신과 같은 감정을 느끼는 사람이 누가 있는지 알아볼 때에는 반드시 회사에 있는 모든 직급의 사람들을 고려하라.
- 스스로의 감정에 더 투명해지는 것이 목표지만, 이것이 당신이 자체 검열도 하지 않고 모든 감정을 내보여도 좋다는 의미는 아니다.
- 모인 사람들의 마음을 읽어라. 그들이 문밖으로 달려 나가려는 순간에 토론을 더 하자고 강요하지 마라. 그럴 땐 서로 편한 날짜를 다시 정하는 게 옳다.

구체적 사례
· · · · ·

관리자도 인정받길 원한다

"그녀는 내가 회사를 위해 하는 일을 알려고 하지 않아. 날 신경 쓰지 않는다니까. 난 그동안 그녀에게 너무 헌신적이었어!" 일본 지사에서 근무하는 인사 담당자인 니카가 소리쳤다. 두 달 전 니카는 후임자를 성공적으로 채용하고 교육한 후 전근 신청을 했다. 이 절차는 니카가 본사에 있는 상사인 루스로부터 "새로운 역할에 얼마나 전념하고 있나?"라는 내용의 쪽지를 받았을 때 이미 진행되고 있었다. 그 질문은 니카를 극도로 화나게 만들었다. 도대체 어떻게 루스가 나를 의심스러운 존재로 볼 수 있지? 회사가 날 밀어내려고 소송 증거를 수집하는 건가? 대화가 계속 이어지면서 니카는 격분해 루스의 질문에 더 이상 대답하지 않았다고 내게 털어놨다. 니카는 루스로부터 회사에 헌신하며 향후 3년간 아시아에서 거주할 의향이 있는지에 대한 확답을 포함한 다른 전근 사례를 제출해달라는 요청을 받았다. 루스는 니카를 대신해 지사를 관리하기 위해 이 정보가 필요했다.

한편, 지구 반대편의 본사에 앉아 루스는 곰곰이 생각했다. '난 니카를 위해 많은 것을 해줬어. 그녀는 날 신경 쓰지 않나? 왜 니카는 내가 부탁한 정보를 제공하지 않는 거지?' 루스는 니카에게서 무례함을 느꼈다. '니카는 내가 자신을 얼마나 헌신적으로 대해줬는지 모르는 건가?'

나는 니카에게 루스의 질문이 긍정적인 관점에서, 그러니까 니카를 의심하는 것이 아니라 도우려는 노력에서 비롯된 것은 아닐지, 힘들겠지만 생각해보라고 권유했다. 니카는 루스가 자신의 성장을 위해 조용히 지원해왔다는 사실을 전혀 알아채지 못했다는 것을 알았다. 그래서 루스 또한 자신이 평가절하되고 있다고 느낄지도 모른다는 것을 깨달았다. 니카의 태도는 의심에서 감사로 바뀌었다. 니카는 루스에게 전화를 걸어 그녀의 놀라운 지원에 감사를 표현하고 회사의 목표에 기여하기 위해 필요한 일을 하고 싶다는 바람을 확실히 전했다. 루스는 니카가 자신의 노력을 알아준 것에 감사했으며, 니카의 전근 계획과 준비 사항을 듣고 안도했다. 그렇게 둘 사이의 긴장감이 깨지면서 모든 계획이 순조롭게 진행되었다.

33장

사과하자

단, 이유를 정당화하거나 설명하지 않는다

화를 붙들고 있는 것은
독약을 마시고 상대가 죽기를 기대하는 것과 같다.

— 붓다

최근에 사과한 적이 있는가? 없다고? 그러면 뭔가 잘못됐다. 재빨리 당신의 맥박을 재보길 바란다! 심장이 멈춰 있을지도 모른다. 물론 당신은 자기 견해를 너무 심하게 주장했거나, 지름길을 택했는데 역효과를 냈거나, 동료들을 화나게 했던 것 때문에 엄청나게 신경을 썼을 것이 분명하다. 하지만 주기적으로 사과할 부분이 있는지 살피지 않으면 동료들과의 권태기를 감수해야 하고, 관계 혁신의 기회를 놓칠 수 있으며, 회사 생활이 극도로 따분해질 수 있다.

당신이 사장이거나 회사의 자금줄, 혹은 최근 가장 총애 받는 직원이라면 마음대로 행동해도 조직에서 그냥 넘어가거나 비교적 가벼운 벌만 받을 거라고 생각할 수 있다. 하지만 진짜 무서운 판결을 내리는 여론재판소는 결국 당신에게 벌을 내릴 것이다. 실수를 하는 것은 문제가 아니다. 당신의 행동이 다른 사람들에게 부정적인 영향을 미칠 때 사과를 하지 않는다면, 바로 그때 문제가 발생한다. 때때로 우리는 무심코 다른 사람을 다치게 하거나 깎아내린다. 그 사실을 알게 되면 당황스럽지만, 그 순간에는 사라져가는 마법의 물약을 꿀꺽꿀꺽 마셔야 할 것 같은 엄청난 유혹이 존재한다. 아무도 당신의 나쁜 행동을 알아채거나 언급하지 않는다면, 모두는 어쩌면 그런 일이 없었던 것처럼 행동할지도 모른다. 하지만 그것은 잘못됐다. 부적절한 행동을 저지른 어쩔 수 없는 이유가 있다면 괜찮을까? 아니, 그것도 사과하지 않을 이유가 될 수는 없다.

사람들은 직장에서 화가 난다. 그것은 피할 수 없다. 나는 화를 감정의 기본이라 여긴다. 화는 다른 많은 직업적 감정 상태의 가장 밑바탕에 있다. 수치, 배신, 배척(또는 애정)은 모두 화를 부른다. 우리 안에 끓어오르는 화가 없으면 행동이 약해진다. 기능적 자기 공명 영상fMRI 기술을 이용한 연구는 얼굴 근육의 활성화, 피부 온도, 팔다리 활동을 바탕으로 높아진 생리적 감각을 시각화해서 감정을 볼 수 있게 해준다. 행복, 사랑, 그리고 화는 모두 비슷한 빛을 낸다. 이런 것들을 '접근의 감정'이라 부른다. 즉, 우리가 누군가를 사랑할 때 그들이 우리를 행복하게 해주거나, 혹은 우리가 화가 나서 누군가를 잡으려 힘쓴다면, 이것은 우리는 누군가 또는 무언가를 향해 움직인다는 의미다.

생리학적으로 화는 긍정적인 감정과 유사하다. 신경 쓰지 않는다면 관여하지도 않고, 얼굴에서 빛이 나지도 않는다. 사람들이 일에 열정적이기를 바란다면 일에서 격렬하게 달아오르는 분노를 찾기를 기대하라. 화는 부당한 비난을 받게 하고 더 나아가 학대나 가차 없는 부정으로 이어질 수도 있지만, 어느 정도는 존중해주자. 당신이 동료들을 화나게 하거나 과도한 좌절감의 표현으로 나쁜 영향력을 퍼뜨릴 때 모든 것이 괜찮은 척 하지 마라.

인간이 실수하는 빈도를 고려할 때, 당신은 실수의 당사자가 용서를 구하고 스스로 인정하도록 하는 것이 더 낫다고 생각할 것이다. 우리가 일을 망쳤을 때 책임을 지는 게 그렇게 쉽기만 하면 좋을 텐데 현실은 그렇지 않다. 비록 당신의 실수로 주의를 돌리는 것이 당장 당신의 평판을 손상시킬 수도 있지만, 장기적으로는 팀의 신뢰와 실적이 향상되는 경우가 많다. 『굿 보스 배드 보스』의 저자인 스탠퍼드 경영대학의 로버트 서튼Robert Sutton 교수는 가장 먼저 해야 할 일은 실수를 과장하는 것이 아니라 책임을 충분히 지는 것이라 말한다. 자신의 책임을 수긍하는 것은 주도권을 잡는 형태다. 당신의 사과로 자극받은 대화는 종종 관계를 단단하게 만드는 결과로 이어진다.

당신이 실수를 털어놓는 일은 다른 사람들도 자신들의 실수에 대해 고백할 용기를 준다. 고백하는 것을 두려워하는 직원들은 공개적으로 말했더라면 해결될 수 있었던 문제를 숨긴다. 만약 당신이 실패에 대해 솔직하게 이야기한다면, 동료들로부터 중요한 진실을 직접 듣게 될 가능성이 더 크다.

사과를 할 때에는 겸손이 드러나야 하며 가능하면 직접 마주보고 전해야 한다. 이메일이 구미가 당기는 대안이 될 수도 있지만, 그 사람의 눈을 볼 수 없다면 최소한 전화라도 걸어라. "미안하다" 또는 "사과한다"는 말을 하며 정확히 무엇을 사과하고 있는지 명확하고 간결하게 표현하는 것이 중요하다. 어색함을 참아라. 불완전하거나 불성실한 노력은 역효과를 불러올 수 있다. 앞으로 실수를 피하기 위해 어떻게 할 것인지 제의하고, 보상 방법을 제안하고, 그런 다음 편안히 앉아서 필요하면 상대가 솔직한 감정을 표출할 수 있도록 하라. 잘못을 저지른 사람은 변명하지 않아야 한다. 방해하거나 논쟁하거나 부인하거나 바로잡지도 마라. 상대가 당신에 대한 비판과 불평을 쏟아내는 것을 참아라. 심지어 상대의 잘못이 크고 당신의 잘못이 작아도 당신이 잘못한 부분을 사과하라. 귀를 기울여 뜻밖의 사실을 알게 될 준비를 하라. 예를 들어, 당신은 당신이 저지른 또 다른 실수가 당신이 사과했던 실수보다 훨씬 더 많다는 것을 알게 될 수도 있다!

당신이 이렇다면 주목할 것

- 당신은 인간이다. 설령 로봇이라도, "미안하다"는 말은 배워야 한다.
- 분위기가 심상치 않고 숨을 곳도 없지만, 당신은 모든 것이 괜찮은 척하고 싶다.
- 누군가를 피하기 위해 먼 길로 돌아가는 자신을 발견한다.
- 어쩌면, 정말 어쩌면 내가 뭔가 잘못했을 수 있다는 생각이 든다.

이렇게 할 것

▶ 당신이 무시했던 동료에게 직접 만나자는 제안을 해라. 그러면서

'이 사람은 나를 위해 일한다'는 핑계거리를 달지 마라.

▶ 잘못을 인정하는 재미를 찾아라.

▶ 필요한 것만 말하고 지나치게 장황한 사과는 피하라. 가장 좋은 사과는 짧고, 이미 벌어진 일을 원상태로 돌리려는 설명을 포함하지 않는 것이다.

▶ 상대가 감정을 표현할 수 있게 여지를 남기고 그 이야기를 집중해서 듣는 것을 잊지 마라.

▶ 일단 유감의 뜻을 표현했다면 지나간 일을 과거에 묻어두고 앞으로 나아가라. 우리는 모두 실수할 수 있는 존재다. 그러니 계속해서 자책할 필요는 없다.

▶ 사과의 의미로 꽃과 같은 선물을 주려 하지 마라. 오해를 받거나 지나치게 개인적인 제스처로 비칠 수 있다. 가장 좋은 사과는 실수가 당신 잘못이며, 그것에 대해 후회한다는 진심어린 표현이다.

▶ 당신이 한 일과 다른 사람들이 당신의 행동에 어떤 영향을 받았는지에 집중하라. "당신이 그렇게 느끼다니 유감이야"처럼 말하는 것을 피하라. 다른 사람들의 반응을 탓하는 것은 문제의 책임을 그들에게 떠넘기고 '미안해'를 '전혀 미안하지 않아'로 바꾸는 행위다.

▶ 미안하다는 말을 하는 데 늦은 때란 없다. 하지만 당신의 잘못을 가능하면 신속하고 명확하게 인정하는 것이 더 좋다.

명심할 것

- 자신에 대한 화와 다른 사람에 대한 불만은 자주 동시에 찾아온다. 우리는 비현실적인 기준으로 스스로를 판단할 때 이런 식으로 내적 고통을 가한다. "나는 그녀를 믿지 말았어야 했어." "그런 일이 생길 줄 알았어야 했는데." 당신이 지닌 분노의 근원을 확인해 보라. 당신 내면의 악마를 진정시키는 것은 당신의 옆 책상에 앉아 있는 무고한 사람을 공격하는 것을 막아준다.
- 실수를 인정하기도 어렵지만 때로는 사과를 받아들이기가 더 힘들다. 상황이 바뀔 때 그 사람이 후회하는 마음을 표현하면 주의 깊게 듣고, 사과의 뜻을 전하려는 그들의 노력에 감사를 전하라.

구체적 사례
·····

그가 원한 건 결국 사과다

법무법인 지역 사무소의 공동 대표이자 친한 친구 사이인 추와 안드레는 이번에 승진 대상에 오르지 못했다. 화가 난 추는 작년 성과의 많은 부분이 자신의 공로였다며 그만두겠다고 협박했고, 이후 승진 제의를 받았다. 한편 안드레는, 그의 표현에 따르면 '제정신이 아니었다'. 안드레의 분노를 목격한 추는 태도를 바꿔 상사에게 1년을 더 기다려 안드레와 함께 승진하겠다고 말했다. 그러나 안드레는 추와 일하기를 거부했다. 전쟁 중인 두 관리자가 부하직원들을 반으로 나눠 경영하는 것은 현실적으로 불가능하기 때문에, 사무실이 제대로 돌아가려면 추와 안드레가 단절된 관계를 회복하는 것이 급선무였다.

두 사람 모두 갈등의 책임을 지는 것이 약점을 드러내는 것이라 생각해서 상대가 먼저 "미안하다"고 말하기를 기다렸다. 안드레는 추에게 배신감을 느꼈지만 자신의 행동에도 변명의 여지가 없다는 것을 인정하면서 서먹한 관계를 끝내려고 했다. 긴장감이 시들해지고 있었고, 안드레는 추를 그리워하며 화해를 향한 첫걸음을 내디뎠다. 결국 안드레의 사과로 둘 사이의 긴장이 풀렸다. 그것은 두 사람 사이에 절실히 필요했던 대화의 끝이 아니라, 시작이었다.

다시 시작

경은 주요 부동산 회사의 인재 채용을 감독한다. 아델은 유명한 헤드헌팅 회사의 대표이며 경의 회사에 적합한 지원자를 소개해왔다. 아주 다른 환경에 있는 두 동료는 비즈니스 관계 이상의 절친한 친구 사이였다. 그러던 어느 날 경은 새로운 건설부장을 고용하고 아델에게 수수료를 지불하지 않으려 했다. 아델은 격분했다. 사실 몇 년 전, 아델이 경에게 그 지원자를 소개했기 때문이었다. 하지만 경의 생각으로는 그 인연은 아주 오래 전 일이었고, 따로 계약도 없었다. 게다가 최근 몇 달간 그 지원자는 경에게 직접 접근했기 때문에 아델과 무관하다고 판단했다. 아델은 다른 사람들 앞에서 큰 소리로 불쾌함을 내비쳤고, 경이 수수료를 강탈했다는 생각이 확고했다. 경 역시 다시는 아델과 일하지 않겠다고 말했다.

6개월이 지나고 아델은 경이 힘든 시기를 겪고 있다는 소식을 듣고 전화를 걸어 이렇게 말했다. "미안해. 난 우리 관계가 소원해지는 걸 원하지 않아. 내가 공개적으로 그렇게 심한 반응을 보이지 말았어야 했어. 우리가 서로 수수료에 관해 합의를 하지 못한 건 실망스럽지만 우리 관계는 내게 정말 중요해. 여기 내가 널 도울 수 있는 몇 가지 아이디어가 있어." 경은 아델의 사과를 흔쾌히 받아들였고 다음과 같이 화답했다. "당시 나는 비용을 줄여야 한다는 압박에 시달렸어. 너에게 수수료의 일부라도 지불했어야 했는데." 그들은 점심을 먹으러 가서 둘 다 얼마나 냉정했는지(하지만 속으로는 얼마나 따뜻했는지)에 대한 이야기를 나누며 환하게 웃었다. 경과 아델은 이후 팀원들에게 자랑스럽게 자신들의 이야기를 들려주었다. 교훈은 뭘까? 세게 밀 때는 밀되, 언제 충분히 사과하고 보상해야 하는지 알아야 한다는 것이다.

34장

완벽한 이해는 어렵다

새로운 아이디어를 받아들이지 못할 수도 있다

모든 사회는 살아 있는 순응주의자들과 죽은 문제아들을 기린다.

— 미뇽 머클로플린Mignon Mclaughlin

오늘날 수많은 스타트업과 다국적 기업은 산업 내에서 강한 혁신과 분산을 통한 효율화를 꾀하지만, 대부분은 그것을 지독하게도 잘하지 못한다. 한 조사보고서에 따르면 가장 성공적인 해결책은 내부자들이 아닌 조직 바깥의 사람들로부터 나온다고 한다. 그 이유는 내부자들은 '직업적 왜곡'을 하기 쉬워서 자신의 전문분야를 보는 관점으로 정보를 평가하는 경향이 있기 때문이다. 당신이 특정한 분야의 통찰력 있는 지식을 가지고 있어서 한 기업의 '내부자'로 고용된다면 어떻게 해야 할까? 거품을 터뜨리고 환상을 깨야 한다.

연구에 따르면 사내기업가들이 기울이는 노력의 70~90퍼센트 정도는 실패하는데, 이는 사내에서 이러한 노력의 대부분을 조직의 미래를 위한 중요한 혁신이라기보다 필요한 활동에 대한 부가적 산물로 취급하기 때문이다. 따라서 적절한 수준의 인력 배치와 시간 및 자금 지원은 거부되기 일쑤다. 심지어 성공한 사내기업가들조차 내부에서 온전한 자리를 만들기 위해 안간힘을 써야 한다. 이런 이유로 사내기업가들은 조직의 리더십이 정보에 입각한 선택을 할 준비가 되어 있지 않다고 느낄 수 있으므로, 불필요하게 지연되는 결정이 있는지 늘 경영진을 주시하고 대응해야 한다.

예를 들어 내 고객 중 한 명인 케이블TV회사 영업부 임원인 호세는 입사하자마자 수백만 달러를 벌어들이는 광고의 주수입원이 무엇인지 파헤치기 시작했다. 그는 셋톱박스(쌍방향 디지털 방송용 송수신장비로, 소비자가 어떤 채널을 시청하는지 추적할 수 있다 – 옮긴이)의 데이터를 뽑아내 더 적은 비용으로 더 많은 회사의 광고를 송출할 수 있는 '자체 주소를 가진 광고'를 만들었다. 마케터들은 이를 통해 소비자의 광고 수신 형태를 파악하고, 각 제품에 알맞은 타깃 소비자층을 선별해 홍보할 수 있었다.

호세의 아이디어는 꽤 많은 수익을 벌어들였고 그의 팀도 실력을 인정받았지만, 상부 보고 라인은 계속해서 바뀌었다. 판매 수익 증대를 이끈 가장 큰 요인은 제품인가, 마케팅 부서의 실력인가? 호세는 이 일에서 얼마만큼의 수익을 배분받게 될까? 새로운 형태의 사업이었던 만큼, 전례가 없는 일이라 명확한 기준도 없었다. 결국 호세는 상사에게 수익을 어떻게 배분해야 하는지, 본인의 생각을 전했다. 하지만 호세의 프로젝트는 곧 사생활 보호법의 규제를 받기 시작했다. 혁신적 프로젝트에 제동이 걸리자 호세는 규제 완화에 대한 논의를 진행하기 위해 워싱턴으로 향했다.

나의 또 다른 고객인 은행 임원 파울로는 금융업계의 '파괴적인 기술'을 뒷받침할 투자기금을 설립하라는 지시를 받고 다국적 보험회사에 합류했다. 하지만 경영진은 이를 기술이나 초기 단계의 투자가 아닌 새로운 보험상품의 개발로 이해했다. 파울로는 자신이 맡은 일을 추진할 때 필요한 신속한 의사결정이 보험사의 문화와 상충되자 괴로워했다. 이 때문에 놓친 거래 건수도 어마어마했다.

호세와 파울로는 각각 실현 가능한 강한 비전을 가지고 있었다. 다만 그들이 목표를 달성하기 위해서는 모기업의 안전망이 필요했다. 그러나 특별히 할당되는 자원 같은 건 없었다. 아무런 도움도 받지 못한 두 남자는 기존의 직원 풀에서 자신과 함께 일할 재능 있는 직원을 뽑기 위해 동분서주해야 했고, 이에 다른 관리자들은 그들을 최고의 직원을 빼갈지도 모를 위협적인 존재로 봤다. 게다가 아무도 회사 내의 어떤 회의에 참석해야 하는지 알려주지 않았다. 자신들의 캠페인을 알리기 위해 언론 홍보를 시도하려 했지만 이마저도 무산되었다.

나는 호세나 파울로 같은 사람들을 많이 만났다. 이 두 사람은 그 누구보다 밝은 눈으로 미래를 내다보고 변화를 주도할 수 있는 능력을 가진 인재들이었다. 하지만 이런 능력은 그들을 가장 큰 고통스러운 상황에 빠뜨리기도 했다. 무언의 원칙에 따라 모기업은 사내기업가들이 성장하는 것을 두고볼 생각이 없었고, 따라서 이들의 아이디어를 인정하거나 적절하게 평가하지 않았다.

이처럼 시스템은 누군가의 아이디어를 재빨리 받아들일 만큼 유연하지 않다. 그럼에도 사내기업가로서 성공하고 싶다면, 외로운 순간이 많을 거라는 사실을 인정하면서 다른 인재들을 당신의 프로젝트에 합류시키기 위해 할 수 있는 모든 노력을 기울여야 한다. 매일 기운 빠지는 일이 반복되는 상황에서도 에너지와 확신을 유지하기 위해서는, 자신이 느끼는 부당함이 개인적인 공격이 아닌 성장 과정의 일부분임을 기억하는 것이 매우 중요하다. 나는 호세와 파울로 같은 내담자들을 만날 때마다 이해받지 못하는 것에(또는 제대로 관리되지 않는 것에) 기뻐하라고 조언한다. 이것은 당신이 그레이 존(각자의 역할 사이에 있는 아무도 소유하지 않은 공간)에서 매우 잘하고 있다는 것을 의미하기 때문이다.

당신이 이렇다면 주목할 것

- 당신의 훌륭한 아이디어를 현실화하려면 조직의 지원과 인프라가 필요하다. 당신은 더 많은 지원을 필요로하지만 어떻게 도움을 요청해야 하는지를 잘 알지 못한다.
- 불안해서 다리를 떤다. 현재의 방식은 당신이 생각했던 방식이 아닌 것 같다는 생각이 들기 때문이다.
- 당신은 동료들 대부분의 레이더에 절대 걸려들지 않을 문제를 해결하고 있다.
- 당신의 성과를 평가할 측정 기준이나 보상 방식이 없다.
- 누가 당신의 감독자가 되어야 하는지, 심지어 당신이 어떤 부서에 속해야 하는지도 명확하지 않다.

이렇게 할 것

▶ 사람들을 방해자가 아닌 후원자로 만들어라. 그러기 위해서는 잠재적 비평가들의 자존심을 관리한다. 동료들에게 당신의 프로젝트 진행 상황을 계속 알려주고 그들의 전문지식을 구하라. 또한 당신을 깎아내리는 사람들에게는 미래를 내다볼 수 있는 망원경을 제공하고, 그들이 가진 장점을 적용할 수 있는 새로운 방법을 보여주면서 그들의 두려움을 달래준다. 거대한 문 안으로 들어가는 시도가 몇 번이나 실패하더라도 좌절하지 마라. 주변 동료들의 재능이 당신의 계획에 어떻게 기여할 수 있는지를 알아보려면 몇 가지 다른 시도를 해봐야 할 것이다.

▶ 당신의 아이디어를 홍보하는 데 도움이 되는 중요한 정보를 표시하고 관련 전문 용어를 알려줘서, 잠재적 후원자들이 똑똑해 보이도록(앞서가는 사고를 하도록) 도와라.

▶ 동료들이 당신의 계획이 지닌 가치를 평가할 수 있는 틀을 제공하라. 그들의 일과 관련된 사례를 들어 간단하게 만들면 좋다.

▶ 다른 사람들에게 인내심을 가져라. 사람들이 당신이 제시하는 새로운 개념에 익숙해지도록 하라. 천천히 말하고, 전문 용어를 피하며, 정보를 가능한 명확하게 제시하라. 이를 위해서 복잡하거나 새로운 아이디어 중 설명해야 할 부분을 미리 정리해서 가장 쉬운 방법으로 전달할 방법을 찾는 것이 좋다. 집에서 발표를 연습해 보되, 만약 당신의 10대 자녀가 당신이 전달하고자 하는 메시지를 이해하지 못한다면 다시 다듬어야 한다.

▶ 보호받을 때 편안하게 있어라. 당신의 아이디어가 시작부터 인정 받는다면, 누군가는 과대평가라고 생각할 수도 있다. 아이디어가 갑자기 전사적으로 주목을 받게 되면, 시스템은 면역력을 발휘해 그것을 사장시키려 할 수도 있다.

▶ 회사 외부에서 지지해줄 사람을 찾아라. 설령 당신의 전문 분야가 아니더라도 다른 혁신가들과 함께 컨퍼런스에 참석하라.

▶ 당신이 이해받지 못할 수도 있다는 사실을 받아들여라. 이것은 포기를 의미하는 것이 아니다. 당신은 언젠가 스스로를 향해 미소를 짓게 될 것이다. 왜냐고? 당신의 계획이 회사의 핵심 사업이 되자마자 당신은 다음 주제를 찾을 것임을 알기 때문이다.

명심할 것

• 진정으로 모두가 발전하기 위해서는 '우리' 내에서 차이를 조성해야 할 때가 있다.

• 때때로 회사 외부 사람들과의 관계가 상당히 중요하다는 것을 알게 될 것이다.

구체적 사례
· · · · ·

내부 브랜드를 만들어라

2005년, 리사 셔먼과 크리스틴 프랭크는 미디어 기업 바이어컴

Viacom에서 미국 최초로 광고 후원사가 있는 성소수자LGBT 중심 민영 TV채널인 로고Logo의 개국을 공동으로 이끌었다. 그들은 단순한 엔터테인먼트 채널이 아니라, 공동체 내의 사회적 변화를 포괄적이고 희망적으로 반영하고 수익까지 창출하는 새로운 개념의 채널을 만들어냈다. 이것은 결코 쉽지 않은 일이었다.

그 당시에 컴퓨터로 방송 프로그램의 전체 에피소드를 살펴볼 수 있는 서비스를 제공하는 것은 대단히 새로운 채널 운영 기법이었다. 성소수자들 중심이라는 제약 때문에 공중파를 통해서는 로고의 프로그램 방송이 불가능한 탓에 선택한 차선책이 대단히 새로운 변화를 일으키고 있었다. 로고만의 독특한 틈새시장을 확보한 것이다.

그들은 철저하게 온라인 시청자를 염두에 두고 콘텐츠를 개발하고 홍보했다. 컴퓨터를 기반으로 한 시청자들을 시작으로 공중파 시청자들의 수요까지 유입되면서 로고 팀은 승승장구하게 되었다.

로고 팀은 3년 만에 40편이 넘는 오리지널 시리즈를 방송하며 광고 매출을 늘렸고, 성소수자 시청자들이 찾는 온라인 플랫폼 1위에 올랐다. 로고의 성장을 지켜본 기존 방속국들이 게이 커뮤니티를 겨냥한 프로그램을 공격적으로 늘려가자, 로고는 더욱더 일반적인 문화적 관심사로 초점을 맞추기 위해 프로그램 전략을 수정했고 더욱더 큰 성공을 거두었다.

35장

심리적 계약을 맺는 것

서로 어느 정도까지 솔직할 것인지 정한다

손가락으로 귀를 막으며 "지금은 아니야"라고 말하고 싶었던 적이 있는가? 당신은 자기계발에 여념이 없으며, 세심하고, 정보에 민감하고, 영감을 주는 팀원으로 인정받고 싶겠지만, 오늘은 당신이 어떻게 하면 더 잘할 수 있는지를 들을 적합한 날이 아닐지도 모른다. 아이들은 당신을 괴롭히다 새벽 3시에 겨우 잠이 들었고, 알레르기가 창궐하는 계절이라 비염으로 고통받고 있으며, 신용카드 연체는 아직 해결되지 않았고, 엄청난 회의도 기다리고 있다. 이런 상황에서 의미 있는 토론을 위한 감정의 수용량이 남아 있는 사람은 거의 없을 것이다. 당신도 그러할 것이다.

한편, 당신이 동료 카일에게 같은 이야기를 반복해서 하는 경향이 있다고 용기 내서 주의를 줄 때는 어떠한가? 카일은 정말 좋은 사람이고 일도 잘하지만, 그의 끝없는 자기자랑은 사람들의 신경을 거슬리게 했다. 당신의 목표는 카일을 비난하는 게 아니라, 오히려 다른 사람들의 비난으로부터 그를 구해내는 것이다. 결과는 어떠한가? 카일은 당신을 무례하고 거슬리는 존재로 보기 시작했고, 이제 그는 당신을 쌀쌀맞게 대하고 있다.

이 책에는 직장에서 당신의 성공과 행복을 이끌 관계를 맺는 모든 방법이 담겨 있다. 소통하기 위해서 당신은 '현실'을 직시해야 하고, 인간적인 사람이 되어야 하며, 책임감 있게 감정의 목소리를 낼 수 있어야 한다. 또한 논의하기 힘든 주제를 공론화시킬 용기도 가져야 한다. 솔직함은 최고의 경쟁력이다. 다만 내 경험에 따르면 솔직함에도 그냥 솔직함과 **극도의 솔직함**이 있다. 극도의 솔직함은 있는 그대로의 진실을 전하는 것으로, 서로간의 합의를 거쳐 신중하게 전달되어야 하는 종류의 솔직함이다.

극도의 솔직함을 나누기 위해서는 사전 협의가 필요하다. 다른 사람들의 기분을 상하지 않게 하기 위해, 그리고 동료들이 당신을 불쾌하게 만들지 모른다는 두려움에 빠지지 않게 돕기 위해, 동료들과 심리적 계약을 맺는 것을 논의해보자. 이것은 문서로 작성하는 형태의 계약이 아니다. 솔직함의 경계선에 대한 구두 합의다. 서로 얼마나 알고 싶은지 그리고 언제 알고 싶은지에 대해 미리 합의하는 것이다. 동료들이 당신에게 얼마나 솔직하기를 바라는가? 당신은 가장 좋은 의도가 역효과를 일으키지 않도록 감정적인(당신 혹은 그들의) 대화를 어디까지 밀어붙일 수 있는가?

이 계약에는 두 가지 종류가 있다. 즉각적인 계약과 계속되는 계약이다. 둘 다 피드백을 주고받고, 그것에 민감하게 반응하는 것을 포함한다.

즉각적인 계약은 이런 식이다. "이 프레젠테이션 때문에 정말 긴장돼. 내가 무엇을 잘했고 무엇을 개선해야 하는지 다음에 말해줄 수 있어?" 동료가 보통 사회적으로 용인되는 "정말 멋졌어"라는 말만 하도록 하는 것이 아니라, 공개적으로 동료나 조언자에게 당신이 진짜 듣고 싶은 솔직한 평가를 해달라고 요청하는 것이다. 혹은 당신이 평가를 하고 싶다면 "정말 굉장한 강연이었어요. 쉬는 시간에 내가 들은 관객들의 반응에 대해 알고 싶다면 불러줘요"라고 말하는 것이다. 이 경우 당신은 상대방에게 긍정적인 어투로 제안하고 있지만, 발표자에게 긍정적인 반응 이외의 부정적 평가는 조금도 전하지 않겠다고 약속한 것은 아니다.

한편 계속되는 계약은 이렇다. 당신이 동료들, 잠재적 멘토, 관리자, 부하직원을 만나 "난 이 그룹에서 신뢰를 쌓을 필요가 있는 걸 알고 있어. 내가 효율적으로 소통하고 있는지 언제든 알려줄래? 만약 내가 잘못된 이야기를 하거나 방향을 제대로 제시하지 못하면 조명탄을 쏘아 올려줘"라고 말하는 것이다. 당신이 어려운 업무를 떠맡을 때 해결하기 어려운 메시지를 받을 수도 있다. 혹은 반대로 감독자에게 "당신이 추가로 책임을 맡는 것을 고려하고 있지만, 가끔은 당신의 선택이 의심스러울 때가 있어요. 나는 당신이 훈련을 조금만 더 받으면 더 잘할 수 있다고 믿어요. 그럴 때 내가 당신에게 조언을 해도 괜찮을까요?"라고 말할 수도 있다.

당신은 이렇게 생각할지도 모른다. 피드백을 주는 것은 관리자의 당연한 업무가 아닌가? 이상적으로는 맞다. 하지만 실제로는 피드백을 주는 일이 그렇게 항상 쉽지만은 않다. 따라서 피드백이 제공되는 시기와 양을 제한하는 심리적 계약을 맺어두는 것이 좋다.

당신이 이렇다면 주목할 것

- 실시간으로, 솔직한 피드백을 원한다.
- 오믈렛을 만들라는 지시가 내려졌다! 이제 당신은 계란을 깨야 한다. 당신과 당신의 팀이 허용된 행동의 한계를 조금씩 벗어나고 있는 중이라면, 과한 정도가 얼마나 많이 벗어난 것인지를 의미하는지 알고 싶다.
- 어느 정도까지 말하는 것이 괜찮은 범위인지 명확하지 않다. 모든 사람이 당신의 솔직한 평가를 고마워하는 것 같지는 않다.
- 수많은 실수가 당신 앞에서 벌어지고, 아무도 당신 의견을 묻지는 않았지만 당신은 돕고 싶다.
- 당신의 팀원들 중 일부는 감정을 솔직하게 터놓는 대화를 원하지만, 다른 이들은 그렇지 않다.

이렇게 할 것

개인적인 경우

▶ 당신의 조언이 언제나 환영받을 거라고 생각하지 마라. 당신이 조언할 대상이 부하직원이거나 동기라면 반드시 "내 생각을 당신에

게 전해도 괜찮을까? 언제가 좋을까?"라고 먼저 물어야 한다. 그 사람이 비판을 얼마나 편하게 받아들이는지를 꼭 확인하라. 또한 완전히 솔직하게 말해도 되는지를 물어라. 당신의 제안에도 불구하고 상대가 "아뇨, 괜찮아요"라고 대답할 때 이를 받아들일 준비를 갖춰야 한다. 당신은 당신의 조언이 동료들의 성공에 매우 중요하다고 믿겠지만, 그들이 그것에 관심을 표현하지 않는다면 "당신을 돕고 싶으니까 준비가 되면 내게 알려줘"라고 말하라. 속담에도 있듯이, 말을 물가로 끌고 갈 수는 있어도 물을 마시게 할 수는 없다.

▶ 앞으로 6개월 동안 당신이 이루고 싶은 목표를 생각해보라. 당신 행동의 어떤 점을 되돌아봐야 성공할 수 있을까? 업무적으로 당신과 가장 자주 만나는 사람은 누구인가? 회의에서 당신이 너무 장황하게 발언하는 것 같아 두려운가? 당신과 함께 회의에 참석하는 일이 잦은 동료에게 이렇게 부탁하라. 당신이 너무 길게 말하면 귀를 만지고, 통찰력 있는 말을 하면 코를 만지라고 말이다. 이렇게 하면 동료와 유대감을 형성하고 같이 웃을 수 있으며, 실시간 피드백을 받을 수 있다. 그리고 당신 또한 동료의 고쳐야 할 점을 솔직하게 말할 기회를 얻게 된다.

그룹의 경우

▶ 당신이 변화를 주도하고 있거나, 당신의 팀이 진행하는 업무에 대한 반응이 부정적일 것으로 예상된다면 팀원들에게 솔직하고 분명히 말하라. "우리는 힘든 시기에 접어들고 있습니다. 아마 일부

사람들을 만족시키지 못할 수도 있어요. 우리의 회의 장소가 복도나 길거리에서 들은 이야기를 안전하게 나눌 수 있는 공간이라는 데 동의할 수 있습니까? 우리의 목표를 달성 가능하게 할 좋은 자료나 정보가 있다면 모두 솔직하게 이야기해봅시다. 이를 위해서는 서로에게 최대한 솔직하고 협조하는 자세를 가지는 것이 필요합니다. 혹시 궁금한 점이 있는 사람은 지금 질문하세요. 조심스러운 질문이라면 회의 끝나고 따로 만나도록 합시다."

▶ 팀 내의 긴장감이 높거나 팀원들 사이의 상호작용이 어색하고 부자연스러울 때가 있을 것이다. 이럴 때 온화하고 평안한 목소리로 이야기를 나눈다면 압박을 덜어줄 수 있다. 모든 사람이 솔직하게 자신의 생각을 터놓아야 하는 회의를 개최해야 한다면, 어디까지 솔직하게 이야기할 것인지를 알리고 동의를 구하라. 그리고 회의가 진행되는 동안 동료들이 얼마나 편안하게 느끼는지를 확인해 보라. 그들은 솔직하게 마음을 터놓는 대화를 나눌 준비가 되었는가? 그들이 두려워하는 결과는 무엇인가? 이런 문제를 해소하기 위해 무엇을 할 수 있는가? 일터는 혼자서 마음을 다스린다고 해서 심리적으로 안정될 수 있는 공간이 아니다. 누군가가 필요 이상으로 비판적인 발언을 하게 된다면, 즉시 그것을 지적하고 대화를 중단할 수 있는 모두의 노력이 필요하다.

▶ 가치를 조정하거나, 갈등을 명확히 하거나, 어려운 주제를 다루는 그룹 토론은 원형으로 이뤄질 때 더 성공적인 경우가 많다. 이렇게 하면 모든 사람들이 서로를 볼 수 있고, 참석자들이 돌아가면서 답변을 할 수 있는 분위기가 조성된다. 당신이 한 그룹을 순조롭

게 이끌어가고 싶다면, 구성원들이 특정한 주제에 대해 자신들의 생각을 자율적으로 말할 수 있는 분위기를 만드는 것이 좋다. 모든 이들의 답변을 들어야 한다면, 질문을 먼저 던지고 답변을 정리할 시간을 줘라. 열정적으로 하는 것은 우뇌의 영역이지만, 생각을 구체적이고 분명하게 표현하는 것은 좌뇌의 영역이다. 그러니 단답형의 대답이 아닌 조금 더 상세한 답변을 듣길 원한다면 반드시 생각을 정리할 시간을 줘야 한다.

▶ 모든 사람이 감정을 명확하게 드러내는 것은 아니라는 것을 인정하라. 열띤 토론으로 회의실 분위기가 달아오르면, 일단 멈추고 대화를 계속할 수 있는지 물어보자. 토론이 서로의 심리적 안정을 지키기 어려울 만큼 선을 넘었는가? 그렇다면 바로 중지 버튼을 눌러라. 회의 참석자들에게 지금 토론의 방향이 애초에 의도된 대로 흘러가고 있는지 묻고, 그렇지 않다는 답변을 한다면 대화의 초점을 바꾸거나 대화를 멈추는 것이 현명하다.

명심할 것

• 당신이 좋은 뜻에서 한 피드백이 평소보다 동료의 감정을 더욱 폭발시켰거나, 동료가 자신의 불만을 설명하느라 사생활을 지나치게 드러내고 있다는 생각이 든다면 대화를 그만하라고 조언하라. 동료가 평정심을 되찾은 후에 주제를 다시 살펴보거나 전문가와 상의하라고 조언하는 것도 좋다. 심리적 계약을 맺었다고 당신이 심리학자처럼 굴어야 된다는 의미는 아니다.

• 심리적 계약의 구속력은 영원하지 않다. 상황에 따라 다시 대화를 시작하고 새로운 계약을 맺어야 한다는 것을 기억하라.

구체적 사례

· · · · ·

계속해도 괜찮을까?

이케는 깊이 생각하는 것을 좋아한다. 그래서인지 팀 내에서 그의 별명은 '정신적 조언자'다. 그는 팀 내에서 나이가 많은 편에 속하고, 직원 채용에 관해 늘 통찰력 있는 제안을 해주는 사람이다. 이케는 한 달에 한두 번 정도 추천 도서 목록을 동료들에게 보낸다. 많은 팀 원들은 그가 매력적이고 대화하면 재미있는 사람이라고 생각한다. 반면 일부는 그가 오는 것이 보이면 자리를 피한다. 왜냐고? 이케는 캐묻는 것을 좋아하기 때문이다. 그는 처음에 흥미를 유발하는 자극적인 질문을 던지는데, 누군가는 이 질문을 재미있어 하고 누군가는 불편해한다는 것을 아직 모르는 듯하다. 그래서 때때로 '계약된' 사항을 넘어서서 이것저것을 묻곤 한다.

이케는 자신의 판단을 듣고 싶은지 당사자에게 묻지 않고, 생각을 여과 없이 직설적으로 전달하는 사람이다. 그래서 많은 팀원들은 이케를 무시하면 손해를 볼 수 있다고 생각한다. 따라서 이케가 진정한 대화와 소통을 원한다면 자신의 기존 방식을 버리고 누군가의 문을 조심스럽게 두드리는 방법을 배워야 할 것이다.

36장

자신을 변호하자

불편함에는 그만큼의 가치가 있다

"나는 보상위원회에 이렇게 말했어요. '줄 수 있는 한 가장 많은 돈을 주십시오. 많은 돈을 주는 것이 여의치 않다면 조금이라도 더 지불해주십시오. 지불할 수 있는 최고의 금액에 도달하면 나는 더 깊이 사건을 파헤칠 것입니다.' 결국 이것이 내가 고객들을 변호하는 방법이에요. 근데 왜 나 자신은 변호하지 않을까요?" 변호사인 브래드가 내게 물었다.

당신은 브래드만큼 직접적으로 무언가를 요구할 수 있는가? 만약 당신이 고개를 끄덕였다면 나는 당신과 브래드를 불러 함께 워크숍을 열고 싶다. 당신이 지닌 가치가 무엇인지 물어보고 싶기 때문이다.

나와 정기적으로 상담하는 사람들 중 상당수는 매번 내게 전화를 걸어와 다음과 같은 하소연을 한다. 자신이 적은 급여와 승진 문제로 좌절했으며, 상사가 너무나 실망스럽고 모욕적이고 무례한 제안을 했는데도 그것을 받아들였다는 사실에 화가 난다고 말이다.

당신에게도 익숙한 일인가? 당신은 작년의 성과에 비추어 생각할 때 상당한 수준의 연봉이 인상될 것으로 기대하고 자신감에 넘쳐 상사와의 성과평가 면담에 참석한다. 그런데 상사로부터 생각했던 것만큼 성과가 훌륭하지 않다거나, 당신의 기여는 인정하지만 회사 방침상 연봉 인상률에 제한이 있다는 말을 듣거나, 쥐꼬리만 한 금액을 제시하며 "두둑한 보너스가 있어요" 같은 호들갑스런 말을 듣게 될 수도 있다.

당신이 꿈꿨던 평가 면담은 이런 방향으로 흘러가는 게 아니었다. 예상과 다른 상사의 말에 당신은 무한한 실망을 느끼면서, 한껏 높았던 기대가 끔찍한 결과로 돌아온 것에 좌절을 느낀다. 그리고 속으로 이렇게 외친다. '나를 여기서 꺼내줘!' 그럼에도 상사 앞에서는 불쾌한 감정을 잘 감췄으니 이 정도면 잘했다고 스스로를 다독인다. 하지만 이것이 오래가지는 못한다. 회의실에서 나오면 의욕이 꺾이고 억울한 마음이 슬슬 올라온다. 뭔가 다른 조치를 취하지 않으면 상사(및 다른 사람들)와의 관계가 악화될 것이다. 이럴 때 자신을 제대로 변호하는 것은 직장 내 관계를 회복하고 자존감을 높이는 수단이 된다.

사실 상사와의 평가 면담에서 "감사하다"고 말하는 것이 가장 좋은 상황도 있지만, 자신을 적극적으로 변호하는 게 나을 때가 더 많다. 그러나 당신은 면담 장소에서 빠져나오기만을 원했기 때문에 필요한 대화를 나누지 못했다. 이것은 손해다. 그것도 아주 막심한 손해다. 상사가 어떤 평가를 내리든 도망가지 마라. 슈퍼히어로의 자신감을 잃지 말고 쭉 유지하도록 마음을 다잡아라. 불편한 상황이 벌어진다면 당신의 진실한 목소리를 내고, 실망감을 표현하라. 이를 통해 상사가 당신과 함께 더 만족스러운 해결책을 찾기 위해 노력할 의향이 있는지를 확인해야 한다.

당신이 긴장하고 있다는 것을 상사에게 알리면, 가슴을 옥죄는 듯한 감정적인 압박이 어느 정도 풀린다. 만약 당신이 가치 있다고 생각한 것을 상사는 왜 인정하지 않는지를 오늘 당장 듣고 싶은 게 아니라면, 상사와 따로 이야기할 날짜를 잡아라. 그리고 당신의 요청을 받아들이는 것이 상사에게도 쉬운 일이 아니라는 사실을 인정하라.

당신과 상사의 두 번째 면담은 궁극적으로 당신이 상사와 함께 어떤 일을 해나갈 것인지에 대해 밝히는 자리라는 점을 기억해야 한다. 이것은 당신이 회사에서 급여를 받는 이유이기도 하다. 회사의 내년도 우선순위에 대해 더 자세히 알아보고, 상사가 당신의 도움으로 그것을 달성할 수 있겠다는 확신을 갖도록 설득하라. 나의 관점이 아니라 우리의 관점으로 대화를 이끌어라. 그러면 상사의 당신에 대한 평가는 분명 달라질 것이다.

『그릿』을 쓴 앤젤라 더크워스Angela Duckworth는 성공은 재능이 있는 것만으로 달성할 수 있는 것이 아니라고 말한다. 당신은 열심히 일하고, 회복하고, 인내할 필요가 있다. 상사가 어떤 평가를 내리든 피하지 말고, 더욱더 소통할 수 있도록 노력하자. 불편함을 끝까지 헤치고 앞으로 나아가라.

당신이 이렇다면 주목할 것

• 감정이 고조되는 순간에는 대화를 이어가기보다 긴장을 푸는 쪽을 선택한다.
• 너무 저평가되었다고 느낄 때 의욕을 유지하기 어렵다.
• 자신을 돌보는 것보다 다른 사람들이 어떤 상황인지 파악하는 것이 더 쉽다.

이렇게 할 것

▶ 목표를 분명히 하라. 연봉 인상이나 보너스를 요구할 것인가? 협상하러 가기 전에 숫자를 미리 적어라.
▶ 당신에게 어떤 가치가 있는지 자문해보라. 이유 없이 사과하거나 자신을 낮춰 보지 마라.
▶ 당신의 고용인이 당신에게 '감사해야' 할 것을 '줘서' 당신의 요구를 묵살하려 할 때, 그것을 성사된 거래가 아닌 협상의 시작이라고 생각하라. "당신은 참 관대하군요"라고 (거짓말로) 말하기보다, "이곳은 일하기 좋은 곳이지만 내 시장 가치와 현재 연봉의 차이가 줄어들지 않는다면 고용계약서에 사인하기 어려울 것 같습니다"라고 말해보라.
▶ 협상 중인 사람이 수월하게 진행하기 위해 놓은 덫에 걸리지 않도록 주의하자. 당신이 극도의 긴장 상태에 있다 하더라도 물러서지 마라. 대신 가만히 있어라. 정적을 채우기 위해 쓸데없는 말을 할

필요는 없다.

▶ 서로의 이익에 집중하라. 성공을 위해 상사나 회사가 필요로하는 것은 무엇이며, 당신은 그것에 어떻게 기여할 수 있는가? 이런 이야기를 중점적으로 나누면 협상을 좀 더 용이하게 이끌 수 있다.

▶ 시각적인 도구를 만들어라. 당신이 즉각적인 도움이나 지원이 필요다고 생각하는 항목을 차트로 정리해 상사에게 보여준다. 긴급함을 나타내는 것은 빨간색으로 표시하며, 잠재적 문제를 경고하는 것은 황색을, 통제하고 있는 것을 설명하려면 초록색을 사용하라. 초록색은 당신이 무엇을 기여했는지 상기시켜주고 당신의 요청이 왜 가치가 있는지를 증명하는 것이므로 매우 중요하다.

▶ 올바른 해결책을 찾는 것은 종종 어렵다. 당신의 연봉 인상 한도가 정해져 있다면 창의적으로 접근하라. 식사 제공, 주차비 지원, 혹은 여행 경비와 같은 다른 형태의 보상을 제안해보라.

▶ 협상이 원하는 방식으로 끝나지 않았다면 3개월 또는 6개월 후에 다시 할 수 있는지를 물어라.

명심할 것

• 롤링스톤스가 1969년에 발표한 노래 '항상 원하는 것만을 얻을 수는 없어You can't always get what you want'를 찾아서 들어보라. 당신이 염두에 두어야 할 바를 잘 정리해두었다.

• 요청이 쉽게 받아들여질 때 우리의 마음은 장난을 칠 수 있다. 그렇게 되면 갑자기 모든 것이 불만족스러워진다.

구체적 사례

· · · · ·

두 마리 토끼를 잡는 법

프랑코는 전문 사진작가로서, 평범한 사람들마저도 최고의 모습을 보일 수 있도록 사진에 담아냈다. 그는 최근 이 분야 최고의 인재 몇 명을 인턴으로 영입해 개인 스튜디오를 오픈했다. 프랑코는 자신의 브랜드를 명확하고 차별성 있게 홍보하기 위해 브로셔를 만들어 배포했다. 예술성을 포기하지 않는 사진작가라는 점에 자부심이 높았던 프랑코는 고객이 전화를 걸어 비용 협상을 제안했을 때 칼같이 거절했다. 몇몇 고객이 촬영 비용에 이의를 제기했을 때도 프랑코는 자신의 브랜드 가치를 설명하며, 예술은 돈으로 환산하기 어려운 것이라고 못을 박았다.

그러나 예술가로서의 프랑코의 고집은 얼마 못가 조금씩 무너지게 되었다. 사진 시안을 받아본 고객들의 끝없는 수정 요구를 받아들이다 보니 어느 순간 제한을 두기가 어려워진 것이다. 프랑코는 가능한 빨리 평판을 높이고 싶었기 때문에 종종 그런 요구를 슬며시 들어줬다. 그 결과 프랑코는 스튜디오에 갇혀 누구도 보상해줄 수 없는 귀중한 시간을 끝도 없이 쏟아 붓게 되었다.

프랑코는 새로운 계획을 세웠다. 계약 시 추가비용에 사항을 약정하는 것이 기존의 방식이었지만, 작업을 끝내고 보면 오히려 적절한 대가를 받지 못한 경우가 많았다. 그래서 프랑코는 돈 대신 자신의 평판을 키울 수 있는 방법으로 수익을 창출하기로 했다. 고객이 과도한 수정을 원할 때, 자신을 다른 업체에 소개해주도록 하는 조건을 추가함으로써 자신의 활동 영역을 넓히기 시작한 것이다. 고객들은 흔쾌히 응했고, 프랑코의 분노는 사라졌다. 프랑코는 생각의 전환을 통해 고객과 자신 모두가 상호 이익이 되는 파트너십을 맺을 수 있게 되었다.

37장

코끼리를 밝혀라

그것은 너무 많은 공간을 차지하고 있다

방에 코끼리가 있으면 그부터 소개하라.

— 랜디 포시

나는 컨설턴트로서 종종 사파리에 간다. 동물보호구역이 아니기 때문에 지프나 관리원은 필요 없다. 나는 단지 당신의 사무실에서 엄청나게 큰 포유동물을 찾고 있다. '방 안의 코끼리'는 정해지지 않은 이슈를 뜻한다. 이것은 관련된 사람들 대부분이 알고 있지만 잠재적 결과가 두려워 논의하지 않는 상황이나 질문, 문제, 혹은 논란의 여지가 있는 이슈를 나타내는 용어다. 많은 사람들은 그것이 사라지기를 바라면서 무시하는 것을 택한다. 코끼리의 존재가 분명히 느껴지지만 모든 사람들이 그 존재를 부정하고 있을 때는 해결할 방법이 없다. 그래서 당신은, 종종 해로운 결과를 떠안고 코끼리와 함께 사는 법을 배운다.

방 안의 코끼리를 방치해서 충격적인 사건의 주인공이 돼 세간의 주목을 받은 흥미진진한 사례는 무수히 많다. 그중에서도 엔론 사태, 우주왕복선 참사, 랜스 암스트롱의 약물 복용, 버나드 메이도프의 사기 사건이 대표적이다. 뭔가 앞뒤가 맞지 않았기 때문에 그 후에 조사가 진행되었고, 그 결과 처음에 무슨 일이 일어나고 있는지 의문을 제기했던 사람들이(방 안의 코끼리를 보았던 사람들이) 무시당했던 것이 드러났다.

코끼리들은 질 좋은 대화를 짓밟으면서 효과적인 의사 결정을 방해한다. 불쾌한 행동을 밝히고 어려운(말로 하지 않는) 이슈(방 안의 코끼리)가 수면으로 올라와 논의되게 하려면, 용기와 강한 리더십이 필요하다. 코끼리가 기업 내부에 들어가는 것을 막을 수는 없지만, 당면한 문제를 공개적으로 토론하는 문화를 조성하여 귀가 큰 그 동물에게 나가는 문을 빨리 보여주는 메커니즘을 만들어야 한다.

조직의 위협이 눈에 잘 띄지 않게 숨어 있다면, 그것이 거기에 있는지 어떻게 알겠는가? 문제는 대화가 엉뚱한 곳에서 이뤄지고 있다는 것이다. 당신은 중요한 문제를 해결하기 위해 회의를 소집하지만 정적만 흐른다. 당신이 질문을 던져도 아무도 유용한 대답을 자진해서 하지 않는다.

그러나 당신의 동료들은 진짜 조용한 것이 아니다. 그들은 단지 더 안전하다고 느끼는 비공식적인 모임에서 이야기하고 있을 뿐이다. 구석에서 뒷담화가 벌어지고 있다고? 우선 코끼리를 찾아라. 그런 다음 복도에서 이뤄지는 은밀한 대화를 관련 당사자 간의 안전하며, 명쾌하고 솔직한 토론으로 전환시켜야 한다.

당신이 이렇다면 주목할 것

- 언급되지 않은 이슈들이 팀의 가능성을 갉아먹고 있다.
- 변화가 진행되고 있지만 정보가 부족하다. 가십거리만 늘고 있다.
- 딱 꼬집어 말할 수는 없지만 뭔가 잘못되었다.
- 대화가 빙빙 돌고만 있다. 사람들은 회의에서 고개를 끄덕이지만 행동에 나서지는 못한다.

이렇게 할 것

▶ 용기를 가져라. "왜 우리는 X에 대해 토론하지 않죠?"라고 묻는다. 이상적으로는 당신의 질문이 좀 더 열린 토론을 유도할 것이다.

▶ 코끼리에 대해 가능한 많은 지식을 쌓아라. 추측하지 마라. 당신이 관리자라면 동료들이 그들의 생각을 안전하게 공유할 수 있게 한다. 사람들을 개별적으로, 그리고 비밀리에 인터뷰하라. 외부 컨설턴트를 불러 대화를 나누고, 그 결과를 누구도 당황하지 않도록 감정적이지 않은 방식으로 전달한다.

▶ 강한 감정을 불러일으키는 것에 대비하라. 코끼리가 좋은 기억을 떠올리게 하는 주제였다면, 숨지도 않았을 것이다. 토론이 진행될수록 상처받는 사람이 생길 수 있다. 모두가 판단만 하려고 하지 말고 배우고 지지하도록 격려하라. 코끼리는 갑자기 나타나지 않는다. 그러니 항상 질문하라. "우리는 정말로 무슨 일이 일어나고 있는지를 생각하고 또 고민하고 있는가?"

▶ 중요한 이슈를 다루고 있다면 그 상황을 해결할 수 있는 가장 좋은 순간을 생각해보라. 그것과 관련된 사람들이 덜 지치고 최대한 집중할 수 있을 때를 찾아라.

▶ 당신이 코끼리가 아님을 확실히 알고 행동하라! 설령 꼭 필요한 치료나 그 밖의 훌륭한 목적을 위해서일지라도, 계속해서 그 일에서 슬쩍 빠져나갈 수 있다고 생각하지 마라. 동료들에게 당신이 없어지지 않았던 것처럼 해달라고 부탁하는 것은 모든 사람들에게 과도한 스트레스를 준다. 반드시 기억하라. 당신은 투명인간이 아니다.

▶ 사람이 아니라, 이슈에 대해 말하라. 이슈는 감정이 없지만 사람은 있다. 많은 경우 의논할 수 없는 주제는 세심한 대화에 직접적으로 연결되어 있는 사람들과 관련이 있다. 그들을 당황하게 하거나 굴욕감을 주는 것이 목표가 아님을 기억하자.

▶ 일단 이슈가 드러나면 조사 결과를 좀 더 광범위하게 공유할 방법에 합의하며(적절하다면) 다음 단계의 진술을 반드시 포함시킨다. 대처 방안을 찾는 것은 신뢰를 회복하고, 해결책을 고안할 때 도움을 준 개인들이 자부심을 갖도록 할 수 있다.

명심할 것

• 당신의 상사가 큰 귀와 어금니를 가졌다면 당신은 이 문제에 직면하기 전에 인사부장에 조언을 구하고 싶을지 모른다.

• 동료들과 휴게실에서 온갖 스캔들이 등장하는 오피스 드라마를

즐기고 있다면 저 상황이 우리 사무실에서도 벌어지고 있는지 확인해보라. 그 대단한 비밀은 사실 별것 아닌 것일지도 모른다.

구체적 사례
· · · · ·

당신이 코끼리라면?

나는 전문 서비스 회사의 임원 15명이 사외업체 관리에 나서기 전에 그들을 미리 인터뷰했다. 모두가 동의한 유일한 것은 그들 사이의 신뢰가 사상 최저 수준이라는 것뿐이었다. 일부는 자신이 새로운 리더가 되어야 한다면서 리더십의 변화를 주장하고 있었다. 현직 CEO는 카리스마 있고 에너지가 넘치는 리더로, 부티크 제공업체와의 새로운 전략 제휴를 추진하도록 그룹을 압박하고 있었다. 그는 야심차게 재정 목표를 세웠다. 또한 그의 개인 돈을 회사 고객들의 사업에 투자했다. 지도부의 몇몇 구성원들은 이것이 혹시 이해충돌이 아닌지 의문을 제기했다.

몇 명은 실제로 "방 안에 코끼리가 있다"고 말했다. 이것이 특히 재미있다고 느껴졌는데, 그때 마침 내가 이번 장을 쓰고 있는 중이었고, 영어가 그들의 모국어가 아니었기 때문이다(이 개념이 얼마나 보편적인지 알 수 있었다). 나는 그들에게 코끼리의 이름을 밝혀달라고 부탁했다. 그들은 모두 CEO의 이름을 말했지만 정확히 무엇이 문제인지에 대해서는 동의하지 않았다. 그래서 회의가 시작될 때 코끼리를 소개하기로 했다. 나는 인터뷰 자료를 공유하고 고충을 언급한 다음,

각자의 걱정거리를 해결할 CEO에게 마이크를 건넸다. 그가 질문의 장을 열 때, 그의 뒤에 있는 스크린에는 마침 코끼리 모양의 슬라이드가 등장했다. 우리는 모두가 불만을 토로하고 주말에 공유한 의제에 합의할 때까지 이야기를 계속했다. 노력 끝에 코끼리를 방에서 몰아낸 후에도 CEO는 계속 그 자리에 남았고, 그의 리더십에 대해 사람들은 다시 새롭게 지지를 보내기 시작했다.

38장

복잡하게 일하지 않는다

정확함을 요구하는 일조차 쉬워진다

복잡함은 당신의 적이다. 바보도 뭔가를 복잡하게 만들 수 있다.
간단하게 만드는 것이 어려운 법이다.

— 리처드 브랜슨Richard Branson, 버진그룹 회장

모든 것이 풍족하게 연결된 세계에서는 모두가 쏟아지는 정보와 의
견에 즉시 접근할 수 있기 때문에 프로세스를 과대설계하거나 과대
수행하며, 불필요하게 자세히 설명하고 싶은 유혹에서 벗어나기 쉽
지 않다. 당신은 혹시 다른 사람들을 설득하기 위해 필요 이상의 전
문 용어를 남발하며 정보를 제공하고 있지는 않은가? 그렇다면 엄청
나게 똑똑하다는 인상을 주기보다는, 소외되고 지치는 경험을 하게
될지도 모른다. 레오나르도 다빈치도 "단순함은 궁극의 정교함이다"
라고 했다.

복잡하게 만드는 사람들은 상황의 어려움을 증폭시키며 불안감을
드러낸다. 그들은 이렇게 말하고 다닌다. "내가 하는 일이 어렵게 보
여야 상사가 날 가치 있게 여길 거야." 그들은 동료들에게 혼란과 무

능력한 기분을 불러일으킨다. 복잡하게 만드는 사람들은 어려워 보이는 전문 용어와 모호한 헛소리를 늘어놓으며 위험을 회피하고 융통성 없는 사고방식을 드러내는 경향이 있다. 또한 먼저 소통하기보다는 동료들 사이에 거리를 만든다.

반면 간단하게 만드는 사람들은 복잡한 상황을 받아들이면서 행동에 대한 분명한 선택지를 제공한다. 그들은 침착하고 정확하며 핵심에 집중한다. 그들과 함께 일하는 사람들은 주로 활기차고 자신감이 넘치며 낙관적이다. 지금 당신은 주변의 누가 어떤 유형인지 알아차릴 수 있을 것이다. 복잡하게 만드는 사람들은 상황의 부정적 측면을 크게 받아들인다. 그들은 극적인 사건을 사랑하며, 사소하고 하찮은 정보를 즐기는 동시에 이에 집착한다. 그리고 누군가가 해결책을 제시하면 실망하거나 약간 짜증을 낸다. 간단하게 만드는 사람들은 이와 반대다. 이들은 행동의 우선순위를 정한다. 상황을 빨리 파악하고, 주의 깊게 살피며, 해결책에 그들의 자원을 활용하는 것을 선호한다. 쉽게 말해서 한쪽은 곤경을 사랑하고, 다른 쪽은 해답을 사랑한다.

복잡한 생각을, 당신의 이야기를 듣는 사람이 정보에 근거한 세련된 결정을 내릴 수 있는 언어로 바꾸는 것은 하나의 예술이다. 물론 이 과정에는 시간이 걸린다.

당신이 이렇다면 주목할 것

• 당신의 메모는 줄임말이 너무 많아서 마치 무작위의 단어들로 채

워진 시력검사표처럼 보인다.

- 동료들은 당신에게 속도를 줄이라고 하고, 당신이 한 말을 반복하라고 하고, 다음 날 해명을 요구하며 더 알아보라고 요청한다.
- 동료들이 휴가로 자리를 비우는 동안 당신이 대응하기 쉽도록 긴 지시를 남기지만, 당신은 그것들이 매우 귀중한 것인지 극도로 화나게 하는 잔소리인지 구분할 수 없다.
- 오해는 모든 사람들이 이해하지 못하는 복잡한 용어를 사용하기 때문에 일어난다.

이렇게 할 것

복잡하게 만드는 사람과 일한다면

▶ 당황하지 마라. 자세한 내용을 살펴보기 전에 문제를 세 줄로 요약하고 해결책을 한 줄로 달라고 요청하라. 당신이 팀을 이끌고 있다면 메모를 작성하는 모든 팀원들에게 요약부터 할 것을 권장하자. 보고서 본문은 가능한 짧게 쓰고 마지막에 각주를 넣어라. 이렇게 하면 더 많은 것을 알고 싶은 사람들이 상세한 정보를 습득하고 문제를 빠르게 이해할 수 있도록 돕는다.

▶ 메일을 보낼 때는 핸드폰 화면 하나로 볼 수 있는 길이를 넘기지 않을 것을 추천한다. 더 길어진다면 그냥 전화를 걸어라.

간단하게 만드는 사람이 되고 싶다면

▶ 분명한 의도를 정하라. 어떤 일을 시작하기 전에 당신이 원하는 것

이 정확히 무엇인지 100퍼센트 확신해야 한다. 나중에 동료들이 혼란스럽지 않게 하려면, 시작할 때 다른 사람들에게 질문을 하라.

▶ 당신이 해결하려고 하는 문제를 지나치게 복잡하게 만들지 마라.

▶ 사적인 감정을 제거하라. 이것은 위대한 작가 윌리엄 포크너William Faulkner의 훌륭한 조언이다. 당신이 뭔가에 몰두하여 굉장히 멋진 문장을 작성하거나 완벽한 차트를 만들어냈지만 그것이 나머지 프로젝트에 크게 도움이 되지 않는다면, 폐기하라. 무자비해져라.

▶ 당신 자신에게 충분한 시간을 줘라. 그래야 당신의 이야기를 듣는 이들도 그들의 시간을 절약할 수 있다.

▶ 직장에서의 다양성은 사람들이 정보를 처리하는 방법을 비롯해 모든 형태로 나타난다. 당신의 청중에게 필요한 관련 메시지를 찾아서 그림으로, 숫자로, 직접적인 말로 전달할 준비를 하라. 아날로그를 활용하여 친숙한 영역과 새로운 영역 사이의 연결고리를 만든다.

▶ 복잡한 언어는 피하라. 어려운 말은 금물이다! 하지만 피할 수 없다면 두문자어나 줄임말(나토NATO는 나사NASA 로켓에 합의했다), 그리고 약어(FBI는 MIA로 떠난 사람을 찾기 위해 CIA를 호출했다)를 정의한다.

명심할 것

• 간단한 해결책은 지나치게 단순화한 것이 아닌, 단지 이해하고 실행하기 쉬운 것이다.

- 당신 덕분에 동료들이 정보를 쉽게 소화해낼 때 당신의 가치가 증명된다.

구체적 사례

내가 어떻게 이익을 얻을지 말해줘

한 투자은행의 경영위원회는 업그레이드된 무역 플랫폼을 위해 수백만 명의 투자를 지원하지 않기로 결정했다. 한편, 이전에 기술부장 개리가 현 시스템의 문제점을 상세히 파고들은 적이 있었다. 그는 업무 처리속도, 업무 지원 센터로 걸려오는 전화, 그리고 팀의 초과 근무 횟수와 관련한 데이터를 보고했지만 최고 의사결정권자들은 움직이지 않았다.

그렇게 나는 개리를 돕기 위해 고용되었다. 우리는 다르게 접근했다. 그는 해결책이 사업에 어떤 영향을 미칠 것인지에 관한 의견을 내며 자신의 논조를 바꿨다. 개리는 "만약 새로운 플랫폼에 X달러를 투자하면 거래가 Y배 더 빨리 처리되어 1년 안에 당신은 Z만큼 더 많은 이익을 낼 것입니다"라고 말했다. 그는 세부적인 내용에 관심이 있는 사람들이 회의 후 좀 더 알아보거나 각주를 읽을 수 있게 했다. 결국 개리는 그가 필요로 하는 자금을 얻었다.

제 6 부

두려움에
맞서기

FIGHT FEAR

두려움은 우리 주변에 만연해 있다. 특히 일터에서는 매일 두려움을 느낄지도 모른다. 회사는 끊임없이 혁신하라고 압박하고, 당신은 뒤처질까 봐 두려워한다. 만약 회사가 구조조정을 발표한다면, 당신은 직장을 잃을지도 모른다. 어쩌면 합병을 하거나 새로운 회사에 인수될 수도 있다. 게다가 AI가 인간에게서 일터를 빼앗으려 바짝 추격해오고 있다.

미래를 불안하게 만드는 엄청난 불확실성 앞에서 두려움을 느낄 때, 이때가 바로 다른 관점을 적극적으로 수용하고 새로운 아이디어를 실험해볼 적기다. 그러나 많은 사람들은 두려움에 굴복한 나머지 변화의 필요성에 눈을 감고, 새로운 것을 찾기보다 기존의 것을 지키기 위해 노력한다.

문제가 생겼을 때 한 사람에게만 질문을 던지면, 무엇을 모르는지 제대로 알 수 없다. 꼭대기는 외로운 법이다. 물론 바닥도, 중간도 외롭기는 마찬가지다. 불안정하고 모호한 환경에서 생존하려면 민첩성과 지혜가 필요하다. 지금이 바로 (조직 내외에서) 새로운 목소리를 낼 수 있는 자리를 확보하고 경험을 공유하며 진정한 파트너십을 만들어내야 할 순간이다. 당신이 두려움을 느끼지 않을 때, 직위와 상관없이 일이 더 즐거워진다.

일단 먼저 움직여라. 당신이 편안하다고 느끼는 영역, 즉 당신의 안전지대에서 벗어나 새로운 사람들을 초대하여 당신과 그들 사이에 튼튼한 다리를 놓아라. 회사의 리더나 직원으로서가 아니라, 개인 대 개인으로 연결하여 공통점을 찾고 대화로 긴장을 풀어보자. 사소한 대화의 중요성을 과소평가하지 말고, 생산적인 상호대화를 촉진하자. 또한 우리의 두려움을 강화시키는 작고 세세한 것들에 확실히 주의를 기울여보자. 일을 운에 맡기지 말고, 당신의 영역 안에 머물게 하자.

당신이 이렇다면 이번 파트를 주목할 것

- 호기심을 용감하게 시험할 준비가 되어 있다.
- 사람들은 당신에게 시장 파괴자가 되라고 한다. 이는 사장이나 중간관리자, 또는 애널리스트가 하기 쉬운 말이다. 하지만 어떻게 그런 게 될 수 있을까? 잠을 자지 않고 일하면 가능할까?
- 아이디어가 고갈되었다.
- 엔지니어뿐만 아니라 당신의 모든 동료들이 암호로 말하는 것처럼 들린다. 그들은 대체 **무슨** 말을 하고 있는 거지?! 당신이 모르는 줄임말과 기계장치와 앱이 너무 많다.
- '그들'은 빠르지만 당신은 심각하게 느리다.
- 모두를 하나로 모으기 위해 모임을 계획하고 돈을 투자했다. 하지만 방 안에 모인 다양한 목소리들은 침묵을 지킨 채 말하기를 두려워한다. 아무도 서로의 눈을 마주치려 하지 않는다. 너무 조용해 소름이 돋을 지경이다. 어색한 분위기는 좀체 사라지지 않고, 모임을 이끌어야 하는 당신은 진심으로 창피하다.
- 경쟁이 다가오고 있다! 이제 경쟁이 시작된다! 하지만 그들은 당신처럼 불안해 보이지 않는다.
- 서로 밀접하게 연결된 작은 세계는 이론적으로 바람직하게 보이지만, 사실 당신은 숨이 막히고 지나치게 감시당하는 느낌이 들어 괴롭다.

39장

안전지대에 숨지 말자

약간의 불안은 도움이 된다

태도만 바꾸면, 두려움은 꽤 신나는 일이 된다.

― 포춘 쿠키

나는 패러글라이딩을 즐긴다. 아직도 발리에서 바람을 타고 패러글라이더가 나를 하늘로 들어 올릴 때까지 언덕을 전속력으로 내달렸던 첫 기억이 생생하다. 달리다 보면, 어느 순간 나는 하늘을 날고 있었다. 정말 신나는 기분이었다. 하늘에서 내려다보는 절경은 환상적이었다. 나는 래프팅 전문가 코스를 수강하였으며, 65층 건물에서 라펠을 타고 내려오는 훈련을 하는 등 두려움과 맞서는 많은 경험을 했다. 두려움을 이겨내고 아드레날린이 마구 솟구치면 마음이 안정된다. 그리고 오직 현재에만 집중할 수 있다. 스포츠에서와 마찬가지로 직장에서도 나는 잠재적으로 불안할 수 있는 상황(주기적으로 약간 위험한 상황)에 내 자신을 일부러 빠뜨려왔다. 그런 환경은 정신을 바짝 차리게 해주고, 더 나아가서는 지금의 상황을 더 흥미롭게 받아들이고 시야를 넓히는 기회로 반전시킬 수 있다는 기대감을 갖게 한다. 확실히 약간의 불안은 도움이 된다.

스트레스가 거의 없고 다음에 어떤 일이 일어날지 알고 있으며 그에 따라 계획을 세울 수 있는 곳에서 쉬는 것은, 처음에는 좋은 계획처럼 보일 수 있다. 하지만 부정적인 영향이 서서히 나타난다. 이를테면 이런 식이다. 당신은 아는 사람 중 코딩강좌를 수강하고 있는 사람이 아무도 없기 때문에 상사가 수강을 제안했을 때 거절했다. 또한 동생과 온라인 게임을 하기 위해서 퇴근 후에 시작되는 기업 강좌에 빠졌으며, 지금은 당신보다 더 높은 자리로 승진한 신입사원과 친분을 맺기 위해 시간을 들이지도 않았다. 이 모든 행동은 모든 사람이 앞으로 나아가는 동안 당신만 제자리걸음을 하게 만들었다.

미래가 점점 모호해지고 변화 속도는 급격하게 빨라지는 세상에서, 미지의 세계로 뛰어들어 실패를 경험한다 해도 이를 이겨내고 다시 시작하는 사람들은 더 큰 보상을 위해 자신의 위치를 제대로 잡을 줄 안다. 이처럼 약간의 긴장이 있을 때 시스템은 제대로 작동하기 시작한다.

당신은 조금 긴장했을 뿐인데 전보다 더 나은 평가를 받은 것을 알아챈 적이 있는가? 가장 강한 상대와 눈을 마주친 후 체육대회에서 더 나은 성적을 낸 적이 있는가? 혹은 성적에 다소 부담을 느꼈을 때 시험에서 더 높은 점수를 받은 기억은? 1908년 미국의 심리학자 로버트 여키스Robert M. Yerkes와 존 도슨John D. Dodson은 우리의 스트레스 수준이 정상보다 약간 높을 때 수행 능력이 최대치로 올라간다는 연구 결과를 발표했다. 이것을 **최적의 스트레스**라고 하며, 이는 우리

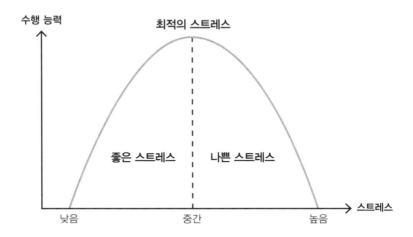

여키스-도슨 법칙Yerkes-Dodson 법칙

가 스스로의 안전지대에서 살짝 벗어날 때 만들어진다. 즉, 불편함은 할 수 있다고 생각하지 못했던 목표를 달성하도록 우리를 재촉할 수 있다.

당신이 이렇다면 주목할 것

- 매일 같은 점심을 먹는다(주로 같은 사람들과).
- 주변이 정돈되지 않으면 불안하다.
- 모든 것이 완벽하게 자기 자리에 있는 것을 좋아한다.
- 흠잡을 데 없이 완벽한 것을 기대한다. 언제나.

이렇게 할 것

▶ 평소 '아니'라고 말한 세 가지에 대해 '맞다'고 말하고, 평소 '맞다'고 말한 세 가지에 대해 '아니'라고 말해보라.

▶ 출근할 때 다른 길로 운전해 가거나 사무실에서 당신의 책상을 다른 방향으로 돌리는 등, 소소하지만 새로운 시도를 해보라. 당신이 전혀 관심이 없었던 주제를 다룬 잡지를 골라보는 것도 좋다. 새로운 공간에 들어가보라. 온라인이 아닌 오프라인에서 새로운 하루를 시도해보는 것도 좋다.

▶ '용기를 쌓기 위해' 또는 '더 창의적이기 위해'와 같이 당신이 왜 안전지대에서 밖으로 한 걸음 내딛어야 하는지, 개인적인 사명과 이유를 담은 진술서를 만들어라. 핸드폰, 노트북, 혹은 사무실 벽에 도전하고 싶은 것들을 적어보라. 그리고 각각의 목표 옆에 날짜를 함께 적는다. 사무실 벽에 목록을 게시했다면 동료들에게 함께 해보자고 제안한다.

▶ 당신의 회사가 지원하고 있는 지역사회에 반드시 방문해보라. 일반적인 장소보다 당신이 모르는 마을(들어가는 것이 조금 불편하더라도)의 중심에 있는 장소에서 회사 회의를 개최해본다.

명심할 것

• 우리는 **항상** 전력을 다할 필요가 없다.
• 스스로에 대해 불안하다는 판단을 내리지 마라.

구체적 사례

. . . . .

신발을 더럽혀라

"우리는 회복에 필요한 모든 심리치료에 대해 멜라니에게 도움을 요청할 것입니다." 나와 함께 남아프리카공화국 요하네스버그 인근의 알렉산드라 흑인 거주구를 방문한 연금기금운용 전문가들이 소리쳤다. 그 순간까지 이 그룹은 엑셀과 파워포인트로 사모펀드투자의 수익성을 평가하고 있었다. 그들은 지난번 요하네스버그 방문에서는 에어컨이 나오는 회의실에 틀어박힌 채 시간을 보냈다. 그들은 막 신흥 시장에 발을 들이려던 참이었다.

줍고 형편없이 더러운 거리에서 장사를 하는 사람들이 가득한 동네에 들어섰을 때, 기금 전문가은 내게 "우리가 어떻게 말을 걸어야 할까요?"라고 물었다. 전문가들은 질문을 통해 이곳 거주자들의 삶, 구매 습관, 그리고 그들이 물과 전기를 어떻게 공급받는지를 알게 되었다. 이방인인 전문가들은 밝게 인사하면서 아이들 눈높이에 맞춰 몸을 낮추고, 주민들의 허락하에 디지털카메라로 사진을 찍어 보여주면서 친근하게 다가가려 애썼다.

동네에 변변한 수도 시설은 없었지만, 주민들 대부분이 휴대폰을 가지고 있었기에 함께 사진을 찍었다. 전문가들은 주민들의 반응을 살피며 시장 진입에 방법에 대한 이야기를 나눴다. 그 후 그들의 회사가 출시한 새로운 기기를 어떻게 사용하고, 충전하고, 지불하고, 보호하는지를 살펴보았다. 동네를 다니는 동안 내가 무의식적으로 약혼반지를 돌려 다이아몬드가 보이지 않게 한 것을 한 전문가가 목격했다. 이를 계기로 그들과 나는 현지 여성의 지위와 치안에 관한 솔직한 토론을 했다. 또한 우리는 이 지역에 아직 갖춰지지 않은 많은 공공서비스에 대해 알게 되었다.

호텔로 돌아오는 길에 전문가들은 두려움을 떨쳐내고 몇몇 이들의 시선을 견뎌내면서, 다른 누군가의 삶을 어렴풋이나마 직접 보게 된 것에 자부심을 느낀다는 말을 했다. 그들은 또한 이전의 재무분석이 얼마나 지나치게 단순화되었던 것인지를 깨달았다. 앞뒤 상황을 무시하고 승인될 만한 논리구조를 만들기 위해 2차(또 3차) 출처에만 의존했다. 결국 지역사회 구성원들과의 밀접한 교류는, 전문가들이 인프라 건설에 기꺼이 투자하고자 했던 금액뿐 아니라, 그 금액으로 얻어낼 수익에 대한 목표치를 현실화하는 데도 큰 영향을 미쳤다.

40장

타인을 받아들이자

소통의 첫발을 내딛는 일이다

소속감은 우리를 고독에서 구해주며,
품위 있고 관대한 사회 질서를 함께 세우는 것을 돕는다.

— 조나단 삭스, 전 영국 히브리 총회연합 최고 랍비

규제 담당자들, 반대하는 사람들, 경쟁자들, 신입사원들, 오래된 시스템, 나와 비슷해 보이지만 완전히 다르게 생각하는 직장동료, 말을 더듬는 사람, 그리고 자신을 이제 여자로 칭하는 남자까지. 나는 분명히 그 다양한 사람들에게서 배울 것이 있다고 확신한다. 어쩌면 그들 또한 내게 얻을 것이 있다고 생각해 나를 찾는지도 모른다. 어쨌든 이들은 우리와 함께 세상을 살아가는 훌륭한 구성원들이다. 그런데도 당신은 이들을 알아가고 싶지 않은가? 당신은 바쁜 데다, 이들과 이야기하는 게 어색하고 힘들고 재미없다고 생각되는가?

당신의 신경생리학적 경보 시스템이 활성화되었다. 내가 원하던 사람들이 아닌 다른 사람들과 대면해야 할 때, 우리 몸은 마치 신체적 공격을 받는 것처럼 반응한다. 신뢰하는 동료들이 계속해서 줄어들면서 마음의 문을 잠가버리는 것이다. 이것은 익숙한 본능이지만, 잘못된 반응이다. 지금부터 마음을 닫고 후퇴하기보다는 두려움에 맞서겠다고 결심해보자. 말 그대로 두려움을 느끼는 상황에 얼굴을 들이미는 것이다. 모르는 세계를 당신의 영역에 들여라. 일단 누구든 만나지 않으면 소통할 수 없다.

이제 우리는 더 이상 누구는 승리하고 누구는 패배하는 세상에서 살고 있지 않다. 우리의 성공과 생존은 상호의존적이다.

모르는 세계가 외부에 있을 때

조직의 외부 전문가와 대화할 수 있는 토론의 장을 만들어라. 이를테면 새로 개발한 로봇의 등장에 얌전히 있지 마라. 회사에서 당신을 조만간 해고할 수도 있는 상황이라면 더더욱 새롭게 등장한 무언가에 대한 질문을 열정적으로 퍼부어라. 또한 당신의 업무 영역에 지속적으로 제동을 거는 환경운동가들을 골칫덩이로 생각하지 말고, 그들을 불러들여 함께 점심을 먹는 시간을 가져라.

규제 담당 공무원들에게 당신의 업계가 염려하는 규제가 무엇인지 알려주고, 도움을 얻을 수 있도록 하라. 또한 경쟁 회사의 임원들과 함께 만나 동종업계 내의 상생 가능성을 토론하라.

지역사회 주민들을 회사로 초대해 직원들과 만나게 하고, 시설을 둘러보게 하고, 잠재적 고용 상황을 알아보게 하고, 당신의 회사가 이 지역에 어떤 도움을 주길 원하는지 의견을 들어보라.

모르는 세계가 내부에 있을 때

　문을 열고 좀 더 포용적인 태도를 갖추는 게 시작이지만, 그것만으로 충분하지는 않다. 다양한 사고방식(그리고 마음)에서 오는 재능을 충분히 발휘하기 위해 우리는 소속감이 필요하다. 따라서 후배든, 선배든, 다른 부서에서 온 사람이든 간에 모든 사람들이 토론에 적극적으로 뛰어들도록 끌어들여야 한다. 사람들과 어울리지 않은 채 주변에서 머뭇거리는 이들도 대화에 쉽게 합류할 수 있도록 분위기를 조성하라. 농담을 피하고 어려운 용어는 쉽게 바꿔 말하며, 그동안의 의사결정이 어떻게 이루어졌는지 보여주는 로드맵을 만들어 설명해주면 모두의 불안감이 줄어들 것이다.

　회사를 구성하는 수많은 직원들은 다양한 출신 배경과 사고방식을 갖고 있기 때문에, 그들이 아무리 외향적이고 의욕적이더라도 갈등을 겪을 수밖에 없다. 하지만 안전한 환경에서 긴장을 풀 수 있다면 질적으로 더 높은 업무를 해낼 것이며, 더 높고 새로운 세계를 향해 나아갈 것이다. 결국 조직의 소속감 지수가 높을 때 당신을 포함한 모든 직원의 성공률이 훨씬 높아진다.

당신이 이렇다면 주목할 것

• 마음의 문을 열어놓았지만, 아무도 들어오지 않고 있다.
• 회사 엘리베이터에 붙어 있는 '열린 문화' 벽보는 직원들이 임원들과 대화를 시도할 만큼 충분한 용기를 주지 못한다.

- 세상에는 많은 아이디어가 있고, 당신은 그것들을 배우고 싶다.
- 불확실한 상황에 맞닥뜨렸을 때, 당신은 내부로 눈을 돌려 안주하려 할 가능성이 높다.

이렇게 할 것

▶ 대화를 나눌 정서적 '공간'을 만들어라. 회의만으로는 결코 충분하지 않다. 가능하다면 각각의 직원들과 개인적으로 대화하고 그들의 기여가 기대되는 이유를 전한다. 약간 큰 규모의 모임을 계획했다면, 모인 사람들에게 초대받은 이유를 설명하고 본격적인 토론에 들어가기 전에 모든 이들에게 말할 기회를 제공한다.

▶ 당신이 청중들이 누구이고 그들이 왜 참석했는지 생각하면서 프레젠테이션을 시작한다면, 참석자들을 수동적인 청취자에서 에너지와 통찰력이 가득한 참여자로 바꿀 수 있다.

▶ 회의가 끝나고 동료들에게 이렇게 물어보라. "회사의 내부 혹은 외부에서 토론의 질을 높일 만한 사람으로 누구를 초대했다면 좋았을까?" 직원이 언급한 사람을 당신이 모르는 경우, 해당 직원에게 그 사람의 배경과 소개를 요청한다. 연락처를 받았다면, 어떻게 연락을 취하면 섭외 가능성이 높을지 계획을 세워보자.

▶ 신입사원을 위해 손으로 직접 작성한 환영 메모를 남겨라. 그들이 편하게 느낄 수 있도록 약간 장난스럽게 접근해도 좋다. 예를 들어 신입사원의 책상에 작은 돌 3개를 올려놓고, 당신에게 무언가를 질문할 때마다 이 돌로 대가를 지불할 수 있다고 말해보자.

▶ 누군가에게 "들어오세요"라고 직접 요청하라. 많은 직원들이 당신의 사무실 문턱을 넘기 어렵다고 생각할 수도 있다. 특히 당신이 나이가 많은 경우에는 더욱 그렇다. 지금 사무실에서 일어나 창의적인 사고가 돋보이는 신입사원에게 다가가, 그가 편한 시간에 잠시 대화가 가능한지를 물어라. 대화는 일에 관한 것일 수도 있고, 그 직원에 대한 관심을 전하는 것일 수도 있다. 혹시 지금 사무실에 앉아 있는가? 그렇다면 문을 열고 직원들의 자리를 둘러보라. 그리고 생각해보라. 당신은 함께 일하는 직원들 각각의 특징을 한 가지씩이라도 기억할 수 있는가? 심지어 이름조차 모른다면 서둘러라. 매주 목요일 오후 4시처럼 정기적으로 그들과 가벼운 대화를 나눌 기회를 만들어봐도 좋다.

▶ '이곳 대 저곳'이라는 역학 관계를 주의하라. 자료에 따르면 거의 40퍼센트에 이르는 노동 인구가 곧 상시 고용 상태에서 제외될 것이라고 한다. 다시 말해 프리랜서, 계약업체 직원, 또는 임시직원으로 바뀐다는 것이다. 즉시 회사 계약업체 직원의 목록을 보관하고 전략 세미나에 그들을 초대하라. 당신의 회사뿐 아니라 다른 비슷한 조직과 함께 일한 그들의 경험이 귀중한 관점을 제공할 것이다.

▶ 경쟁심이 강한 한 운동선수는 여자 친구가 좋아하는 것을 예측하는 것보다 경쟁자의 행동을 예측하는 것이 더 쉽다고 말했다. 당신의 마음속 집이 한 사람이나 조직을 정복하고, 물리치고, 그들로부터 스스로를 지킬 전략으로 가득 차 있다면, 전화기를 들어 그 대상자에게 만날 날짜를 잡자고 제안할 좋은 신호다. 문자 메시지를

보내라는 얘기가 아니다. '전화기에 대고 말을 하라'는 뜻이다. 문자 대신 목소리로 말하는 것만으로도 두꺼운 장벽에 구멍을 만들 수 있다. 그리고 이 작은 구멍은 장벽을 무너뜨리는 꽤나 강력한 무기가 될 것이다.

► 정서적 관계를 형성하라. 기억에 남는 경험을 공유하며 소속감을 강화한다. 오늘 점심 식사 시간에 혹시 누군가가 당신과 함께 점심을 먹고 싶어 할지 알아보라. 식사를 통해 친밀하게 대화하면서 서로의 관계를 돈독하게 할 시기적절하고 유용한 정보를 공유할 방법을 찾는다.

► '빅텐트(다양한 견해를 가진 개인 및 조직의 집합체를 일컫는 말 - 옮긴이)'를 쳐라. 공통의 관심사를 다루기 위해 생각이 비슷한 사람들과 협력하는 것은 놀라운 결과를 만들어낸다. 그럼 문제가 뭐냐고? 당신이 누구를 초대할 수 있는가이다.

명심할 것

• 회의 및 초대 메일 그룹에 누가 포함되어 있는지(혹은 포함되지 않았는지) 주의해서 확인하라. 누군가를 토론에 초대했다면, 앞으로도 그 사람을 계속해서 초대할지 여부를 확실히 해야 한다. 이전에는 소통하는 대상이었는데 현재는 지워졌다면, 그 이유를 당사자에게 정확히 설명해야 혼란이 없다.

• 모임, 저녁 식사, 피로연에 당신과 잘 '맞는' 사람들을 초대했다고 해서 무조건 대화가 물 흐르듯 자연스러울 것이라고 속단하지 마

라. 반드시 계속 신경을 써야 한다.

구체적 사례
. . . . .

그가 원한 것은 단지 소속감이다

중국 국적의 장웨이를 고용해 호주 헤지펀드의 투자금을 유치한 것은 대단한 성공이었다. 장웨이는 두뇌 회전이 매우 빠르고 여러 언어에 능통했으며, 그의 가족은 중국 본토의 억만장자들과 끈끈한 관계를 유지하고 있었다. 그의 등장은 고위 경영진의 지나친 동질성을 걱정하던 인사팀장을 안심시켰다.

장웨이는 실력 면에서도 실망시키지 않았다. 그는 투자자들에게 그 펀드에 수백만 달러를 투자하도록 성공적으로 설득했다. 그는 목표 투자금액을 달성한 것에 대해 큰 보상과 인정을 받았다. 하지만 장웨이에게는 충분한 보상이 아니었다. 장웨이는 당당한 회사의 임원으로서 경영진 회의에 참석해 투자 예상 수익과 또 다른 투자 계획에 대해 의견을 나누고 싶었다. 장웨이의 생각에, 자신이 끌어온 자본이 없었다면 이 회사의 미래는 대단히 불투명했다. 단순한 판매원 취급을 당할 생각이 조금도 없었던 장웨이는 다양한 기업의 창립자들과 자주 여행을 다녔고, 두터운 친분을 쌓았다. 그럼에도 현재 회사의 경영진들은 장웨이를 공식적으로 소개하지 않았다. 이유가 무엇일까?

장웨이는 두 번이나 경영진 회의에 자신의 자리를 마련해달라고 요청했다. 하지만 그는 초대받지 못했다. 그의 국적 때문이었을까? 아니면 성격이 문제일까? 장웨이의 연봉은 계속 올랐지만 경영진 회의에는 초대받지 못했다. 실망한 장웨이는 결국 회사를 떠나기로 마음먹었다. 두둑한 보너스와 실력에 대한 인정만 안겨주면 아무런 문제가 없을 거라고 착각하던 경영진은 장웨이의 퇴사 통보에 크게 당황했다. 그들은 장웨이가 진심으로 신뢰받고, 협력하고 있다는 소속감을 느끼며 경영진의 일원으로서 검증받고 싶어 했다는 것을 간과했다.

이별 '선물'로, 장웨이는 자신이 새로운 직장을 구하는 이유가 금전적 문제가 아니라는 점을 분명히 했다.

41장

품위 있게 대하자

편안함을 느낄 때 일처리가 더욱 쉬워진다

당신의 속마음이 들린다. '두려움에 맞서기 파트에서 갑자기 대접을 잘 하라는 이야기를 하려는 이유가 뭐야?' 서로의 사무실에 문제없이 들어가려면 노력이 필요하다. 왜? 다뤄야 할 중요한 주제가 있고, 형성해야 할 관계가 있고, 혹은 정리해야 할 갈등이 있기 때문이다.

새로운 직원이 채용돼 누군가가 당신의 공간에 들어오면 파트너 십을 새롭게 다져야 한다. 누군가를 환영하는 방법을 아는 것은 질 좋은 관계를 확립하는 데 매우 중요하다. 새로운 사람과 사업 계획을 세우든, 어떤 사건에 관해 의견을 낼 준비를 하든 간에, 당신은 집중을 방해하는 요소를 없애고 불필요한 텃세를 부리지 않음으로써 상대의 불안감을 낮추고 성공적인 교류가 가능한 환경을 조성해야 한다.

당신의 사무실을 방문하는 사람들을 품위 있게 대하는 데 돈이 들지는 않지만, 관심과 우아한 태도는 필수적으로 갖추고 있어야 한다. 나는 건물 장식과 예술작품 전시에는 큰돈을 투자했지만, 방문자들을 존중하는 기본적인 태도는 갖추지 못한(예컨대 한 임원은 자신의 집에 방문한 사람은 호화롭게 대접하지만, 회의에 참석하는 외부 동료들에게는 물 한잔도 제공하지 않는다) 기업들을 많이 봐왔다. 이것은 문제가 된다. 방문자의 지위가 어떠하든, 그가 당신의 회사에서 느낄 감정을 섬세하게 관리해 조직의 품격을 전달해야 한다. 특히 원격 근무와 장거리 협업이 이뤄지는 시대에서는 사회적 상호작용을 위한 순간들이 오래가는 인상을 남긴다. 지금 방문자를 맞이하기 위해 시간을 할애하고 있다면, 그 시간을 가치 있게 만들어라.

나는 한때 한 마케팅 에이전시에서 전쟁 중인 부서들 사이의 갈등을 중재해달라는 의뢰를 받은 적이 있다. 두 사람의 부서장은 서로 다른 리더십을 가지고 있었다. 내 첫 번째 임무는 합동 토론을 준비하기 위해 주요 직원들로부터 자료를 수집하는 것이었다. 보안 검색을 통과한 첫날, 두 부서 중 한 곳의 팀원들을 먼저 인터뷰하기 위해 회의실에 들어갔다. 그때 가방 속에 물병과 단백질 바를 챙겨가서 다행이었다. 정말로 영혼이 빠져나가는 줄 알았다. 7시간 동안 인터뷰를 진행하면서 나는 그 부서의 부서장에게 그 어떤 배려도 받지 못했다. 심지어 화장실 비밀번호조차도 알 수 없었다.

반면, 다음 날 회사에 도착했을 땐 또 다른 부서장이 로비에서 나를 기다리고 있었다. 그는 내게 친절하게 인사를 건넨 후 인터뷰를 진행하는 동안 나를 도와줄 비서를 소개해주었다. 그 비서는 나의 하루 일정을 정리해둔 상태였고, 점심으로 무엇을 원하는지 물었다. 그리고 내게 필요한 것이 있는지 확인하기 위해 수시로 회의실을 방문했다. 스낵과 음료를 미리 회의실에 비치해두기도 했다. 저녁 8시에 마침내 회의가 끝나자 나를 회사 정문까지 배웅했다. 비서의 배려는 내가 기대했던 것 이상이었다.

그렇다면 두 부서의 서로 다른 접대 스타일이 현장 데이터를 분석해 보고해야 하는 내 판단력에 영향을 미쳤을까? 그렇지는 않다. 하지만 인터뷰 결과를 분석한 후, 첫 번째 부서장이 업무 진행에 경쟁적으로 접근하고 '부족함의 사고방식'에 따른 행동을 하며, 동료 팀원들을 무시하는 태도 때문에 직원들의 불만이 크다는 결과가 나왔을 때 나는 놀라지 않았다.

당신이 이렇다면 주목할 것

• 사람들은 당신의 사무실에 들어오는 순간부터 환영받는다는 기분을 느끼기를 원한다.
• 당신이 회의 참석차 다른 사무실에 방문했을 때 화장실이 급하고, 와이파이에 접속하고 싶고, 몹시 목이 마른 경험이 있었다. 하지만 아무도 눈치 채지 못했다.
• 당신은 직장에서 매우 예의바르다. 손님은 손님이므로 예우를 갖춰 대해야 하며, 당신의 사무실에 방문하는 이들의 경험을 소중하고 가치 있게 만들어주고 싶다.

이렇게 할 것

▶ 손님이 도착하자마자 물 한 잔을 건네고 화장실 가는 길과 코트를 걸어놓을 장소를 알려준다. 가능하다면 와이파이 비밀번호도 제공하라.

▶ 손님을 기다리게 하지 마라. 제시간에 손님을 맞이할 수 있도록 준비한다. 회의 탁자를 미리 치우고, 참석자들이 들어올 때 놀란 것처럼 행동하지 마라.

▶ 당신의 손님이 여러 명의 부하직원을 대동했다면, 그 부하직원들도 그들의 상사와 똑같이 존중하라. 그들의 이름과 직함을 물어보고 그들 역시 편하게 있는지 확인한다. 굳이 이런 말을 할 필요는 없는 것 같지만, '중요하지 않은' 사람들이라고 여기면 그 사람들을 투명인간 취급하는 질 낮은 임원도 존재한다.

▶ 일어서서 손님을 맞이하라. 손님에게 앉으라고 요청하고, 필요한 것을 선택할 기회를 제공하라. 한 사람이 더 높은 곳에 앉는 일은 피한다.

▶ 컴퓨터 화면을 편안하게 바꿔라. 현란한 스크린세이버도 피하라. 핸드폰 전원을 끄거나 최소한 무음으로 바꾸되, 급한 연락은 받을 수 있게 조치해둔다.

▶ 여분의 펜과 종이를 준비하라. 종이를 제공하면 모든 이들의 주의를 컴퓨터 화면에서 멀어지게 하기 쉽고, 핵심을 설명하면서 종종 간단한 도표를 그리기에도 용이하다.

▶ 대화 주제가 기밀이라면 문을 닫고, 칸막이가 있는 사무실에서 일

한다면 회의실에서 회의를 하라.

▶ 회의가 제시간에 끝나지 않을 듯하면, 예정된 종료 시간 10분 전에 회의를 잠시 끊고 시간을 늘려 계속 진행해도 되는지 물어보라. 그렇지 않다면 회의를 언제 속개할지 시간을 정한다. 회의가 길어질 경우 반드시 휴식 시간을 제공해야 한다.

▶ 회의 사이에 예정되지 않은 공백이 생긴다면 방문자에게 건물을 나가서 다시 들어오는 방법, 전자기기를 충전할 장소와 사용 가능한 작업공간을 알려줌으로써 그들이 자유 시간을 잘 활용할 수 있도록 한다.

▶ 손님과 함께 복도를 걸으며 직원들을 소개할 시간을 가져라.

명심할 것

• 사람들을 처음 맞이하는 방식이 중요하듯이, 그들이 떠날 때도 우아하게 배웅할 수 있어야 한다. 중국에서 비즈니스 동료를 대접할 때 나는 마무리 건배의 중요성과 떠나도 괜찮다는(가는 것을 허락한다는) 신호가 얼마나 감사한지에 대해 배웠다. 식사를 하면서 완전히 몰입했던 손님들도 신호에 따라 즉시 자리에서 일어날 수 있었다. 도시의 교통 체증은 끔찍하고 밤은 매우 길기 때문에, 늦게까지 자리를 지키라는 암묵적인 강요는 대단히 무례한 행동이다.

• 좋은 주최자는 권위를 과시하지 않는다.

구체적 사례

· · · · ·

경제적인 부유함이 중요한 게 아니다

나와 일행은 브라질 한 지역사회의 발전조직위원들과 만나 인근 지역의 개발사업이 다른 부분에 미칠 영향에 대해 논의하고 있었다. 대도시 헤시피의 첨단기술 중심지인 포트루디지털은 획기적인 혁신과 기업가정신을 좇는 곳이었지만, 그곳 외곽의 산동네 빈민가에는 수돗물조차 나오지 않았다. 부지런히 움직이는 여성들은 커다란 물통을 들고 공동 식수터에서 물을 길러 집까지 힘겹게 날랐다.

우리가 그 지역 빈민가의 생활상을 살펴보기 위해 도착했을 때, 주민들은 환대하며 어렵게 길러온 신선한 물이 담긴 작은 물병 한 개씩을 나눠주었다. 많은 것이 부족한 삶을 살아가는 사람들이었지만 그들은 할 수 있는 최고의 친절을 우리에게 베풀었고, 우리는 감동했다. 주민들의 배려는 우리에게 고마움 그 이상의 감동을 느끼게 해주었다.

42장

인간미가 있는 사람

낯선 사람을 덜 낯설어하게 돕는다

당신이 뛰어날 필요는 없다. 단지 친절하게 굴어라.

— 버나도 카두치 박사, 소심연구소 전 소장

잡담small talk을 한다면 당신의 말 자체는 금방 잊힐지라도 당신이 사람들을 어떻게 기분 좋게 해줬는지는 계속 기억된다. 가벼운 수다는 진부해 보일 수 있지만 대화로 **중요한 핵심**으로 이끌어주는 것은 결국 잡담이다. 한 연구에서는 대화에 약간의 잡담을 살포시 얹으면 부드럽게 유대감이 형성되고 만족감을 느끼며 소소하지만 즐거운 행복을 느낄 수 있다고 밝혔다.

잡담의 목표는 단짝 친구를 만드는 것이 아니라 단지 몇 분 동안 서로의 관심사를 나누는 즐거움을 함께 느끼는 것에 있다. 대화를 피하려고 화장실에 숨거나 전화를 받는 척하며 자리를 피하는, 극도로 수줍음을 타는 사람들마저도 잡담을 통해 대화를 시작하면 참여가 가능하다.

글로벌 회계법인 언스트앤영의 연구에 따르면, 공동체의 근원으로서의 일터는 소속감의 형성이라는 차원에서 지역 동네나 종교 시설보다 더 우위에 있다. 소속감을 높이는 데는 직원 모임에 초대받거나 다른 사람들이 '당신은 우리 사람'이라고 말하는 것을 듣는 것보다, 자신에 대한 개인적이고 직업적인 삶에 대한 질문을 받는 것이 더 큰 영향을 미친다. 그러니 잡담의 힘을 과소평가하지 마라.

친왁(영국의 인터넷 커뮤니티로 외로움에 대항하는 캠페인을 진행한다-옮긴이)은 영국 근로자들의 40퍼센트가 직장에서 고립감을 느낀다고 보고했다. 한편, 61퍼센트의 근로자들은 만약 누군가와 가벼운 대화를 나눌 수 있다면 고립감이 긍정적인 감정으로 변화할 것이라는 답변을 했다. 문제는 대부분의 사람이 동료들을 잘 모르면 대화를 시작하려 하지 않는다는 것이다. 첫발을 내딛는 것은 힘들며, 그래서 고마운 일이다.

현장경영MBWA은 계획에 없던 즉흥적인 대화에 참여하기 위해, 일터를 비정기적인 방법으로 직접 방문하며 의사 결정을 내리는 관행이다. 1982년 토마스 피터스Thomas Peters와 로버트 워터맨Robert Waterman에 의해 고안된 이 기술은, 동료들이 같은 사무실에서 일하면서도 메신저 같은 전자기기로 소통하고 관리되는 요즘 상황에 적용하기 적절할 것이다. 미리 알리지 않은 적절한 방문은 주의를 산만하게 하기보다는 친밀감을 형성하고 생산적인 아이디어를 쉽게 교환할 수 있게 해준다.

당신이 이렇다면 주목할 것

• 당신은 목표 지향적이지만, 목표물을 향해 전속력으로 달려가는 게 항상 효율적인 것은 아니라는 것을 알 만큼 똑똑하다.
• 가끔은 사람들과 소통하는 시간에도 외로움을 느낀다.
• 지금보다 일을 더 원활하게 진행하기 위한 투자로 3분은 긴 시간 처럼 보이지 않는다.

이렇게 할 것

▶ 당신이 아는 사람과 마주쳤을 때는 반드시 멈춰 서서 그의 가족 혹은 반려동물의 안부나 저녁으로 무엇을 먹었는지 같은 일상적 인 것을 물어보는 게 좋다.

▶ 수다로 친사회적인 행동, 즉 다른 사람들을 위할 줄 아는 행동을 하라. 그들에 대한 긍정적인 소식을 퍼뜨려라.

▶ 누군가를 처음 만나러 간다면 사전에 서로의 관심사가 될 만한 분 야를 찾아보도록 하자. 취미처럼 상대와 즐겁게 대화할 수 있는 일 상적인 공통점을 발견할 수 있을 것이다. 일로 만나는 사람의 경우 에도, 본론부터 말하기보다 간단한 잡담으로 분위기를 부드럽게 만드는 것이 원활한 대화를 이끌어내는 데 더 효과적이다.

▶ 당신은 다소 수줍어하는 편인가? 사람을 만나면 무슨 이야기를 해 야 할지 모르겠는가? 그럴 땐 질문을 하라! 대부분의 사람들은 자 신에 대해 이야기하는 것을 좋아한다. 아이들, 주말 계획, 혹은 반

려 동물에 대해 질문한다. 그리고 대화의 단서를 찾아라. 동료들의 책상이나 칸막이를 장식한 사진이나 잡동사니는 무엇인가? 특별한 것이 없다면 날씨에 대한 생각이라도 나눠라.

▶ 칭찬하라. 어떤 것이든 좋다.

▶ 팀원들이 정기적으로 모여 가벼운 대화를 나눌 수 있도록 하자. 이 것은 자율근무나 재택근무를 주로 하는 일터에서 할 때 더욱더 효과적이다. 주제는 되도록 일상적인 것으로 정한다. 어떤 뉴스가 화제였는지, 오늘 날씨는 어떤지, 요즘 가장 재미있는 영화는 무엇인지 물어라. 이 시간의 목적은 대화를 편안하고 쉽게 이어가는 것이지, 누군가의 연설을 듣는 것이 아님을 기억하자.

▶ 방금 소개를 받았는가? 악수한 후에 침묵하지 마라. 자신에 대한 어떤 것이라도 자진해서 말하면서 대화를 계속 이어가자. 당신이 오늘 아침에 저지른 가벼운 실수를 농담 삼아 건네도 좋다. 대화가 어색한 침묵 속으로 빠져들게 하지 마라.

▶ 다양한 뉴스를 읽고 시사 문제에 대해 비정치적인 논평을 해보자. 매일 신문을 읽어 다양한 분야의 지식을 쌓으면, 어떤 주제에도 막힘 없이 대화할 수 있다.

명심할 것

• 어떤 사람들은 시간을 내어 잡담을 하는 반면, 어떤 사람들은 진심으로 수다에는 전혀 관심이 없다. 그가 대화에 끼고 싶은지 모르겠다면 먼저 의사를 물어라. "내가 간단한 이야기 하나 해줘도 될

까?" 가능하면 유머를 섞고, 당신이 그들을 미소 짓게 할 수 있는 지 보라. 없다고? 그럼 그냥 가던 길이나 계속 가는 게 좋다.

• 잡담을 하는 것은 가십거리를 퍼뜨리기 위한 것이 아니다. 출처가 불분명한 이야기를 계속해서 전한다면, 아무리 가벼운 이야기더 라도 당신의 신뢰를 갉아먹을 것이다.

구체적 사례
· · · · ·

시간을 투자하라

일 외의 것들도 대화를 나누는 것은 어브에게 곤란하고 힘든 일이 었었다. 어브의 하루는 늘 다른 층에서 열리는 세일즈 미팅으로 아침 일찍 시작되었다. 새벽부터 출근을 서둘러야 했던 어브는 사무실에 도착하면 팀원들과 인사를 나눌 시간조차 없는 것처럼 서둘러 미팅 장소로 향하곤 했다. 그래서 팀원들은 늘 상사인 어브에 대한 불만이 가득했다. 처음에 어브는 직원들의 부정적인 피드백에 짜증이 났다. 하지만 관계를 개선해야 한다는 것을 깨닫게 되었고, 태도를 살짝 바 꾸기로 했다. 직원들과 반갑게 인사를 나누고, 아침 회의에서 가장 기억에 남는 일을 공유하고, 가족이나 반려동물의 안부 또는 저녁 시 간에 어떻게 보내는지에 대해 물어보는 데는 단 몇 분 정도면 족했 다. 어브는 이런 작은 변화만으로 자신의 이미지가 이렇게 빨리 바뀔 수 있다는 것에 놀랐다.

43장

세심한 부분에 집중하자

사소한 것에 주의를 기울여 대화의 질을 높인다

전문성의 신호는,
주로 일어나지 않는 것을 알아차리는 방향으로 나타난다.

— 말콤 글래드웰

나는 이번 장의 제목을 '거의 놓칠 뻔했던 것들'이라고 붙이려다 말았다. 언젠가 우리는 스위스 산기슭에 자리 잡은 경치 좋은 곳에서 워크숍을 가졌다. 좋은 음식을 먹고 수탉의 울음소리에 잠에서 깨는 것은 행복한 경험이었다. 자유로운 환경에서 서로 즐겁게 소통한 덕분인지 꽤나 멋진 비전을 들고 회사로 복귀했던 기억이 있다.

이와는 다른 워크숍들도 많다. 예를 들어, 재정이 부족했던 한 중소기업은 직원들을 버스에 태워 몇 시간을 이동해 워크숍을 열었다. 버스 안에서 대부분 잠이 든 탓에 졸린 눈을 하고 숙소에 도착하자마자, 직원들은 곧바로 이어지는 대규모 토론회에 참석해야 했다. 다수의 직원이 비몽사몽 하는 동안 몇몇의 목소리 큰 사람들이 토론을 독점했고, 결국 건설적인 결론은 내리지 못했다.

이런 행사에 점수를 매기라면 나는 C를 주고 싶다. 대기업들은 대규모 컨퍼런스와 회담에 막대한 돈을 쓰고, 중소기업들은 교육이 목적인 워크숍을 치를 비용을 모으기 위해 안간힘을 쓴다. 또한 영리단체와 지역사회 조직은 전략 회의를 열기 위해 사람들을 모은다. 일반적으로 이러한 워크숍은 직원들 혹은 구성원들을 교육하고 자극하기 위한 것으로, 당연히 성공에 기여하기 위해 꾸려진다. 그렇기 때문에 '적절한 사람들'을 '적절한 장소'로 끌어들이고 시의적절한 주제로 의제를 논의하기 위해 많은 노력을 기울이게 된다.

주최자들이 워크숍을 계획할 때는 정확한 일정을 짜는 데 온 신경을 집중한다. 그들은 하루 중 단 한 시간이라도 허투루 보내지 않기 위해 빽빽한 강연 스케줄을 세우지만, 자유 토론을 위한 시간이나 직원들끼리 신뢰를 다지기 위해 필요한 시간은 확보하지 않는다. 그래서 중간 중간 쉬면서 강의 내용을 복기하거나 의견을 물을 시간이 필요하다는 것도 자주 간과한다. 행사가 많을수록 좋다는 것이 그들의 정책인 듯하다. 그러나 이렇게 행사를 계획하면 더 많은 직원들 혹은 더 많은 참석자들이 주제에 몰입하지 못하고 자리를 이탈할 것이다. 그러니 각자가 자유롭게 생각을 정리하고 쉴 수 있는 시간을 추가하라. 참석자들이 소극적인 청중이 되면, 아무리 멋지고 대단한 지식이라도 머릿속에 입력되지 않는다. 이것은 행사의 의미를 퇴색시키는 것이다.

또한 직원들끼리 상호작용을 촉진하는 부분에 대해서는 지나치게 방관적인 계획을 짠다. 단순히 많은 이들을 한 방에 모아둔다고 해서 그들이 대화를 나누게 되는 것은 아니다. 내향적인 사람들은 저 뒤로 물러나고, 친분이 있는 사람들은 삼삼오오 모여 배타적인 대화를 나눌 뿐이다. 또한 수줍어하는 사람들은 아무도 몰래 자리에서 빠져나가려 들 것이다. 이런 상황에서는 모두의 지성을 한데 모을 수 있는 구심점을 만들기 어렵다.

수많은 직원들의 시간과 회사의 자금이 소요되는 행사를 최대한 활용하기 위해서는 사소한 부분에 미리 많은 관심을 기울여야 한다는 것을 말하고 싶다. 세심한 부분에 집중하라. 이것은 꼼꼼하고 엄격하게 스케줄을 정리하라는 의미가 아니다. 전사 워크숍을 의미 있게 보내기 위해서는 대규모의 강연도 필요하지만, 직원 각자가 적극적으로 참여할 만한 기회를 마련해두어야 한다.

그러므로 행사에 5명이 모이든, 500명이 모이든 간에 다음을 고려하여 조직해보라. 우리는 어떤 방식으로 사고방식이 바뀌기를 바라는가? 서로 만날 필요가 있는 이들은 누구인가? 그 일이 일어날지 어떻게 확신할 수 있는가? 이번 행사의 참석자들이 워크숍 종료 다음 날에는 어떤 변화를 일으키기를 기대하는가?

통합을 이루고자 조직되는 작은 행사는 무신경한 행동으로 인해 잠재된 편견이 드러날 때 그 의미가 훼손될 수 있다. 여기에는 누구의 목소리를 특별히 반영하거나, 누구의 이름이 계속해서 잘못 호명되거나, 누구의 자리가 멀리 떨어져 있거나, 누가 회의실에서 앉을 의자를 찾지 못했는지 등이 포함된다.

사소해 보이지만, 간과했을 때 큰 문제를 일으킬 수 있는 것들은 의뢰로 많다. 특히 사람과 사람 사이의 관계에서는 더욱 그러하다. 사소한 것들을 놓치지 않고 배려하며 행사를 조직하라. 이를 통해 조직 혹은 당신이 가치 있게 여기는 것을 보여줄 기회를 놓치지 마라.

당신이 이렇다면 주목할 것

- 동료들을 흥미롭게 하는 데 관심을 갖기보다는 컴퓨터에 더 많은 관심(인터넷 창)을 둔다.
- 다양성을 존중하는 채용 목표를 달성했지만, 당신의 문서에 쓰인 견해에는 여전히 오래된 편견이 남아 있다.
- '숨겨진' 편견이 적나라하게 드러나고 있기에 이를 바꾸기 위해 뭔가를 해보려 한다.
- 그룹에 활력을 불어넣고 함께 즐겁게 보낼 기회를 만들고 싶어서, 동료들에게 주말 휴식을 일부 포기하고 전략 계획을 세우는 회의를 하자고 요청한 적이 있다.

이렇게 할 것

▶ 생각을 불러일으키는 질문 한두 개를 던지며 행사를 시작하라. 이것은 이어지는 토론까지 단단하게 묶어주는 연결고리가 될 것이다. 일정이 끝나면 이 질문에 대해 다시 논의하라. 이때 모든 참석자가 답변을 공유할 수 있도록 충분한 시간을 둔다. 인원이 많은 경우 참석자들이 우선 2인 1조로 말하게 하고, 그 다음은 4인씩, 그 후 테이블에서 대표를 지명해 모두에게 피드백을 제공하도록 한다. 이 과정은 45분 안에 다 할 수 있다.

► 참석자들이 서로의 전문지식을 배울 수 있게 허용하라. 준비된 자료를 다 살펴보는 데 집중하기보다, 강연자가 청중과 대화할 수 있게 슬라이드는 5장 이내로 제한한다. 청중에게 질문할 시간을 넉넉히 주고, 장소가 넓을 경우 마이크를 하나씩 제공한다. 또한 강연자에게 익명으로 질문을 보낼 때 필요한 카드가 준비되어 있는지 확인하라. 설령 강연자에게 질문을 건넬 사회자가 있다 하더라도, 청중들이 발언권을 가질 시간이 있는지 꼭 확인하라. 질문시간이 없는 것은 쌍방향으로 이루어져야 할 행사를 일방적으로 만들어버린다. 당연하게도 이것은 배움의 상호 과정을 약화시킨다.

► 모든 사람들이 말을 하기 때문에 모든 일정에 당신이 생각한 것보다 시간이 더 걸릴 수 있다는 사실을 인지하라. 당신의 계획 사이에 빈 공간이 생기는 것을 두려워하지 마라.

► 몇몇 참석자들은 자신들을 '전문가'로 보는 것에 불편함을 느껴 행사에서 벗어나려고 할지도 모른다. 그러므로 사내 교육이든 사외 컨퍼런스든, 다양한 배경의 사람들을 초청하면서 왜 그들의 생각을 듣고 싶은지, 그리고 그들에게서 무엇을 배우고자 하는지에 대해 더욱 상세히 전달하라. 그들이 당신의 초대를 편하게 받아들이도록 한다.

► 지금 방 안에 누가 있는가? 간단하게 말로 소개를 하라. 그룹의 규모가 큰가? 참석자들이 어떤 사람인지 스스로 드러내고 느낄 수 있도록 몇 개의 질문을 던지게 하라. 가능하다면 명함을 손님들 앞에 놓고 그들이 개인적으로 소개할 수 있게 하여 서로 얼굴과 이름을 연결할 수 있도록 도와라. 사람들이 서로 모를 경우 이 방법

은 작은 그룹에 유용하다.

▶ 대규모 모임인 경우, 모임을 시작할 때 참석자들의 자세한 연락처 정보가 포함된 목록을 배부하여 사람들이 서로를 찾을 수 있게 하라(서로 이름만 인식할 뿐 얼굴은 인식할 수 없을 테니까). 이렇게 하면 나중에 일을 더 쉽게 처리할 수 있다.

▶ 이번 기회가 아니면 만나지 못할 수도 있는 사람들을 위해 부담감을 덜 수 있는 자리를 배정하고, 소소하지만 즐거운 이벤트를 추가하여 서로 충분히 교류하도록 돕는다. 단 6명이 참석하는 회의에서도 자리를 자주 바꿔야 효과를 높일 수 있다.

▶ 사람들이 테이블에 앉아 있지 않다면, 대화하기 더욱 수월하게 원형이나 가장자리를 둘러앉는 방식으로 의자를 배열하는 것을 고려해보라.

▶ 특히 식사할 때 자리를 배정하는 것을 잊지 마라. 되도록 다양한 팀의 구성원들이 서로 섞이게 배치하고, 모두의 소개가 끝난 다음에 대화가 단절되지 않도록 각 테이블마다 '선장'을 임명한다. 이때 테이블 위에 재미있는 질문을 여러 개 올려놓는 것도 좋다. 예상치 못한 질문을 받게 되면 당황할 수도 있지만, 매우 외향적인 사람들조차도 어색함을 깨뜨릴 도구가 준비되어 있는 것에 안도할 것이다.

명심할 것

• 컨퍼런스와 함께 진행될 부가적 행사에 대한 공지를 충분히 하고,

이 행사에 의무적으로 참석해야 하는지 여부를 알려준다.

- 모든 연령대의 직원과 다양한 규모의 그룹이 즐길 수 있는 유대감 기르기 행사를 준비하라. 단, 몸에 무엇을 지니고 다녀야 하거나, 서로를 만지거나, 눈을 가리는 행사는 모두에게 알맞지 않다. 세심하게 챙겨라.

구체적 사례

훌륭한 평가를 얻는 법

토메카는 여러 지역의 사람들이 참석하는 모임을 조직할 때 물샐틈 없는 완벽함을 추구한다. 일단 모임 장소에 도착하면 선물꾸러미가 기다리고 있다. 여기에는 개인적인 환영 메모(주로 그 지역 방문 기념엽서), 자세한 설명이 담긴 지도 한 장, 공식 행사 시작 전에 방문할 만한 장소 제안서가 담겨 있다. 그리고 전통차 한 잔과 새로운 주변 환경을 느낄 수 있도록 지역화폐가 담긴 작은 봉투 등도 제공한다.

토메카는 사전에 참가자 모두의 사진, 연락처 정보, 약력을 확인할 수 있는 인터넷 페이지 링크도 잊지 않고 메일로 발송한다. 이후 토메카는 참석자들이 헤매지 않고 자기 자리를 찾아 앉을 수 있도록 좌석 배치도도 함께 보낸다. 좌석 배치는 각 주제별로 달라지며, 여러 지역의 사람들이 골고루 배치되도록 구성되어 있다.

좌석 배치에 숨겨진 또 하나의 비밀은 행사 전에 참석자들이 보내온 만나고 '싶은 사람들'의 목록을 기준으로 구성되었다는 것이다.

하지만 서로 어색할 수 있기 때문에, 토메카는 직접 자리를 돌며 적극적으로 참석자들을 소개하는 일도 잊지 않는다.

또한 핸드폰을 보며 관심 없는 척하는 사람들을 위해 끊임없이 행사장을 살피고, 공통의 관심사를 공유할 수 있도록 대화의 물꼬가 트이게 한다. 그녀는 이처럼 세심하게 행사를 진행함으로써 모두의 만족도를 최상으로 끌어올렸다는 칭찬을 들을 수 있었다.

44장

연결고리를 만들자

일과 관련 없는 관심사와 경험으로 소통한다

당신은 회계사일 수도, 간호학교 선생님일 수도, 또는 흉부외과 의사일 수도 있다. 누군가의 '직업'을 정의내리는 것은 쉽다. 우리는 보통 자신의 업무와 관련 없는 것들에 대해 크게 관심을 두지 않지만, 누군가는 당신이 하는 일에 대해서 궁금해할 수 있다.

당신이 혹시 지질학 학위가 있는 보험사 임원이라면 당신의 지적 자본을 동료들과 어떻게 공유할 수 있겠는가? 회의실에서 2차원 영상을 보는 것보다 직접 경험할 수 있도록 산이나 화산 근처에 외부 장소를 잡는 것이 더 좋다고 보는가? 혹은 당신이 주말에 승마를 즐긴다면, 긴장을 푸는 데 도움이 되는 승마장 방문이 사업 개발 관련 식사나 연례 기업 골프 행사를 대체할 수 있는가? 셰프들은 압박감을 느끼며 새로운 메뉴를 개발한다. 그렇다면 기술 컨설팅 제안서를 쓰면서 요리하며 보낸 2년을 대충 적지 말고, 상세하게 적어보는 건 어떨까? 가령 "나는 X이자, 동시에 Y이다"라고 설명하는 것은 포괄적이며 주변인들의 흥미를 끄는 방식으로 당신의 정체성을 전달한다. "나는 사진작가 겸 기업 소송인이다." "나는 홀로코스트 생존자의 자식이자, 필라테스 강사이다."

당신의 풍부한 경험을 드러내고, 다른 사람들도 똑같이 하도록 권유하는 것에는 다음과 같은 여러 장점이 있다. 첫째, 차이를 극복한다. 다양한 경험을 표현하고 그것을 가치 있게 여기는 것은, 겉으로는 전혀 달라 보이는 사람들이 서로에게서 동질감이라는 연결고리를 발견하게 돕는다. 당신과 팀원들이 서로 다른 학교 출신인 데다 종교적으로 다른 집안 출신일 경우에도, 춤에 대한 사랑으로 아이들을 가르치면서 유대감을 형성할 수도 있다. 이것은 직장 성공의 기반인 소속감을 기르는 데 도움을 준다.

둘째, 미래의 지원을 확립한다. 사회심리학자 로버트 치알디니 교수는 일상적인 공통점을 초기에 발견할 것을 권한다. 그 이유는 초기 만남에서 공통점을 찾지 못하면, 이후 모든 만남에서 상대에 대한 호의와 신뢰성에 의심을 할 가능성이 커지기 때문이다. 공통점을 초기에 발견하고 계속 앞으로 나아간다면, 당신이 알고 싶어 하는 그 사람의 마음속에서도 당신에 대한 긍정적인 생각이 커질 것이다.

셋째, 새로운 기회를 창출한다. 조직의 수익성이나 영향력을 확대하려 할 때 당신이 영향을 미칠 수 있는 다양한 영역을 사람들이 인식한다면, 당신의 영향력이 커질 것이다! 당신이 아시아 여성이라 가정해보자. 그리고 농부 집안 출신이고, 페루에 살고 있고, 수채화에 열정이 있으며, 은행원이라는 직업을 갖고 있다고 하자. 당신은 시장 확대를 추구하는 퀴노아 생산자와, 새로운 업무 개발을 추진하라고 압박하는 당신의 회사를 어떻게 연결할 수 있을까? 사무실에 몇 명의 담당자를 초대하여 수출 회사에 다니는 사람들 세 명과 만나게 하라. 또한 고향 친구들을 데려와 농촌의 식습관이 어떻게 변화하고 있는지에 대한 시각을 제공하게 한다. 당신이 일하는 은행의 은행장이 위원회의 구성원으로 있는 지역 갤러리에서 회의를 열고, 작품을 전시 중인 두 명의 아티스트를 초대해볼 수 있다. 갑자기, 당신은 당신의 관심사로 인해 고무적인 느낌을 받고 삶이 풍요로워지며, 새로운 연결의 촉매제가 되어 역동적인 변화의 중심에 서게 될 것이다.

넷째, 깊이 있는 대화가 가능하다. 때로는 부끄러운 과거가 새로운 관계의 토대가 될 수도 있다. 많은 기업들이 사회적 책임을 다하기 위해 점점 더 '봉사의 날'이나 '지역사회 지원 프로그램'을 도입하고 있다. 그 의도는 분명히 선하지만, 이 프로그램을 이끌어가는 동력은 종종 '우리는 여러분을 위해 무언가를 하려고 노력하고 있다'는 것을 알리는 것에 국한되기도 한다. 이러한 일종의 의무적 봉사는 자율적으로 성장하지 못한다.

가령 당신은 회사의 권고로 해비타트 운동에 동참하고 있지만, 당신이 지어준 집에 살 사람들과 대화를 나눠본 적은 없을지도 모른다. 그러나 만약 당신이 새로 지은 집에 살게 될 편모와 형제가 어떤 사연을 가졌는지를 알게 된다면, 과거 당신의 경험과 같다는 것에 깜짝 놀라며 꾸준히 연락을 주고받을지도 모른다. 다른 누군가의 현실을 이해하지 못한 채 팀원들과 하루 종일 밖에 있었다고 만족하지 마라. 그 사람이 지닌 역사를 알게 된다면 현재의 교류가 더욱 풍성해진다는 사실을 잊지 마라.

다섯째, 다양한 분야의 파트너들과 더 효과적으로 작업할 수 있게 된다. 요즘에는 복잡하고 서로 연결된 문제에 대한 해답을 찾기 위해 정치, 지역사회, 비즈니스 대표들 사이의 협력이 필요하다는 인식이 점점 커지고 있다. 이는 이론적으로는 훌륭하지만, 실제로 성사시키기 위해서는 연결고리를 만드는 좀 더 노련한 능력이 필요하다. 일단 서로를 연결하는 다리를 건설하고 나면 서로의 말을 이해하고 단합의 방식에 동의하는 것이 수월해진다. 뿐만 아니라, 당신이 필요로 하는 지원을 얻기 위해 다양한 주민들에게 전달되어야 할 정보가 무엇인지를 알아내는 일도 더욱 쉬워진다.

당신이 이렇다면 주목할 것

- 한 가지의 유사점을 찾는 것(둘이면 더 좋고)은 새로운 협업의 토대를 마련할 것이다.
- 그동안은 차이에 초점을 맞춰왔다. 이제 경험의 보물창고에 들어가 놀라운 공통점을 찾을 시간이다.
- 과거의 취약한 경험을 공유한다면 미래의 더 큰 성공을 이끌 당신만의 자리를 만들 수 있다.
- "나는 X이자, 동시에 Y이다"는 스스로를 표현하는 그 어떤 정의보다 훨씬 더 매력적이다.

이렇게 할 것

▶ 사무실 벽 너머를 살펴보라. 그곳에서 당신의 역할과 관심사를 고려해보자. 사람들을 만날 때 이전에는 고려하지 않았을 수도 있는 공통점을 파악한다.

▶ 당신 자신과 다른 사람들을 다른 범주로 분류하기보다 공통점이 있다는 관점에서 바라보라. '그리고, 또'에 주목한다.

▶ 취약한 모습을 내비치는 것을 두려워하지 마라. 가끔은 우리 과거의 덜 매력적인 부분이 다리를 건설할 가장 완벽한 장소다.

▶ '내가 이 대화에 또 누구를 끌어들일 수 있나?'라고 끊임없이 자신에게 질문하라. 일반적인 업무 환경 밖에서 당신의 관계가 어떻게 새로운 단체와 단체를 이어주는 다리 역할을 할 수 있을까? 더 많은 사람과 만남을 갖는 게 도움이 될까?

명심할 것

• 때때로 연결고리를 만드는 가장 효과적인 방법은, 공통의 관심사를 소유한 사람이나 단체를 서로 소개해주는 것이다.

• 사람들 사이에 다리를 놓으려는 노력을 할 때 동료들의 사적인 정보를 공개하지 않도록 하라.

구체적 사례

·····

기후 변화에는 공유하는 언어가 필요하다

나이젤 토핑(전 탄소공개 프로젝트의 이사)이 위민비즈니스We Mean Business(무탄소 경제로의 전환을 가속화하기 위해 세계에서 가장 영향력 있는 수천 개의 기업들과 함께 일하는 7개의 국제 비영리 단체들의 연합)의 CEO 역할을 맡을 의향이 있는지 묻는 전화를 받았을 때, 우리는 자이푸르 외곽에 위치한 아라발리 언덕에 있었다. 우리는 모든 참석자들이 나서서 더 많은 일을 하도록 자극받은 리더십 회담을 방금 마친 상황이었다. 2014년 가을, 기회는 말 그대로 나이젤을 부르고 있었다.

2015년, 지구상의 거의 모든 나라들은 파리로 협상팀을 보내 미묘한 전문 용어들을 면밀히 조사하며 지구온난화를 막기 위한 선언문을 만들었다. 친구들 몇 명이 모여 토요일 밤에 무엇을 할지 합의하는 것도 어려운데, 하물며 195개국으로부터 동의를 얻는 것이 얼마나 어려웠겠는가? 기후변화에 대응해야 한다는 지지자들은 온실가스 감축을 위해 정부와 기업의 협력이 지닌 중요성을 이해했지만, 과거 COPConference of Parties(당사국 총회)에 참석한 기업의 지속가능경영 담당자들은 최종 투표권을 가진 정책입안자들에게 접근하여 기업 비즈니스에 걸림돌이 생기지 않도록 회유하려고 했다.

이런 상황은 위민비즈니스가 회사 대표들을 한자리에 모아 하나의 일치된 메시지를 취합하고, 정보를 종합하고, 그들의 개인 및 공유 네트워크의 힘을 전략적으로 활용하면서 바뀌기 시작했다. 위민비즈니스는 모든 참석자들이 늘 최신 동향을 알 수 있도록 데일리

·····

레터를 제작했다. 그리고 산업 피해를 최소화할 수 있는 방안을 제시하면서 기업과 정책입안자들 사이에서 통역가의 역할을 했다. 언론사의 대표들은 쉽게 이해할 수 있는 언어로 기후변화의 문제점을 상세하게 풀어낸 메시지를 받았다. 결과는? 파리기후협약은 성공적으로 체결되었고 나이젤 토핑은 역사적인 국제협약을 이끈 주역 중 한 명으로 기록되었다.

45장

속하고 싶은 그룹을 만들자

다수에게는 에너지와 힘이 있다

> 팀의 강점은 각각의 선수이다.
> 각각의 선수의 강점은 팀이다.
>
> ─ 필 잭슨, 전 NBA 농구감독

지금부터 안전벨트를 단단히 매라. 이번 장에서는 당신에게 초능력을 주려 한다. 강력한 정신력과 변화, 그리고 지속가능성을 말이다. 다시 태어나려는 (개인, 조직, 사회의) 태초의 바다가 개인과 그룹 사이의 공간에서 부글부글 끓어오르고 있다. 당신의 행동은 그룹에 영향을 미치고 그룹을 정의하며, 그룹 또한 당신의 신념과 행동에 영향을 끼친다고 주장하겠지만, (당신 자신과 주변 시스템의) 진정한 변화의 핵심은 함께 만든 무대에서 울려 퍼지는 협동의 힘을 깊이 이해하는 것에서 비롯된다.

당신도 개선하기 원하지만, 나도 개선하기 원한다. 우리는 우리가 속한 집단의 목소리를 증폭시키는 그룹을 형성하며, 이 그룹은 나아가 (이상적으로는) 통찰력과 용기, 그리고 개인적인 기쁨의 순간을 불러일으킨다.

여기 더 흥미로운 사실이 있다. 우리는 끊임없이 새로워지는, 상호 의존적인 순환을 시작했다. 개별적인 경험이 그룹으로 흡수되면 그 그룹의 동력은 변화하기 시작한다. 우리는 함께 새로운 기준의 모델을 만드는 것에 도전하고, 함께 배우기에 더 똑똑해진다. 또한 처음에 우리를 하나로 만든 목표를 위해 더 열심히 노력한다. 다수에게는 용기와 힘이 있다. 그리고 그 활력은 당신이 많은 것, 또 그보다 더 많은 것을 하도록 동기부여를 받을 때 영향력을 발휘해 개인적인 발전을 촉진시킨다.

당신은 변화하고 있다. 내면을 변화시키고 행동을 통해 당신 주변의 세상에 영향을 미치고 있다. 당신은 당신이 가지고 있는 눈에 보이는 효과에 의해 힘을 내서 살아간다. 이제 더 이상 혼자라고 느끼지 않는 당신은 자긍심으로 가득 차 있다.

힘 이야기가 나와서 말인데, 우리 모두는 권력을 창출할 수 있는 잠재력이 있다. 권력의 창출이란 특정 목적을 위해 사람들을 성공적으로 하나로 모을 수 있는 사람 또는 조직의 능력을 말한다. 이를 활용할 줄 아는 사람들은 집단적인 힘이 영향력 있는 개인과 기관의 관심을 더 많이 받을 수 있다는 것을 잘 알고 있다.

목적을 분명히 밝히고, 참여를 독려하며, 모임을 유지하기 위해 구조를 만들어내는 능력은 당신과 그룹 구성원들, 그리고 당신의 조직을 위한 가치를 창출한다. 당신은 외로움을 줄여주고 당신에게 중요한 정체성을 확실히 전달해주는 당신만의 맞춤 그룹이 있을 것이다. 그룹 구성원들은 서로에게 단지 개념만 얻는 것이 아니라 통찰력을

개인과 그룹 상호작용의 핵심은 서로의 합의하에 생성된 초능력이다

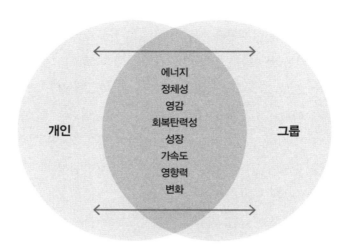

얻고 새로운 관계를 구축하며 책임감이 높아지는 경험을 한다. 그 그룹은 서로에게, 그리고 당신에게 유대감을 준다.

이슈를 포착하고 그것들의 연결고리를 잇는 방식으로, 당신은 스스로의 생각을 확고히 해왔다. 이제 당신이 공유한 생각은 통제하기 어려울 정도로 넓게 퍼지기 시작한다. 그것은 조직이나 사회정책을 추진하면서 그것 자체로 정체성이 있고 가치가 있는 살아 숨 쉬는 것이 된다. 즉, 당신이 만든 그룹은 당신의 플랫폼이 된다. 그리고 그 플랫폼은 다른 사람들을 성장시키기 위해 계속해서 확장될 수 있다. 의미 있는 그룹을 만든다는 것은 스스로는 물론 세상을 바꾸는 중요한 가치를 설파하는 행위로, 삶의 풍부함을 발견하는 사례가 된다.

당신이 이렇다면 주목할 것

- 개척자가 되는 것은 지치고 외로운 일이므로 당신의 그룹이 제공할 수 있는 에너지와 창조성에 기대고 싶다.
- 어딘가에 소속되기를 원하지만 참여할 만한 뚜렷한 그룹이 없다.
- 자원을 공유하고 서로의 실수에서 배우는 것이 비용 효율이 더 높다. 그런데 누가 당신 생각과 같을까? 지금부터는 회사 내부가 아닌, 외부에서 찾아봐야 할 때다.
- 당신은 새로운 정체성을 확고히 하기를 원하며, 그룹의 일원이 되는 것이 당신의 자아를 강화시키고 목적을 명확하게 해줄 것이라는 사실을 알고 있다.

이렇게 할 것

▶ 당신이 함께하고 싶은 그룹을 만들어라. 일단 임무를 정한다. 당신이 이루려는 것은 무엇인가? 회사 내부의 일인가? 당신을 흥분시키거나, 짜증나게 하거나, 겁나게 하는 이슈나 과제는 무엇인가? 사무실 주변의 소음 공해를 막을 준비가 되었나? 새로운 역할을 맡거나 회사를 옮기면서 지원을 기다리고 있나? 당신의 지역 사회에는 새로운 이민자들에게 영어를 가르치는 퇴직자들이 있는가? 최근에 대학을 졸업하고 신제품 출시를 준비하는 이들이 있는가? 아니면 당신은 명분을 지키기 위해 싸울 준비를 하고 있는가? 화학 공장의 안전성을 염려하는가? 주변에 물어보라. 그리고 같은

생각을 하는 사람을 찾으려 노력하자. 소셜미디어를 활용하면 도움이 될 것이다.

▶ 모든 그룹의 규모가 클 필요는 없다. 사실 6명에서 8명 사이의 인원이 가장 효과적인 규모다. 아마존 CEO 제프 베조스의 '피자 두 판의 규칙'을 활용하라. 그는 모든 회의를 피자 두 판을 먹을 수 있는 사람들의 수로 제한하자고 제안했다. 규모를 한정하면 모든 사람들에게 발언 기회가 골고루 주어진다.

▶ 성공을 정의하라. 목표는 명확하고 현실적이어야 한다. 시간을 제한하라. 언제든 연장할 수는 있지만 다음과 같이 목표와 시간을 정하면 그만큼 행동이 달라질 것이다. '우리는 12월까지 사운드 데시벨을 X퍼센트 줄이고 싶다.' 잠재적 참석자들은 수행 기간을 명확히 알고 있을 때 더 기꺼이 승낙하려고 한다(이후 약속 시간을 연장할지라도).

▶ 당신이 그룹을 소집했다면 처음부터 당신이 리더다. 그렇다고 당신이 모든 것을 해야 한다는 뜻은 아니다. 장소를 정하고, 참석자를 확인하고, 의제를 계획하는 책임을 공유하라.

▶ 기대치를 정하라. 기밀사항을 검토하고 지키도록 한다. 또한 새로운 구성원을 어떻게 선정할 것이며, 그들이 어떤 방향을 잡게 할지 합의한다. 한 사람이 빠질 수 있는 회의는 몇 번까지 허용되나? 회의와 회의 사이 소통의 빈도와 방식은 어떻게 하는가?

▶ 당신의 그룹은 개인들로 구성되어 있다. 모임 초반 '이유(근황)'를 묻는 질문을 던지며 대화를 시작하라. "오늘 여기 와서 신난 이유는 무엇인가?" "지난번에 만난 이후 어떤 일로 기뻤나?" "털어놓

고 싶은 속상한 일은 없었나?" 그룹의 크기가 커지면 개인적인 이유를 설명하면서 하던 임무를 계속 수행한다.

▶ 공동의 목표를 달성하기 위해 노력한다. 각 개인이 어떻게 기여하기를 원하는가? 연락처를 통해 개별적으로 공유하거나 언론 보도를 하는 방법도 있다.

▶ 형성되고, 전개되고, 표준이 되고, 수행하고, 쉬어가는 것은 그룹이 발전하는 단계다. 사람들을 모아 그룹을 만든다(형성). 당신이 시작할 때 말하지 않았거나 실현되지 않았던 것에 대해 논쟁한다(전개). 기대치를 확정한다(표준). 행동할 준비를 갖춘다(수행). 언제 끝나는지 알고 있다(휴정).

▶ 변화를 추구하는 것은 조직에 새로운 관행 및 신념을 퍼뜨리는 그룹에 의해 가속화되고 지속된다. 사고방식과 태도에 영향을 미칠 수 있는 사람들을 모아서 그들이 소통하고 정보를 얻을 수 있으며 바라는 행동을 본보기로 삼을 수 있는 도구를 제공하고 지원하라. 문화 매개체 역할을 하는 이들이 항상 가장 큰 사무실에 있거나 존경받는 직함을 갖는 것은 아님을 기억한다. 서로 다른 수준의 직원들을 모으는 것은 개인과 기업에 에너지와 통찰력을 제공한다.

▶ 조직적 제휴는 특히 다른 기관과 힘을 합칠 때 당신의 공동체에 더 큰 변화를 가져오는 플랫폼이 될 수 있다. 공동체의 개혁은 교육자, 상점주인, 경찰, 부모들이 모두 모일 때 가속화된다. 당신은 회사 벽 너머의 변화를 보고 싶은가? 다양한 주민들의 대표로 이루어진 그룹을 조직할 수 있나? 당신이 최근 접근한 사람들에 대해 전부 알 필요는 없다. 단지 당신의 아이디어와 그들의 참여 사

이의 연관성을 끌어내는 설득력 있는 발언을 할 수만 있으면 된다.

▶ 비전을 공유하라. 목적을 같이 하는 이해관계자 그룹을 소집하는 것은 직원, 고객, 그리고 당신에게 의미를 가져다준다.

▶ 조직의 영향력을 이용하여 변화를 일으켜라. 회사들은 자신의 브랜드를 만드는 동시에 명분을 알리는 행사를 조직하기 위해 그들이 소집할 수 있는 힘을 과시한다. 사회적 변화를 유발하기 위해 당신의 조직은 무엇을 할 수 있는가?

명심할 것

• 처음의 진실한 마음을 유지하라. 오직 마케팅이나 브랜딩의 목적으로만 모임을 소집한다면 당신의 평판이 나빠질 수 있다.

• 많은 사람을 모으는 것은 바람직하지만, 거절도 정중하게 받아들일 준비를 하라.

구체적 사례
· · · · ·

보이지 않는 것을 이해하고 조절하라

저스틴이 원하는 것은 인정과 더 많은 자극, 새로운 책임, 그리고 약간의 충고였다. 그는 암호화폐 시장을 선도하는 헤지펀드의 최고 감사책임자CCO였다. 저스틴은 회사가 이 새로운 영역에 발을 들이면서 어떤 기준을 따르고 있는지 확인하고 싶었다. 하지만 내부 고문변호사는 아무런 대답도 하지 않았다. 외부 변호사들도 마찬가지였다. 저스틴이 알아낸 바에 따르면, 아직 암호화폐 시장에는 규칙이 없었다. 그리고 헤지펀드 업계는 입법기관보다 더 빠르게 움직이고 있었다. 저스틴은 긴장하며 여러 방안들을 모색했다. 상사는 저스틴과 눈도 거의 마주치지 않았지만, 저스틴은 상사가 원하는 정보를 매우 빨리 전달했다. 자료를 건네며 저스틴은 상사에게 이렇게 말했다. "우리는 독일 외 지역에서 암호화폐 초단타매매거래를 하고 있습니다. 지금껏 이렇게 한 사례는 없어요"라고 경고했다.

저스틴은 이런 상황이 회사에 어떤 영향을 미칠지 예측하기 위해 필요한 그룹을 구성했다. 그는 변호사들과 감사책임자 동료들, 트레이더들을 회의에 초청했다. 초청한 12명 가운데 최소 8명이 참석 의사를 밝히자, 저스틴은 모든 일이 다 잘될 것만 같은 기분이 들었다. 회의에 참석한 사람들은 자신들의 경험과 지식을 공유하며, 문제점을 분석하고 규제기관을 방문해 설명을 들었다. 저스틴은 그전까지 암호화폐에 대한 지식이 전혀 없었지만, 점차 이 분야에 대해 정보를 쌓으며 자신만의 시각을 갖게 되었다. 저스틴의 노력을 통해 회사는 불필요한 문제에 휘말리지 않을 투자 원칙을 새롭게 정립할 수 있었고, 위기 상황은 조용히 종료되었다.

저스틴이 회사를 위기에서 구해내자, 그를 무시하던 상사도 태도를 바꾸었다. 하지만 저스틴의 명성이 이미 널리 퍼진 뒤였고, 저스틴은 수많은 경쟁사로부터 입사 제의를 받았다. 현재 저스틴은 새로운 회사에서 더 많은 일을 하며 더 많은 보상과 존경을 누리고 있다.

46장

현실적인 낙천주의자

그들은 희망을 불어넣는다

진정한 실패는 두려움에 직면하고 싶지 않기 때문에
기회를 외면하는 것이다.

— 티파니 팜Tiffany Pham, 『당신은 실력자다』의 저자

「월드뷰」라는 게임쇼가 있다. 이 프로그램의 참가자들은 어느 문을 통과하고 싶은지 선택한다. 첫 번째 문 뒤에는 부정, 갈등 회피, 그리고 집착이 있다. 두 번째 문 뒤에는 실험, 포부, 가능성이 있다. 낙관적인 관점을 택하기로 결정한다면 당신의 기분과 주변 사람들에게 긍정적인 영향을 미칠 것이고, 동기부여와 참여를 증가시키며, 혁신을 촉진시킬 것이다. 자, 선택하기 전에 몇 분 더 기다리고 싶은가? 당신에게 달렸다. 그리고 이것은 선택이다. 당신이 자연스럽게 더 끔찍한 상황을 선택하지 않는다 해도, 기회를 보는 당신의 마음을 단련할 수 있다.

이스라엘의 예술가 파즈 펄먼Paz Perlman은 히브리어로 현실을 뜻하는 단어는 מְצִיאוּת(메츠웃)이고, '발견된 것'이라는 의미가 있다고 내

게 설명했다. 이 단어는 '발명하다'는 뜻의 히브리어 להמציא(람치)와 같은 뿌리를 공유하고 있다. 이것은 어떤 것에 대한 역동적이고 변화하는 관점으로 만들어진다. 이와 대조적으로 서양의 언어에서 현실의 '실제'는 정적이고 고정되어 있다. 이것을 반박할 수 없을 것이다. 누군가 "이 상황의 현실은……"이라고 말한다면 그는 변할 수 없는 상황임을 강하게 주장하고 있는 셈이다.

나는 당신이 아무리 암울한 상황일지라도 현실에 눈을 뜨고 이성적으로 상황을 평가할 수 있으며, 긍정적인 결과를 향한 길 역시 찾아낼 수 있다고 믿는다. 우리는 많은 것들이 깨지고, 더 많은 것들이 깨질 거라는 사실을 알면서 매일 아침을 시작한다. 삶을 침울하게 하는 것들은 많다. 빙하는 녹아가고, 사람들은 굶주리고, 정치인들은 자신들의 이익만을 위해 행동하고 있다. 화재에, 지진에, 또 다른 대규모 총격 사건도 발생하고 있다. 또한 실망스러운 일들이 줄줄이 직장에서 기다리고 있다. 하지만 실용적인 낙천주의자는 암울한 환경에 놓여 있어도 그날그날 살아남을 수 있다면 성장의 활은 결국 옳은 방향으로 구부러질 것임을 알고 있다. 목표는 계속 나아가면서 가능한 것에 대한 믿음을 유지하는 것이다.

나는 개인과 그룹 모두가 훌륭한 일을 할 수 있다고 믿는다. 나는 이번 장에서 "현실적인 낙천주의자가 돼라"고 말할 예정이지만, 이는 사실상 '거의'(완전히는 아니지만 주로 낙관적인)와 '실용적'(사실을 맹목적으로 보지 않는)이라는 이중의 의미를 표현한 것이다. 당신이 두 번째 문으로 들어서면 삶의 현실과 가능성을 볼 수 있으며, 당신은 두려움보다는 희망을 선택하게 될 것이다.

많은 관리자와 직원들은 기본적으로 작동하지 않는 것에 초점을 맞춘다. 스터즈 터켈Studs Terkel은 그의 책 『일Working』을 쓰기 위해 각 계각층의 근로자들을 인터뷰했다. 그는 "이 책은 일에 관한 것으로서, 본질적으로, 육체뿐만 아니라 정신의 폭력에 대한 것이다"라는 무자비한 논평으로 책의 첫 장을 연다. 꼭 이런 식이어야 할까? 가장 생산적인 전문직 종사자들은 적절한 수준의 낙관론을 포함시켜 직원들에게 일을 하면서 좋은 일이 생길 거라는 믿음을 길러준다. 이것은 하루 종일 반짝반짝 빛나고 행복하다는 의미가 아니라, 일이 난관에 부딪치면 해결할 방법이 반드시 나타난다고 말하는 것이다.

가브리엘 외팅겐Gabriele Oettingen 박사는 "낙천적인 것은 단순히 긍정적인 사고보다 훨씬 더 깊이 파고든다"고 주장한다. 그녀는 복권에 당첨되는 꿈을 꾸는 한 사람에 대한 농담을 자주 예로 든다. 수년간 절박하게 환상을 품고 살던 누군가가 신에게 도움을 부르짖는다. 하늘에서 내려온 조언은 이랬다. "복권을 먼저 사는 게 어떤가?!"

외팅겐 박사는 꿈이 우리에게 행동하도록 영감을 줄 것이라는 개념을 맹목적으로 믿지 않아야 한다고 충고한다. 그녀의 연구는 홀로 소원을 빌면(맹목적 낙관) 성공하지 못한다는 것을 보여준다. 이는 우리의 마음을 속여서 원하는 목표를 달성했다고 믿게 하기 때문에, 발전보다는 현실에 안주하게 만든다.

외팅겐 박사와 그녀의 동료들은 정신적 대조 혹은 WOOP(바로 뒤에 나오는 '이렇게 할 것'을 참고할 것)이라 부르는 기법을 개발했다. 이는 단순히 성공에 대한 환상만 가지는 것이 아니라, 원하는 결과를 상상하고 자신의 행동에 방해가 되는 장애물을 떠올리는 것이다. 거품을 터뜨려서 미안하지만 단순히 '할 수 있다'는 태도로는 목표에 어느 수준까지밖에 가지 못한다. 꿈을 크게 갖는 것도 좋지만 그것을 현실로 만들기 위한 실질적 조치를 반드시 취해야 한다. 직장에서 성공과 기쁨을 경험하고 싶은가? 야심찬 목표를 설정하고 장애물을 생각하는 용기를 가지며, 그것들을 정복할 때 더욱더 큰 기쁨을 느낀다는 것을 기억하라.

당신이 이렇다면 주목할 것

- 당신은 두려움으로 얼어붙기보다 따뜻한 빛을 선호한다.
- 까다롭게 과거를 되새기기보다는 앞날을 내다보는 것에 더 끌린다.

이렇게 할 것

▶ 비관주의는 설명하기 위한 방식이지 유전적으로 결정된 조건이 아니다. 긍정심리학 분야는 부정적인 경험을 하나의 상황에 특정한 일시적인 것으로 여겨서, 자신의 치명적인 결점을 나타내지 않을 때 더욱 낙관적인 사고방식이 형성된다는 것을 보여주는 증거로 넘쳐난다. 새로운 제품이 안전 테스트에 불합격되었나? 필요한 조정을 하고 다음에 통과하면 된다. 승진에서 누락되었는가? 내년에는 더 많은 경험을 하여 열성적인 후원자들을 추가로 양성할 기회를 가질 것이다. 마틴 셀리그먼Martin E. P. Seligman이 쓴 책『학습

된 낙관주의』를 확인해보라. 훌륭한 고전이다.

▶ 능동적이고 건설적으로 대응하는 연습을 하라. 동료들이 좋은 소식을 공유할 때, 그들이 긍정적인 감정을 이어갈 수 있게 반응하면서 들어라. 예를 들어 직장 동료가 최근의 성공 소식을 전하면 단순히 "좋다"라고 대답하기보다 "더 말해줘. 어떻게 그렇게 해낼 수 있었어?"라고 한다. 이것은 가능성을 주입하는 것으로 전염성이 있다. 능동적이고 건설적인 반응을 보이는 입장인 당신은 감정을 풍부하게 공유하고, 좋은 소식을 전하는 당신의 동료는 당신에 대해 더욱 호감을 갖게 된다.

▶ 크고 막연한 목표를 성취하고 기념할 수 있는 실현 가능하고 눈에 보이는 행동으로 전환하라. 식당을 개업하는 것은 엄청난 목표다. 어떤 단계를 밟아야 할까? 위치는 정했나? 계약서에 서명했나? 첫 번째 직원은 고용했나? 점차 커지는 당신의 성공을 친구 및 동료들에게 반드시 '자랑'하라. 곧 운영할 그 장소에 그들을 초대해 음료를 마셔도 좋다.

▶ WOOP: 소망Wish, 결과Outcome, 장애물Obstacle, 계획Plan을 말한다. 소망을 떠올리고, 잠시 그것이 실현된다고 상상해보라. 그리고 기어를 바꿔 당신의 소원을 성취하는 데 방해가 되는 장애물을 상상해보라. 이것은 당신이 어떤 목표를 추구할지, 그리고 어떤 것이 비현실적이기 때문에 버려질 수 있는지를 결정하고 계획하는 데 도움을 준다.

▶ 목표를 다시 떠올리고 당면한 문제에 매여 있지 마라. 무엇을 수정할 수 있을까? 노력을 얼마나 해야 할까? 업무 순환이 필요한가?

동료들과 함께 근무 시간을 공유하라. "우리는 X에서 성공하지 못했기 때문에 지금 Y를 따라가고 있어" 같은 말로 혼란을 주지 마라. 이런 말은 당신의 팀이 실패를 겪었을 때 사기를 크게 떨어뜨린다. 방향의 변화를 모른다면 목표에서 더욱 멀어질 것이다.

▶ 솔직해져라. 당신이 예상한 장애물을 공개적으로 검토하고 다른 사람들에게 의견을 요청한다. 모든 것이 잘되는 척한다면 당신을 성공으로 이끌지 못할 것이고, 당신의 명성을 손상시킬 것이다. 답을 모르는 것은 괜찮다. 도움을 청하라.

▶ 임무를 구체적으로 제안하라. 링크드인의 공동 창업자인 리드 호프먼Reid Hoffman은 저서 『더 얼라이언스The Alliance』에서 '(그들이) 특정되고 유한한 임무를 명예롭게 수행하는 것에 초점을 맞춘다'는 말의 개념을 설명한다. 즉, 직원들은 회사의 다른 부서로 가서 그들의 재능을 측정 가능한 구체적인 목표의 달성에 기여하며, 기술과 강점을 보여주면서 사업을 심도 있게 이해한다.

▶ 미래를 마음속에 그려보라. 몽상가, 분석가, 자칭 비관론자, 그리고 그 사이에 있는 사람들을 한 자리에 모으자. 각각의 상황을 대입해 "이러면 어떨까?"라고 질문하라. 해결책을 찾고자 하는 충동에 굴복하거나 엉뚱한 생각을 머릿속에서 몰아내지 마라. 모든 관점을 공개적으로 말하고 발언한 내용을 모두가 볼 수 있는 장소에 게시하여 어디서든 대화가 자연스럽게 전개되도록 한다. 몇 주 후 그 그룹을 다시 소집해서, 완전히 새로운 관점으로 바라본 기회가 새로운 아이디어를 불러일으켰는지 확인한다.

명심할 것

- 지나치게 낙관적인 동료들이 정보가 부족하거나 중요한 자료를 무시하기로 선택한다면 성가신 일이 생길 수 있다. 그들을 놀리지 마라. 대신, 당신이 알고 있는 것과 그것이 의사결정에 영향을 미치는 이유를 공유하라.
- 다른 사람에게 낙관적인 태도를 강요할 수는 없지만, 당신이 긍정적인 역할 모델이 될 수는 있다.

구체적 사례
· · · · ·

이기는 것만이 유일한 성공은 아니다

한라 토마스도티르는 자녀들에게 보내는 공개편지에, 이렇게 적었다. "많은 것들이 부서지는 복잡한 세상에서는 방관하는 게 더 쉬워 보일 수 있어. 너희들은 그렇게 하지 않길 바란다. 이미 그렇게 하려는 사람들이 많거든. 현장에 직접 나서서 적극적으로 너희들이 꿈꾸는 공동체를 만드는 데 참여하길 바란다."

한라는 자신의 커리어를 쌓는 내내 회복탄력성을 모델로 삼았다. 그녀는 소비재 분야에서 일했고, 레이캬비크대학교를 설립하는 데 참여했으며, 여성적 가치를 금융에 접목한 투자회사인 오더캐피털(2008년 금융 붕괴에서 살아남은 유일한 아이슬란드 투자회사)을 공동 창업했다. 많은 일을 함께하면서 친분을 쌓게 된 한라와 나는 어느 날, 불가능해 보이는 것들을 성취하는 전략에 대해 이야기할 기회를 가졌다. 그녀는 아이디어가 고갈되는 법이 없었고, 언제나 놀라운 통찰과 분석으로 나를 깜짝 놀라게 했다. 쉽게 범접하기 힘든 그녀의 능력과 투지는 2016년에 한라가 아일랜드 대통령 선거에 출마하게 한 결정적 동력이기도 했다.

당시 한라는 정치 경험이 전혀 없었기에 가족의 자유를 희생시키면서까지 자신이 대통령 선거에 출마하는 것은 옳은 결정이 아니라고 생각했다. 하지만 주변의 끊임없는 설득은 결국 그녀가 출마를 결정하도록 만들었다.

대통령 선거에 출마한다는 것은 국가의 미래에 대한 그녀의 비전과 가치를 알리고 아이슬란드의 위기를 극복하는 데 일조할 좋은 기회였다. 20명 이상의 후보자들이 선거에 뛰어들었지만 선거일에 가까워지자 네 명의 후보만 남았고, 한라는 유일한 여성 후보로 남았다. 하지만 거기까지 가는 길은 결코 쉽지 않았다. 다른 후보자들에 비해 정치 경력이 떨어진 탓에 방송 매체나 유권자들의 관심 밖에 머물렀기 때문이다. 실제로 한라는 이렇게 말했다. "TV 토론을 할 때 진행자는 내게만 다른 질문을 던지거나, 답변 기회를 주지 않았어요. 또, 난 최종 네 명의 후보 중 유일하게 인터뷰가 신문 1면에 실리지 않은 후보자였어요."

그럼에도 불구하고 한라는 투표 결과 여론조사 예측보다 훨씬 많은, 거의 30퍼센트의 득표율을 기록하며, 유례없는 근소한 차이로 2위를 차지했다. "이번 선거에서 승리하지는 못했지만, 그 여정은 분명히 성공적이었다고 말할 수 있어요." 한라는 내게 기쁘게 소감을 전했다.

이후 한라는 버스정류장에 걸린 자신의 사진에 미취학 여학생들이 뽀뽀하는 장면이 담긴 사진을 받았다고 한다. "그 사진 한 장만으로 내겐 충분히 승리였어요. 우리가 보는 것이 우리가 될 수 있거든요. 그러니 두려움과 의문은 집어치워요. CEO 사무실이든, 대통령 집무실이든 여성이 공직에 출마하는 것이 중요하니까요." 내게 한라는 자신의 전진을 멈추지 않을 거라고 다짐했다.

제 7 부

영향력을
발휘하기

HAVE A BIG IMPACT

그동안 당신은 다른 사람들의 말을 경청하고, 그들을 칭찬하며 포용하기 위해 시간을 들였다. 즉, 다른 사람의 입장에 서 있었다. 그래서 어떤 문제로 무기력해지면 사람과 사람으로 먼저 소통함으로써 놀라운 힘과 지혜가 만들어진다는 것을 알게 되었다. 그리고 영혼을 갉아먹지 않으면서 목표를 달성하는 방법을 배웠다. 호기심도 키워왔다. 그럼 이제 무엇을 할까? 즐겁고 행복한 마음으로 용기를 가질 때다.

조직에서의 서열이나 역할이 당신을 규정하지 않도록 하면서 당신의 플랫폼을 활용하는 방법을 찾아보라. 당신의 위치가 어디든 당신이 하는 선택과 생각의 확장에 의해 의미를 만들고 긍정적인 영향을 끼칠 수 있는 방법들이 있다.

우리는 대부분 변화를 만들고 싶어 하지만, 우리 앞에 놓인 엄청난 문제들에 직면했을 때 압도당하고 만다. 이번 파트는 성공에 대한 정의를 넓히고 세대를 뛰어넘어 일할 수 있게, 그리고 당신의 영향력을 어떻게 의미 있게 발휘할지를 생각할 수 있는 도구를 제공할 것이다.

당신이 이렇다면 이번 파트를 주목할 것

• 존경받을 만한 사람으로 기억되길 원한다.
• 일을 하는 데 새롭고 더 나은, 다른 방법을 찾아냈고 변화를 주도하고 싶다.
• 평소처럼 일하는 것에 진저리가 난다.
• 가정에서, 그리고 직장에서 당신의 가치관을 지키며 살아가기 원한다.

- 인사이동 계획은 당신의 레이더에 잡히거나, 혹은 그래야만 한다.
- 직원들은 더 많은 책임을(그 의미도 함께) 요구하고 있다.
- 조직의 저력이 무엇인지는 알려지지 않았지만, 이것은 기업의 새로운 구성원들에게 영감을 줄 수 있다.
- 인재 채용은 어려운 일이다.
- 경험이 풍부한 임원들은(당신을 포함해서) 하루를 지루하게 보내며, 삶에서 변화를 만들 새로운 직업을 찾을 생각을 하고 있다.

47장

모르는 세계를 탐구하자

미래는 그것에 달려 있다

깨달음을 주는 것은 대답이 아니라 질문이다.

— 외젠 이오네스코 Eugene Ionesco, 프랑스 극작가

탐구하고, 토론하고, 기존의 아이디어를 새롭게 변화시키는 일은 사치일 수도 있지만, 지속가능한 발전을 위해 필수적으로 거쳐야 할 과정이다. 매일 전쟁터를 오가는 일의 세계에서, 변화를 위한 멈춤의 시간을 허용하는 것은 굉장히 큰 투자다. 또한 생각할 시간을 갖는 것은 행동을 서두를 때 빠지기 쉬운 다음과 같은 몇 가지 함정에서 우리를 구출해준다.

• 어떤 결론이 명백하게 옳다고 생각하며(비록 맞지 않을 가능성이 있을지라도) 뛰어든다.
• 올바른 질문을 해야 한다는 압박 때문에 섣불리 말을 꺼내지 못한다.

- 상황이 어느 정도 복잡한지를 충분히 평가하지 않는다.
- 이미 알고 있는 것에만 초점을 맞추는 탓에, 겉보기에 다루기 힘든 문제들은 외면하고 표면 아래에서 끓어오르게 방치한다.
- 새로운 정보를 얻기보다 결론을 확인하기 위해 질문한다.
- 가끔 다른 견해에 관심이 있는 것처럼 행동하지만, 이것은 단지 자신이 추구하는 바를 밀어붙이기 위한 근거를 보태기 위함이다.
- 이해하기 전에 행동부터 하기 때문에, 반드시 알고 넘어가야 하는 개념을 놓친다. 결국 큰 그림을(복잡한 세부사항까지) 놓치게 된다.

왜 이런 일이 일어날까? "난 모른다", 혹은 "우리는 모른다"는 말을 하려면 용기가 필요하다. 직원들이 성과급을 받는다면, 그 역량은 보통 얼마나 답을 명확하게 해낼 수 있는지에 달려 있다. 특히, 상사의 요구가 있을 때 언제든지 답변 가능한가의 여부에 달렸다. 흔히 사람들은 알지 못한다는 것을 드러내는 것이 스스로를 우스워 보이게 만들까 봐 두려워한다. 더욱 불안감을 유발하는 것은, 때로는 그 질문이 어떤 과정을 통해 만들어진 것인지조차 파악할 수 없는 상황에 놓이는 것이다. 이런 상황에 있을 때 대부분의 사람은 단지 무언가가 잘못되었다는 것을 알고 있다고만 대답할 수 있다. 아니면 곧 그렇게 될 것이라고 예상한다고만 말할 수 있다. 더 나아가, 필요 이상의 긴장 상태에 놓였을 때 급하게 내뱉은 답변은 현 상태를 더욱 위험하게 만들 수도 있다. 답변자의 마음이 얼마나 불편할까?

용기를 가져라. 그래서 스스로를 골치 아프게 하라. 모르는 것을 즐겨보자. 혁신의 근원은 아름다운 질문을 하는 용기에서 나온다. 가끔은 '왜 누군가가 이런 일을 하는 거지?' 또는 '내가 그렇게 하려고 하면 어떡하지?'처럼 간단한 질문을 스스로에게 던지면서 더 멋진 답을 찾아낼 수도 있다.

당신이 이렇다면 주목할 것

- 미래는 당신을 흥분시킨다.
- 아직 증명되지 않은 아이디어에 대한 문을 닫는 것보다 지혜가 들어올 창문을 여는 것이 더 중요하다.

이렇게 할 것

▶ 명백한 답변이 없는 질문을 피해 도망가지 말고 그것을 향해 뛰어들어라. 최신 소식을 읽거나 다른 회의에 참석할 때 '잘 모르니 어떻게 피해갈까?'라고 생각하는 것은 이제 그만하자. 딜레마를 해결하는 것이 아니라 사람들을 모아서 분석하라. 모임은 즉시라도 가능하다. 동료 몇 명을 불러서 당장 오늘 오후 4시에 만나 약 30분 동안 모르는 것을 재미있게 즐기자는 요청을 한다(스낵도 좀 챙겨서). 아니면 미리 계획을 짜서 당신 자신과 다른 사람들을 위해 흥미로운 이야기를 나눌 시간을 만든다. 질문을 던지고 관련자들을 초대하면서, 이것이 어떤 명확한 판단을 위한 것이 아니라 부담 없이 주제에 대한 아이디어를 교환하는 차원으로 이루어지는 모임임을 분명히 한다. 브레인스토밍을 하려면? 종이(가능하면 화이트

보드)와 매직펜, 포스트잇을 많이 준비해서 사람들의 아이디어를 다채롭게 그려낼 수 있도록 하자.

▶ 개념을 가지고 놀아보자. 이때 실행할 때 발생할지도 모를 사소한 문제점에 집착하지 마라. 질문을 조금 멀리서 바라보고 검토한다. 어떤 패턴이 보이는가?

▶ 의사처럼 해보라. 알맞은 진단을 내리는 것이다. 뭐가 잘못됐는지 모르지만 환자(조직, 제품)의 상태가 좋지 않아 보이므로 여러 가능성을 동시에 고려한다. 당신의 가설을 검증하기 위해 무엇이 필요한가? 가능성 3개에 만족하지 마라. 아무리 엉뚱해도 최소한 10개까지 만들어내려고 애써보자. 그럼 이제 어떻게 할까? 동료들이 더 많은 데이터를 준비한 후에 다시 모이게 할 건가? 직접 이야기할 것인가, 전화로 이야기할 것인가? 지금 당장 날짜를 잡아야 할까? 환자가 생명 유지 장치에 의존할 정도로 심각한 상태에 놓인게 아니라면, 해답을 찾기 위해 서두르지 말자. 시간을 갖고 탐색의 깊이를 더하되 너무 지체하지는 않는다. 결론을 도출하기까지의 소요 시간을 정하라.

▶ 인터넷이 당신이 찾고자 하는 것을 정의내리지 않게 하라. 당신의 키보드는 항상 믿을 만한 곳으로 이끌어주는 가이드가 아니다. 문제 해결을 알고리즘에게 맡기지 마라. 대신 대화를 하자. 진짜 사람들과 함께.

▶ 문제를 뒤집어 해결책으로 보라. 코스튬 주얼리(보석 이외의 재료로 만든 장식용 액세서리류) 시장이 급격히 인기를 얻은 탓에, 당신의 보석 사업이 흔들리고 있다고 하자. 일등석을 타는 여성들 사이에서

도 유리로 만든 가짜 다이아몬드 반지를 끼는 것을 선호하는 듯하다. 이때 모조품을 착용하려는 고객의 선택을 문제로 보지 말고, 질문하라. 고객들이 모조품을 통해 해소하고자 하는 문제는 무엇인가?

▶ 연령대를 초월해 생각해보라. 밀레니얼세대와 Z세대 직원들은 베이비붐세대에 비해 본질적으로 정보를 소비하고 공유하는 방법이 다르다.

명심할 것

• **나쁜** 질문은 없지만, 게으름 피우지 말고 더 좋은 질문을 찾자.
• 사람이나 개념을 공격하면서 질문으로 포장하지 마라.

구체적 사례
· · · · ·

텅 빈 머리를 채우는 법

당신이 최고혁신책임자^{CIO}라면 참신한 아이디어가 바닥났을 때 어떻게 할 것인가? 리처드는 마케팅 캠페인에 소셜미디어를 거의 최초로 활용해 큰 명성을 얻었다. 하지만 회사로부터 또 다른 혁신을 주도해야 한다는 압박을 받던 리처드는 '머리를 완전히 비운' 공황 상태로 나를 만나러 왔다. 리처드는 새롭고 빠르다고 평가받는 스타트업 방식의 경영 모델이 되레 구식으로 느껴졌고, 늘 멋진 조언을

· · · · ·
354

전하던 동료들과도 단절된 기분이 들었다. 한편 그가 뭔가를 배우기 만났던 많은 중소기업 대표들은 리처드의 회사에서 높이 평가받고 협력 관계를 맺는 데 관심이 있었기에, 리처드는 자신에게 잘 보이고 싶어하는 수많은 대표들과 매주 점심 식사를 해야 했다.

새롭게 얻는 것은 없고 피곤하기만 한 점심 식사 릴레이에 지쳐가 던 리처드는 좋은 아이디어를 생각해냈다. 다른 업체 대표들과의 점 심 식사 대신, 자신과 회사를 위한 모임을 조직하기로 한 것이다. 리 처드는 외부에서 전문가 2명과 각기 다른 세대이자 다양한 관점을 가진 내부 동료 6명을 초대했다. 모임 전에 모두가 답변을 준비할 수 있는 질문을 제시했고, 한 자리에 모인 각기 다른 관점의 사람들은 대단히 다채로운 답변을 내놨다.

이 모임은 골치 아픈 토론의 장이 아니라, 아이디어를 활성화시키 는 멋진 기회로 탈바꿈했다. 이 모임은 리처드에게 새로운 아이디어 를 포착할 단초가 되어주었고, 리처드의 회사는 혁신적인 제품을 더 적은 비용으로 개발하고 판매할 수 있게 되었다.

48장

역사의 존중

과거는 당신을 앞으로 나아가게 한다

과거는 미래에 대한 우리의 비전을 투영하는 일종의 스크린이다.

— 칼 베커Carl Becker

우리는 어디서 와서 어디로 가고 있을까? 지금 우리는 어디에 있는 걸까? 구글 지도는 인간의 딜레마가 어디로 향하고 있는지 알려줄 수 없지만, 회사의 역사는 도움을 줄 수 있다. 공유된 과거는 각 개인을 하나의 공동체로 결합시키고 그 그룹에 뚜렷한 정체성을 불어넣는다. 당신이 몸담고 있는 조직의 역사는 끝없이 펼쳐질 더 장구한 이야기의 일부다. 우리는 역사의 여러 사건을 통해 일과 스스로의 미래를 예측해볼 수 있다. 역사는 모두에게 의미를 부여한다.

당신이 당신의 브랜드를 다시 그려보거나 왜 이런 식으로 일을 하는지 궁금할 때에도 과거는 풍부한 통찰력을 제공할 수 있다. 당신의 회사가 불안한 경제 상황에서 살아남았거나 몇 세기 동안 지속되었는가? 그렇다면 조직의 저력을 활용해 미래에 활력을 불어넣을 에너지(및 자신감)를 찾아보자.

당신보다 먼저 온 사람들에게 배워라. 내일을 위한 혁신이 이전 시대에 얻은 모든 감각을 잊어버리는 것을 의미하지 않는다. 기업이 합병하고, 대표가 바뀌고, 직원들이 떠날 때 과거에 대한 지식은 실용적인 통찰력을 제공한다.

우리는 모두 우리가 떠났을 때(물론 주변에 여전히 있을 때도) 기억되기를 원한다. 200명이 참석한 회의에서 당신의 이름이 불리며 의견을 묻는다면, 다른 직원들은 당신에게 믿을 만한 무언가가 있다는 생각을 하게 될 것이다. 그러면 새로운 직원은 당신의 경험을 활용해야 한다는 것을 깨닫게 될 것이다.

또한, 수천 마일을 여행한 직원들과 밤늦게까지 빗속에서 트럭을 운행했던 팀원들의 노고를 떠올리는 일은 당신의 회사를 인간적으로 만든다. 이것은 평범한 직원들도 회사 역사의 한 페이지에 자리잡을 기회가 있다는 것을 일깨워준다.

당신이 이렇다면 주목할 것

- 회사가 당신에게 주었던 영감은 잊혔다.
- 당신은 기억되기를 원하고, 지금 당신 밑에 있는 사람들도 똑같이 그렇게 되기를 원한다.
- 눈에 띄지 않지만 영향력이 큰 직원들이 화려하지 않은 궂은 역할을 맡아 묵묵히 해내고 있다. 당신은 그들의 이야기를 함으로써 조직에 영감을 주고 싶다.

- 당신은 이 일을 처음 하는 사람이고, 조직의 역사를 배우는 것이 그곳의 문화를 더 잘 받아들이는 데 도움이 될 수 있다는 것을 잘 알고 있다.

이렇게 할 것

▶ 현재를 반영하는 생생한 표현으로 과거를 생각하고 이야기하라. 카리스마 있는 리더들, 오랫동안 종신직에 있지만 덜 알려진 근로 자들, 눈부신 혁신, 주목할 만한 사회운동 참여, 그리고 당신이 현재 몸담고 있거나 그러고 싶은 회사에 관한 이야기를 들려준다.

▶ 당신이 회사에 입사해 첫 번째로 샀던 물품의 영수증이나 처음 승인받았던 로고와 관련된 아이디어처럼, 기념이 되는 물품이나 사연으로 회사에 당신만의 '박물관'을 만들어라. 책상의 책꽂이 구석부터 꾸미기 시작한다. 시장 점유율을 한 번도 차지하지 못한 새로운 스키 부츠의 견본이나 만화 시리즈를 만들도록 영감을 준 주방용 '스펀지'도 좋다. 과거와 현재의 시간 사이에서 좋은 자극을 받을 수 있을 것이다.

▶ 창업자들에 동의하라. 돈이 없을 때 재능 있는 사람들을 참여시키기를 간절히 바라는 기업가들은 아이디어를 제시하는 사람에게 공동창업자의 타이틀을 내줄 의향이 있다. 하지만 회사가 확장되거나 명성을 얻으면서 초기창업자는 공동창업자가 성장을 촉진하거나, 위험을 감수하거나, 자본을 조달하거나, 혹은 그만큼 열심히 일하지 않는다고 믿으면서 공로를 인정하고 싶어 하지 않을 수 있

다. 억울함이 나타나기 시작하는 것이다. 반면 공동창업자는 희생을 치르면서 자신이 타이틀을 얻었다고 믿는다. 그러면 상황이 복잡해질 수 있다. 그러므로 미래에 조직의 역사를 어떻게 쓰고 싶은지에 대해 처음부터 매우 분명히 말하는 것이 최선이다.

▶ 사무실 벽을 직원들의 사진으로 꾸며라. 산부인과를 모델로 삼는다. 그곳에는 산모들이 출산한 모든 아기들의 사진을 붙여놓은 게시판이 있다. 당신의 팀은 어떤 종류의 새로운 상품을 세상에 내놓았는가? 그리고 누가 그 상품의 잉태에 기여했는가?

▶ 신입사원들과 조직의 DNA를 연결하기 위해 회사의 역사를 직원 숙지 매뉴얼에 포함시켜라. 심지어 그만둔 이들까지 포함해 회사에서 일했던 모든 사람들의 이름을 목록으로 만든다. 이것은 당신이 몸담고 있는 그 조직이 사람들을 잊지 않는 조직이라는 것을 보여줄 것이다.

▶ 과거의 실수, 그로 인해 일어난 상황, 이후 해결된 방법에 대한 내부 데이터베이스를 만들어라. 단 세 줄이면 충분하다. 간단하게 하라. 사람들이 주어진 사례를 읽고 조직이 과거의 실수에서 살아남았다는 사실을 떠올리게 하라.

▶ 매년 시상하는 상을 만들어라. 우승자의 기록을 누구나 알아볼 수 있는 곳에 보관하고, 회의실 측면에 각 년도의 우승자를 새긴 접시로 장식된 나무 현판을 고정시켜 놓아라. 사무실을 옮길 때는 그것을 챙겨 새로운 장소에 다시 걸어놓는 것도 잊지 말 것!

▶ 당신이 충실하고 오래 일한 직원들을 배려할 책임이 있는 임원이라면, 그들의 송별회를 계획하거나 참석해야 한다.

명심할 것

• 역사는 주관적일 수 있다. 세심하게 받아들여라.
• 과거에 대한 의견 충돌이 역사를 문서화하는 것을 방해하지 않게 하라. 몇 가지의 다른 관점을 공유하는 것도 괜찮다.

구체적 사례

·····

자본의 긍정적인 힘

액티스 사모펀드는 이전 영국 영토의 민간부문 투자를 촉진한 영국 정부의 개발금융기관인 CDC그룹에서 분리된 이후 2004년에 설립되었다. 액티스의 경영 및 투자 팀의 많은 직원들은 이전에 아시아, 아프리카, 중남미에 있는 CDC에서 일했다. 하지만 액티스가 성장하고 새로운 파트너들이 합류하면서 초기 비전은 약화되고 있었다. 그들은 인프라 구축이 필요한 이유에 관심을 갖기보다는 시장에서 얻을 이익에 더 초점을 맞추고 있었다. 그래서 창업 CEO인 폴 플레처는 회사를 초심으로 다시 돌려놓겠다고 다짐했다. 그는 파트너들과 그들의 배우자들, 그리고 이사회 구성원들이 중국, 남아프리카공화국, 나이지리아, 브라질을 방문하여 자본의 잠재적인 사회적 영향을 직접 경험할 수 있도록 주선했다.

각국에서 그들은 금융, 에너지, 농업, 교육, 교통, 소매, 미디어 분야에서 보통 사람들과 리더 그룹의 혁신가들을 만났다. 매일 밤 그들은 투자 전문가와 가족으로서의 경험이 그들에게 미치는 영향을 검토하기 위해 모였다. 그들은 왜 발전하기를 원했을까? 이 만남은 엄청난 변화를 가져왔다. 폴은 "그들은 재정 이익만이 가장 중요하다고 생각하는 그룹에서, 재정 이익과 비재정적인 결과 사이의 균형 잡힌 사업을 운영하는 그룹으로 바뀌었어요"라고 말한다. 이제 액티스는 환경과 지속가능성, 좋은 관리에 초점을 맞춘 자금을 설정하는 리더가 되었다.

49장

누구나 나이가 든다

60세는 새로운 30세다

나는 60세다. 이 책이 출간되면 61세가 될 것이다. 나는 출간될 책에 대해 먼저 강연을 하고, '나이'를 언급했다. 한 청중은 내게 나이를 먹어도 활발히 활동하는 여성들의 롤 모델이 되어 감사하다는 인사를 전했다. 그것은 내가 일을 계속하게 하는 울림이 되었다. 나는 나 자신이 늙었다고 생각하지 않는다. 아이들은 내가 에너지장애가 있다고 생각한다. 나는 하루 종일 일하고 밤에는 친구들과 외출을 한다. 새벽에는 운동 수업에서 30세인 아들을 만난다. 나는 아직 한창 잘나가는 시절을 살고 있으며, 건강하고 강하다. 내가 잘 아는 분야에도 자신이 있고(그렇기 때문에 이 책을 쓰는 것이다), 내가 배울 수 있는 것에 한계가 없다는 것도 잘 알고 있을 만큼 빈틈이 없다. 또한 솔직하게 말하는 것이 두렵지 않다. 충분한 경험을 쌓았기에 당황할 일도 거의 없다. 내 인간관계는 수십 년 동안 깊어졌고, 나는 깊게 신뢰받고 있다. 나는 다른 사람들이 그들의 목표를 달성하는 것을 돕기 위해 나의 인맥을 활용할 수 있는 위치에 있다. 이런 내가 멈출 이유가 있나?

전 세계의 고령 인구는 전례 없는 속도로 증가하고 있다. 미국 노동력의 4분의 1이 55세 이상이다. 사람들이 더 오래 살고 일을 한다면, 젊었을 때부터 나이 들었을 때까지 우리는 더 오랜 기간 서로 꼭 붙어 있을 테니 그 시간을 최대로 활용하자. 나이에 대한 솔직한 대화를 나누자.

얼마나 오랜 기간이 그 위치에 있기에 매우 긴 시간, 혹은 충분하지 않은 시간인가? 직원들이 자신의 역할에 성숙해지면 퇴직금이나 유지 보너스에 초점을 맞춰야 할까? 많은 나이든 근로자들이 경제적 또는 사회적 목적으로 계속 일하고 있는 반면, 어떤 이들은 변화를 고려하고 있지만 대화가 단절되어 있다는 것을 알아차린다. 고용주들은 차별적으로 보일 것을 우려해 논의를 시작하지 않고, 직원들은 준비가 되기 전에 밀려날 것을 우려해 문제를 제기하지 않는다. 반대로 정상의 기량을 지닌 (고령의) 인재는 너무 늙어 배우지도 못하고, 나가지도 못하고, 관심도 없다고 생각해 개발 프로그램에서 소외되는 것도 사실이다.

당신(혹은 당신의 동료들)이 피터팬인 척하기보다는, 나이를 먹는 것이 이성적인 사고를 위협하는 것이 아닌 지혜가 성숙되는 과정임을 인식하자. 혁신적인 아이디어가 후드티를 입고 차고에서 일하는 젊은 사람들로부터만 나온다는 통념은 버려라. 과학적인 데이터는 대부분의 성공한 기업가들이, 심지어 기술 분야에서조차 중년층에 있음을 보여준다. 60세 스타트업 창업자가 30세보다 회사를 성공으로 이끌 확률도 3배 이상 높다. 노벨상 수상자들은 대부분 인생의 후반기에 획기적인 성공을 거두었다. 축적된 경험은 현명한 전략적 결정으로 이어진다. 인지 연구는 젊은 성인들이 정보 처리의 속도와 유연성은 뛰어날 수 있지만 나이든 성인들이 실수 후에 더 많은 조정을 한다는 것을 보여준다.

그리고 좀 더 좋은 소식이 있다! 일생에 걸쳐 U자형 긍정 효과가 나타난다. 행복은 사춘기 후반에 최고점으로 시작되다가 중년에 바닥을 찍는다(중간 관리자들이 아직 대출을 갚지도 못한 채 퇴사 위험에 놓이고, 짝을 찾고, 아이들을 돌보고, 세금을 내느라 애쓰는, 혹은 이 모든 것에 해당되는 경우를 생각해보라). 즉, 노년에 인생의 제2의 절정기가 온다. 아르메니아에서 자이르까지 전 세계 어느 나라 사람이든 국적에 상관없이 성숙할수록 더 행복한 경향이 있다.

나만 봐도 그렇지 않나, 나는 점점 좋아지고 있다. 패턴 인식과 감정적인 신호를 읽는 능력, 자기관리 능력도 해를 거듭할수록 높아지고, 이에 따라 공감능력, 직관, 정보에 입각한 판단력도 높아지고 있다. 하지만 걱정 마라. 흰머리인 사람들은 과시하지 않는다. 그 이유가 뭔지 아는가? 세월이 흐를수록 인간은 명성과 인정을 추구하거나 자신의 의도를 드러내는 대신, 다른 사람들을 돕는 데 더 치중하게 될 가능성이 높다. 먼저 소통하는 방법을 찾으려면 20세기에 태어난 사람들의 관대함과 경험을 활용하라.

당신이 이렇다면 주목할 것

- 세대 교체가 '성공'하면 젊은 직원들은 나이든 전임자들이 승리한 방법을 찾게 된다.
- 나이든 임원들을 당신이 간절히 원하는 승진을 막는 장벽으로 보는 것은 자연스러운 일이다.
- 반짝반짝 빛나는 새것이 항상 가장 최고인 것이 아니라는 사실을 인정한다.

이렇게 할 것

▶ 늙은 개에게도 새로운 재주를 가르칠 수 있다. 최소한 매년 모든 연령대의 사람들과 경력개발 계획을 검토하라. 60세 이상인 사람은 성장에 관심이 없다고 미리 단정 짓지 마라.

- 공개적으로 의도를 묻고 함께 계획을 세밀하게 짜면서 팀의 갈등을 없애라. 세대 교체에서 시간을 끌면 젊은 후배 직원들은 미래의 로드맵이 없다고 느껴 불안해진다(그리고 떠날 생각을 한다). 대표 관리자가 (마침내) 물러났는데, 지정된 후임자가 승진을 기다리다 지쳐서 몇 달 전에 떠났다면, 조직들은 그 사이 기간에 리더의 부재로 인한 공포(단순한 공백이 아닌)를 겪을 위험성을 안고 있다.

- 잠재력이 높은 연장자를 놓치지 마라. 누군가 수십 년 동안 그 회사에 있었다고 해서 영원히 머물 것이라는 뜻은 아니다. 만약 혈기 왕성한 70대가 자신이 120세까지 살 것이라고 믿는다면, 그는 인

생 제2막을 펼칠 다른 일터를 찾고 있을 수 있다. 어떻게 그를 계속 잡아둘 수 있을까? 일하는 시간이나 하루의 구성, 즉 일의 할당량을 달리하거나 더 나은 조명과 인체공학적 책상 및 의자를 배치해 더 나은 업무 환경을 조성하면 될까? 모두에게 이익이 되는 시간제 방식을 살펴보라.

- 팀의 연령대 구성에 대해 공개적으로 논의하라. 나이든 팀원이 해가 뜰 때 일어난다면 그들을 가장 이른 시간대에 일하게 해서, 젊은 엄마 근로자가 사무실에 오기 전에 그녀의 딸을 학교에 데려다줄 여유를 준다. 휴가 중인 직원들을 대신하여 임시직으로 일할 수 있는 퇴직자들의 명부를 보관하는 건 어떤가?
- 세대 교체에 놀라기보다 그에 관한 계획을 세워라. 젊은 직원들이 연장자의 그늘이 아닌, 함께 걸을 수 있도록 하는 교육 프로그램을 만든다. 기술적, 문화적 지식을 이전하는 명확한 계획을 준비해두라. 모든 연령대의 직원들이 공개 모임에 함께 나타나 서로의 다양한 능력을 선보이고 확인하는 '크로스오버' 기간을 가져라.

명심할 것

- 나이와 관련된 문제를 제기할 때는 어조와 타이밍이 중요하다. 이에 대비하라. 진지한 대화를 시작할 차분하고 평온한 기회를 마련한다.
- 전 연령대의 학습 경험을 설정할 때, 모든 사람들이 정보를 공유하기 위해 필요한 기술에 익숙해졌는지 확인한다.

구체적 사례

. . . . .

역사에서 답을 찾아라

타일러가 지역사회 봉사 단체의 이사를 맡은 것은 모두에게 매우 감동적인 순간이었다. 전임 대표는 16년 동안 그 자리에 있으면서 주요 자본 캠페인을 진행하고 새로운 시설을 건설하면서 조직을 이끌어왔다. 하지만 새로운 시대를 맞이할 때가 되었다! 타일러의 이력과 리더십 스타일은 전임자인 주디와 사뭇 달랐으나 둘 다 서로를 존중하고 서로의 안녕을 기원했다. 그리고 한동안 둘 사이에 소통이 전혀 없다가 18개월이 지날 때쯤 타일러는 주디에게 전화를 걸어 조언을 구했다.

타일러는 이사 역할이 자신이 예상했던 것보다 더 어려우며 이사회와의 관계에 대한 이해력이 필요하다는 것을 깨달았다. 퇴임했지만, 조직에 대한 깊은 지식을 갖고 있던 주디는 그녀가 그토록 아꼈던 임무에 기여하게 되어 기뻤다. 주디와의 협업으로 업무 능력이 향상된 타일러의 평판은 더욱 높아졌다. 자신이 모르는 것을 알고 어디서 답을 찾아야 하는지 알았던 타일러의 능력이 돋보이는 대처였다.

50장

당신의 플랫폼을 활용하라

변화가 일어난다

세상 앞에 당신은 그저 한 사람일 수 있지만,
한 사람에게 당신은 세상 전부일 수도 있다.

— 닥터 수스

미래의 일의 경계선은 점점 옅어지고 있다. 소셜미디어로 인해 전문적이고 개인적인 정체성이 융합되고 있다. 조직은 더 이상 사회적 영향과 이익 중 하나를 선택하지 않는다. 정부, 그리고 기업은 더 많은 사회적 협력 요구를 받고 있다. 또한 지리적인 지역을 넘나드는 협업이 어느 때보다 쉬워졌다. 기업은 주주들에게 가져다주는 금전적 가치뿐만 아니라 사회에 미치는 긍정적 영향에 대해 더욱 다양한 평가를 받게 되었다.

세계 최대 자산운용사 중 하나인 블랙록의 회장이자 CEO인 래리 핑크Larry Fink는 CEO들에게 보낸 연례 서한에서 "당신 회사의 전략에서 재무성과를 달성하기 위한 경로를 분명히 밝혀야 합니다. 하지만 이런 성과를 유지하기 위해서는 비즈니스의 사회적 영향뿐 아니라 느린 임금 인상과 자동화 증가, 기후변화까지 광범위한 구조적 추세가 성장 잠재력에 영향을 미치는 방식도 반드시 이해해야 합니다"라고 말하며 이 같은 행동을 촉구했다.

사회적 요구와 조직적 요구의 융합은 지금 이 순간까지 이어지고 있다. 가정과 직장에서 다른 가치를 보여주는 것은 요즘 추세에 뒤떨어진다. 게다가 두 가치를 연결하는 것은 상호연결성과 투명성 그리고 책임감까지 갖게 해준다는 이점이 있다.

혹시 당신은 불우한 청소년들을 위한 직업 훈련 프로그램을 개설하기 위해 비영리기관에서 일하고자 사무실을 뛰쳐나왔지만, 그 전에 직원 개발을 위한 예산에는 거부권을 행사한 적이 있는가? 이것은 당신의 평판을 깎아내리는 행동이다. 당신이 평등한 교육에 진정으로 열정이 있다면 지역사회 구성원들이 참석할 수 있는 기업 연수 프로그램을 만들어보는 것은 어떨까? 이렇게 한다면 당신은 당신의 비즈니스와 지역사회에 제공하는 교육 주도권을 지지하는 것이다. 당신은 변화를 창출하는 부문들 사이를 임무 중심적으로, 또 개인적으로 연결할 수 있다.

당신의 삶을 원자라고 생각하면 당신이 쪼개질 때마다 에너지가 방출된다. 반대로 개인, 조직, 공동체의 목표를 통합하면 개인과 기업의 능력이 확장된다.

당신이 최고경영자든, 신입사원이든, 당신의 위치가 어떻게 당신에게 중요한 결정을 내리게 하거나 당신 주변의 세상을 (더 좋게) 바꿀 작은 일을 할 기회를 주는지 생각해보라. 이 경우 반드시 더 많은 돈을 투자하는 것이 아닌, 꼭 필요한 곳에 자본을 집중해서 투자하는

**세상에 있는 당신의 많은 역할을 하나로 연결하는 것은
자신과 다른 사람들에게 강력한 영향력을 미친다**

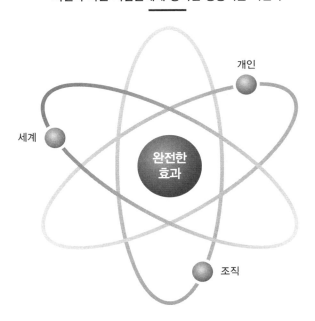

것이 중요하다.

기업들이 사회적 책임 프로그램을 개설하는 것은 점점 더 인기를 끌고 있다. 하지만 자신의 플랫폼을 활용하는 방법을 인식하는 것은 제도적 차원에서 행해지는 캠페인보다 더 중요하다. 이것은 '내 위치에서 다른 사람들을 어떻게 도울 수 있겠어?'라고 스스로에게 묻는 것이다. 이것은 의도를 가지고 행동하려는 욕구뿐 아니라, 목소리를 높이고 접근을 공유하는 능력이나 관계에 관대함을 보이는 것 같은 정신적 자산의 목록을 만드는 것에서 시작된다. 우리의 선택은 의도치 않게 부정적일 수 있고, 혹은 의도적으로 긍정적인 시민적, 환경

적, 재정적 결과를 이끌어낼 수 있다.

때때로 당신의 힘은 올바른 질문에서 나온다(이는 더 많은 정보를 바탕으로 하는 결정으로 이어진다). 이를테면 이런 것이다. "우리가 다른 곳이 아닌 이 도시에 공장을 건설하면 지역사회와 노동력에 어떤 영향이 있는가?" "이사해야 하는 가족이 있는가?" 한 자녀 가정에서 자란 직원이 많은 중국에서 일하면 부모와 조부모를 돌봐야 할 책임이 클 수 있고, 가족이 외동자녀와 멀리 떨어진 곳으로 이주해야 하면 스트레스가 크게 늘어난다. 그렇다면 오랜 시간을 일한 후에 직원들이 친척을 돌보기 위해 먼 거리를 이동하는 에너지를 소비하게 할 것인가? 근처에 지원해줄 가족이 없을 경우 그들은 어떻게 대처할 것인가? 공식적인 프레젠테이션으로는 전체 그림을 그리지 못할 수도 있다. 당신이 마드리드의 한 회의실에서 내린 선택은 아시아에 있는 공장 감독관, 근로자, 조부모에게 '공허하게' 울려 퍼질 것이다.

당신은 조직의 결정에 반대 목소리를 낼 수 있을 만큼 충분히 존경을 받았는가? 그래서 다른 사람들을 공개적으로 지지할 수 있나? 작은 경험만으로도 남들이 할 수 없는 말을 할 수 있을지도 모른다. 분석가로 근무한 지 3년차가 된 내 고객 마크는 신입사원들이 업무가 끝났음에도 불구하고 자리에서 일어나기 두려워한다는 것을 알아차리고, 회사의 고위 관리자들에게 저녁에 그들이 퇴근하는 시간을 확실히 해달라고 요청했다. 그의 작은 개입은 큰 파급효과를 불러왔다. 이제 후배 분석가들은 저녁시간에 가족과 함께 보내거나 체육관으로 향하거나 데이트를 할 수 있게 되었다.

당신이 이렇다면 주목할 것

• 당신이 하는 모든 일에서 당신의 가치관대로 살아가기 원한다.
• 더 이상 여유 시간이 없으므로, 하루에 해낼 수 있는 일을 늘리는 능력을 높이는 것이 목표다.
• 회사에는 공유 비용에 대한 부담이 없고, 다른 사람들에게는 매우 귀중한 자원이 있다.
• 당신은 당신 자신과 조직, 그리고 지역사회에 도움이 될 준비가 되어 있다.

이렇게 할 것

▶ 당신의 선택이 당신이 되고 싶은 사람과 성취하고 싶은 것에 맞춰져 있는지 확인한다. 회사가 규모가 크든 막 시작했든 간에, 재무 예산을 설정할 때 '사회적 비용'을 포함한다.

▶ 컨설팅 서비스 업체를 포함한 공급망을 검토하라. 여성, 전문가, 이민자, 혹은 성소수자 커뮤니티의 구성원이 소유하거나 이끌어가는 회사와 협력 관계를 맺어라. 키보드 몇 번만 두드리면 소수자 소유의 인증된 기업 목록을 확인할 수 있다. 이를 통해 회사의 의사 결정자들과 아이디어를 공유하여, 더욱 다양한 소비자의 요구를 해결할 수 있다.

▶ 새로운 소식을 적극적으로 파악하라. 무엇이 당신을 흥분하거나 좌절하게 만드는가? 당신이 신경 쓰는 명분을 위해 일하는 사람

들을 어떻게 지원할 수 있는가? 주변까지 살피는 넓은 시야로 사무실을 둘러보라. 그들에게 실용적인 것들을 제공한다. 일할 책상, 전단지를 보관할 벽장, 휴대폰을 충전할 장소 등을 제공하자.

▶ 용기 내어 두 번째, 그리고 세 번째 질문을 던져라. 당신은 할 수 있다.

▶ 직급에 상관없이 당신의 존재는 자산이 될 수 있다. 모습을 드러내고 사람이나 프로그램에 존중을 표하라.

▶ 당신이 관심 있는 문제에 대해 동료들과 함께 이야기하고, 당신의 열정을 나눌 수 있는 누군가가 또 있는지 알아보라. 만약 당신이 비만율 상승에 대해 걱정하고, 어린이 TV채널 방송국에서 일하며, 마케팅 팀에서 근무한다면? 아마도 당신은 설탕이 든 음식을 광고하지 않는 것을 선택할 수 있고, 따라서 사탕과 패스트푸드 회사들이 건강한 대안을 제공하도록 유도할 수 있을 것이다.

▶ 애덤 그랜트는 우리의 지식, 기술, 연줄을 공유하는 것을 '마이크로론'이라 부른다. 충실한 대출업자가 되어라.

명심할 것

• 당신은 업무를 위임할 수는 있지만, 개인적인 업무는 우선적으로 해야 한다. 세상에서 어떤 사람이 되고 싶은가를 기억하자.

• 당신의 계획에 진실성이 담겨 있는지 확인하라. 사람들은 지역 봉사라는 가면을 쓰고 있는 브랜드와 마케팅을 충분히 꿰뚫어볼 것이다.

구체적 사례

· · · · ·

최고경영진의 위치에서 사회 변화를 이끌다

파비오 바르보사Fabio Barbosa는 강한 가치관을 바탕으로 더 나은 사회를 건설하고자 한다. 그는 처음에는 브라질의 금융인으로 이름을 날렸고, 이후 미디어 그룹을 이끄는 분야로 자리를 옮겼다. 왜냐고? 그는 "금융과 언론은 둘 다 사회 변화를 이끄는 수단이기 때문"이라며 강한 개인적 신념으로 이를 실행할 발판을 마련했다고 내게 말했다.

파비오가 방쿠 헤아우Banco Real의 회장일 때 그는 사회 및 환경 리스크 분석, 윤리적 투자자금 지원, 소액대출 운영, 장애인 고객을 위한 맞춤형 뱅킹이 포함된 지속가능성 프로그램을 선보였다. 이후 파비오는 이후 중남미에서 가장 영향력 있는 미디어 기업 중 하나인 에이브릴 그룹의 CEO가 되었다. 그는 전 세계의 다른 많은 나라들처럼 브라질의 발전도 투명성에 달려 있다고 믿는다. 더 나은 기업, 더 나은 시장, 더 나은 나라를 만들기 위해 매일 일한다고 말하는 그는 우리에게 '사회와 세계는 우리의 태도로 만들어진다'는 사실을 떠올리게 한다.

51장

현상을 깨뜨리자

세대 간의 에너지를 끌어올린다

세상을 완벽하게 하는 일을 끝내는 것은 당신의 책임이 아니지만,
그것을 그만둔다고 자유로워지는 것도 아니다.

— 랍비 타르폰, 『선조들의 어록』

대담한 야망, 분야를 바꾸는 결단력, 시장의 힘에 대응하며 의미 있
는 일에 몰두하기, 이것들은 젊은 사람들다운 어리석은 행동이 아니
다. 이것은 경험이 풍부한 임원들이 그들의 플랫폼을 활용하여 개인
적이고 전문적인 영향력을 강화할 기회를 열어주는 행동이다. 더 많
은 경험과 영향력, 접근성을 갖춘 베이비붐 세대는 나팔바지가 처음
유행했을 때, 그리고 워터게이트 사건으로 '그 사람'에게 심하게 분
노했을 때 비로소 꿈꿀 수 있었던 시스템 변화를 이제 주도할 수 있
게 되었다.

　숫자를 넣어보자. 갤럽이 최근 발표한 155개국의 '글로벌 일터 현
황'에 따르면 전 세계 직원의 15퍼센트만이 직장에서 활발하게 일하
고 있으며, 그보다 2배 이상이 너무나 일과 동떨어져 있어서 다른 이

들에게 부정적인 영향을 퍼뜨릴 가능성이 높은 것으로 나타났다. 요즘의 대학 졸업생들은 수익과 목적을 연결하지 못하는 조직을 거부하는 추세다. 사회적 이슈에 대응하는 데 기업이 더 큰 역할을 맡을 것이라는 기대감이 커지고 있기 때문이다. 기업 대표들은 그럴 권한을 가지고 있다. 하지만 많은 기업 대표들은 앞으로 나서기보다 영향력이 커지고 능력이 최고점을 찍는 순간 뒤로 물러나고 있다. 나는 그들이 그 자리에 계속 있기를 권한다.

"내 인생을 어떻게 살아가야 할까요?" 내 고객들 중 25세인 고객과 55세인 고객 모두 내게 이런 똑같은 질문을 한다. 처음으로 노동시장에 진출하는 사회초년생들은 경력을 쌓아야 하기 때문에 '의미 있는' 직업을 가져야 한다는 스트레스를 받는다. 은퇴를 눈앞에 둔 베이비붐 세대는 "내가 뭔가 가치 있는 일을 하고 있는 걸까? 내 유산은 어떻게 되는 거지?"와 같은 말을 자주 한다. 내 경험상 일을 시작하는 이들과 끝내기 직전의 이들의 위치가 변화를 주도하기 가장 적합하다. 때문에 열정과 의미가 있는 곳이라면 적극적으로 참여하는 것이 좋다. 더 이상 현상에 자극받지 않는 최고관리자들은 자신들의 직위를 떠나 이사회 회원과 비영리 업무를 통해 변화를 가져오는 것이 어떨지 곰곰이 생각한다. 일단 그들이 '외부'로 나가면, 돈과 행정적 지원이 제한되기 때문에 그들의 아이디어를 반영할 기회는 줄어들기 마련이다. 공유 관계자와의 파트너십을 돈독히 하고 그들에게 권한을 부여하는 것은 새로운 비영리단체를 만들려는 목적으로 퇴사한 후 다시 회사에 지원을 요청하는 것보다 훨씬 더 효율적이고 동기부여가 될 수 있다.

한층 더 자신감을 갖고 신뢰를 받는 노련한 변화의 주역들은 다른 방식으로 비즈니스를 주도하여 그들의 지혜를 쏟아 부으며 지역사회에 변화를 일으킬 도전을 할 수 있다. 의사결정권의 정점에 도달한 그들은 이제 개인적인 목적의식과, 이윤추구 우선이라는 조직의 목표를 통합할 기회를 갖게 된 것이다. 그들 자신과 타인에게 모두 중요한 관점을 다시 상기시키고 표출함으로써 임원들은 개인적으로 자신들의 경력에 활기를 다시 불어넣고 직원들에게도 영감을 줄 수 있다.

이것은 나이든 동료들이 경험이라는 배당금을 통해 그들이 얻은 존중과 자원을 활용하고, 관심 있는 일과 하고 있는 일을 통합하기 위해 그들이 존재하는 공공의 플랫폼을 이용할 수 있는 기회다. 그 힘을 발휘해 우리는 다가오는 잿빛 쓰나미를 두려워하기보다 기업 내에서 변화를 이끌어내야 한다. 그렇다면 비즈니스의 핵심에 사회적 영향을 미치겠다는 분명한 목적으로 밀레니얼세대와 베이비붐세대의 협력을 생각해보면 어떨까? 세대 차이에 따른 관리가 두려운 이 시점에서 사회 변화를 이끄는 역동적인 두 세대를 짝지어주면 좋지 않겠는가?

소득이나 성 불평등을 염려하는 성숙한 리더는 기업의 채용정책과 공급망의 기대치, 그리고 그들의 회사 및 그들에게 투자하는 회사의 지배구조를 바꿀 뿐 아니라 사회적 요구에 (단순히 만드는 것이 아닌) 대응하는 제품을 만들어냄으로써 광범위한 효과를 미칠 수 있다. 그리고 그 영향은 계속될 것이다. 사회적 영향력을 기업의 핵심 전략으로 추진하려면 존중받는 선배 전문가의 현명함과 고용주를 향한 젊은 세대의 분명한 기대에 부응하는 것이 필요하다.

이제 이 책도 거의 끝나가고 있다. 이전 장까지 나는 당신이 관점을 개발하고, 자신과 타인에 의미 있는 동질감을 쌓고, 그룹 모임을 소집하고, 다른 이들을 받아들이고, 명확한 해답이 없는 문제를 용감하게 풀어나가도록 격려했다. 이번 장에서는 이러한 기술을 결합하여 나이들어가는 과정을 수용하고, 당신의 플랫폼을 이용하고, 여러 세대를 아우르며 일할 수 있는 비법을 설명하고자 한다.

정신과 전문의 조지 베일런트George Vaillant는 저서 『행복의 조건』에서 "유전자는 아래로 흐른다"고 단언한다. 은발의 베테랑들과 앳된 얼굴의 직원들이 비슷한 가치를 추구하며 함께 일한다면, 서로에게 긍정적인 영향을 주고받을 기회를 갖게 될 것이다.

당신이 이렇다면 주목할 것

- 변화를 만들기 위해 직장을 떠날 준비가 되어 있다.
- 공동 책임은 부서에 국한되지 않는다. 그것은 전략이다.

이렇게 할 것

▶ 일의 목적을 찾아라. 당신이 현재 권력을 가진 위치에 있다면(하지만 평소처럼 비즈니스에 흥미를 잃은 상태라면), 지루하다고 선언하고 떠날 생각만 하는 것을 그만두라. 하루 종일 여유가 있다면 이런 생각을 해보자. 어떤 이슈에 시간을 할애할 것인가? 당신의 관심과

회사에서의 활동에 만나는 지점이 있나? 회사가 음식을 낭비하는 동안 지역 주민들이 배고프다는 사실에 신경 쓰인다면, 바로 주방 담당 관리자에게 전화하고, 시설 감독자와 대화하라. 그리고 남은 음식을 처리하는 과정을 이해하고 싶다고 말하라. 당신이 정보를 수집하는 이유는 그들의 작업이 당신이 관심을 갖는 이유와 관련되어 있기 때문이지, 당신이 그들의 권한을 대체하려 하는 것이 아니라고 설명한다. 이것이 당신에게 왜 중요한지 표현하기 위해 개인적인 이야기를 공유한다. 그들 또한 건강에 좋은 음식이 그렇게 많이 버려지고 있는 것에 대해 걱정하는가? 그들은 이 상황을 어떻게 개선할 것인가? 장애물은 무엇인가? 음식 저장 보관 기간에 대한 엄청 오래된 규정이 있을 수 있고, 직원들이 음식을 포장해 쉼터에 기증하는 초과 근무 시간이 허용되지 않을 수도 있다. 하지만 담당자에게 불가능한 제약으로 보일 수 있는 것도 당신처럼 영향력을 가진 누군가를 몇 번 부르면 해결될 문제임을 기억하자.

▶ 워크숍을 열고 맑은 공기를 마시며 중요한 가치를 서로 나눠보는 기회를 가져라. 초반에 각 세대가 서로 칭찬하지 않을지라도 두려워하지 마라. 나는 여러 보험사 대표들과 회의를 진행했다. 젊은 동료들의 도전적인 면을 설명해달라는 질문에 45~65세인 사람들은 '직관적이고, 참을성이 없고, 무례하며, 손이 많이 간다'고 답했다. 반면 25~35세인 이들은 고위직 직원들을 '비판을 잘하고, 겁이 많으며, 옹졸한' 사람으로 설명했다. 밀레니얼세대는 책임지는 위치에 오르기를 열망하지만, 일을 하는 방식은 다르기를 원한다. 그들이 윗사람들에게서 목격한 스트레스는 이상적인 모델과 거리

가 멀었기 때문이다. 나이 많은 참석자들 대부분이 이에 동의했다. 그들 역시 더 나은 일과 삶의 균형, 끊임없는 요청에서 벗어난 자유, 그리고 새로운 것을 배울 기회를 더 많이 갖기를 원해왔다. 이런 식으로 서로의 불만을 공개적으로 털어놓자 분위기가 부드럽게 바뀌었다. 이야기를 진행할수록 서로가 원하는 작업 환경에 놀라울 만큼 비슷한 점이 있다는 것을 발견하게 되었다. 우리는 한 회사의 밀레니얼세대와 다른 회사의 베이비붐세대를 짝지었다. 이를 통해 외부인의 관점을 알 수 있는 이점까지 확인한 채 서로를 멘토링할 자리가 마련되었다.

▶ 역멘토링(나이가 많은 임원들이 기술이나 최신 동향과 같은 주제로 젊은 직원들에게 멘토링을 받는 것)을 실험해보라. 인턴이나 신입사원을 그들의 나이보다 두 배나 세 배 많은 나이의 임원들과 짝을 이뤄주고, 젊은 사람이 나이든 임원들에게 그들이 스스로 발견하지 못했을 소셜플랫폼, 기술, 떠오르는 비즈니스 아이디어를 제공하는 역할을 하라는 지시를 내린다. 누가 그들의 결정에 영향을 주며, 그들이 누구에게 조언을 구하는지 논하라.

▶ 아직 해답이 없는 질문을 탐구하는 포럼에 밀레니얼세대를 초대하라. 그들의 창의성을 존중하자. 노련한 관리자들이 모르는 세계로 넘어가는 것의 중요성을 배우고 본보기로 삼을 수 있다. 사회적 기업가정신의 시대에 성년이 되는 젊은 세대는 더 많은 선배 동료들에게 분명하게 드러나지 않았던 비즈니스, 사회, 환경 분야의 연관성을 보여줄 수 있을 것이다. 잠재적 사업 계획이 펼쳐질 때 원로들은 다른 기관에서 권력자의 자리에 있는 동료들을 부를 수 있

을 것이고, 더 영향력 있는 협력을 만들어낼 수(또 지원할 수) 있을 것이다.

▶ 자원에 바로 접근 가능하고 조직 지형을 탐색하는 능력을 갖춘 최고경영진은 그들의 플랫폼을 이용해 이 기회가 아니면 함께하지 않았을 그룹을 소집하여, 혁신만을 강조하던 과제에서 벗어나 새로운 것에 대해 논의할 기회를 만들 수 있다.

▶ 여러 수단을 이용해 메시지를 전달하라. 인플루언서들의 쪽지를 참고한다. 그들에게 닿을 가장 좋은 방법은 무엇인가? 소셜미디어와 전통적인 미디어를 효율적으로 활용하여 공개적인 대화의 장을 만들자.

▶ CEO가 사회적 영향을 위한 비전을 분명히 제시한 다음, 전략적인 결정을 내리거나 프로그램을 만들 힘이 부족한 브랜드 강화 혹은 커뮤니티 서비스 지원부서의 후배 직원에게 그 일을 위임하는 경우가 너무 많다. 이럴 경우 겉으로 보기에만 그럴 듯한 결과가 나온다. 마케팅 분야에서 밀레니얼세대와 이사회의 고위 관리자가 함께 일한다면 조직의 목표 달성 과정에 활기를 불어넣을 수 있을 것이다.

▶ 인공지능의 혁신은 화이트칼라와 블루칼라를 비롯한 모든 계층의 근로자들에게 엄청난 영향을 미칠 것이다. 사람들은 평생 동안 끊임없이 배우고 기술을 다시 익혀야 한다. 연령대에 상관없이 학습모임을 만들어 부단히 노력하자.

명심할 것

- 새로운 인재의 채용은 현명한 베테랑들에게 영감을 받고, 그것을 미래의 에너지를 위한 근원으로 어떻게 유지하는지에 달려 있다.
- 사무실 좌석 배치로 '나이에 따른 강제 거주 구역'이 만들어지지 않도록 주의하라. 유기적으로 자리를 바꾸는 것을 허용한다.

구체적 사례

· · · · ·

힘을 합치면 안 될 일이 없다

"난 이제 가봐야겠어요." 코칭 첫째 날 산드린이 말했다. 그녀는 안내데스크 직원에서 인사 전문가로 성장했고, 지금은 코네티컷에 본사를 둔 사모펀드 회사의 최고운영책임자가 되었다. 그녀는 살아오면서 단 한 번도 상상하지 못했던 많은 돈을 벌었고 저축했다. 하지만 최근 플로리다에 있는 그녀의 고향이 두 번의 허리케인으로 타격을 입으면서 산드린은 지역사회를 재건하는 데 집중하기로 결심했다. 낚시에 의존해 생계를 꾸려가는 그곳 사람들은 새로운 부두가 필요했고, 지역 노동자들만으로는 거대한 공사를 제때 해낼 수 없었다. 나는 산드린에게 현재 자신의 역할과 지역사회 발전이라는 목표 사이에 시너지 효과가 있었는지 물었다. 그러자 그녀는 이렇게 대답했다. "아니오, 회사 임원들은 돈을 빨리 버는 것 외에는 아무것도 관심이 없어요. 난 그들이 다른 실의에 빠진 사람들을 돌보기를 바라는

· · · · ·

마음에 최선을 다해 설득하려 했지만 실패했죠. 그래서 일하러 가는 게 무기력합니다. 난 중요한 일을 할 때 살아 있는 걸 느끼거든요."

나는 산드린에게 지역사회를 재건을 위한 비전을 직원들과 공유했는지 물었다. 그녀는 이것이 자신의 고향과 관련된 일이므로, 지나치게 개인적인 일이라고 생각해 알리지 않았다고 했다. 내 조언에 따라, 그녀는 플로리다 지역사회를 돕기 위한 계획을 기사로 작성해 회사 뉴스레터에 실었다. 그러자 직원들이 그녀가 하는 일에 관심을 갖기 시작했다. 나와 산드린은 이 계획이 시민들의 이익에 더욱 영향을 줄 수 있도록 몇 가지 시도를 더 해보기로 했다. 산드린이 지방정부에 직업훈련 프로그램 개설을 위한 자금 지원을 요청했을 때, 그녀는 최고운영책임자로서의 자신의 경험을 강조하면서 더 높은 신뢰를 얻어낼 수 있었다. "나는 코네티컷에서 했던 일을 이 계획에 이용할 생각은 없었어요." 그녀가 말했다. "단지 걱정하는 플로리다 시민으로서 호소했을 뿐입니다."

이제 그녀가 두 세계를 통합하면서 얻는 이익은 더욱 명백해졌다. 산드린은 그녀의 확실한 비전을 갖고 계속 일을 진행했다. 그녀는 최근 감옥에서 나온 출소자와 실직한 전문가들을 선착장 건설업자로 훈련시키기 위해 모집했다. 또 은퇴한 학교 교장과 전직 육군 중위를 감독관으로 고용했다. 그녀는 꽤 많은 사람들을 모았고, 그 결과는 즉각적으로 드러났다. 산드린은 더 이상 자신의 세계를 분리하려 하지 않았고, 코네티컷 본사에 있는 동료들에게 플로리다에서 기획회의를 열 테니, 참석해서 지역사회를 재건할 사람들을 만나달라고 요청했다. 또한 산드린은 경영진이 모인 자리에서, 이 투자가 회사의 가치는 물론 그 지역 사람들의 삶의 가치를 높인다는 사실을 언급하며 호소했다.

CEO는 산드린이 다른 사람들에게 쏟는 에너지에 감명을 받았다. 그리고 그는 산드린이 자신의 역할을 재정립할 수 있는 기회를 주었다. 아울러 회사 내의 많은 동료들이 산드린의 고향이 마주한 문제들을 해결할 수 있도록 돕겠다고 나섰다.

52장

대담하게 꿈꾸자

단순한 성공을 넘어 영향력을 발휘한다

나는 꿈이 생겼다. 그래서 잠이 오지 않는다.

— 브라질의 한 차량용 스티커

당신은 얼마나 큰 삶을 살고 싶은가? 이것은 당신이 얼마나 넓은 땅을 소유할 것인지, 혹은 유명인들과 함께 즐기는 파티에 몇 번이나 참석할 것인지에 대한 이야기가 아니다.

이것은 칼럼니스트 데이비드 브룩스David Brooks가 언급한 우리의 이력서 덕목resume virtues과 추도문 덕목eulogy virtues과 더욱더 연관이 있다. 이력서 덕목은 쉽게 말해 세상에 당신의 능력과 지위를 알리기 위해 스스로 작성하는 것이다. 그럴듯한 타이틀과 직위가 당신의 성공을 표현한다. 반면 추도문 덕목은 장례식에서 다른 사람들이 당신에 대해 말하는 것이다. 즉, 당신이 어떤 사람이었고 어떤 삶을 살아왔는지, 그리고 다른 사람들을 돌보면서 얼마나 중요한 역할을 했는지를 이야기한다. 내 인도 친구인 스리니바산은 이를 다음과 같이 잘 설명했다. "성공은 당신에게 일어나는 일이고, 의미는 당신을 통해 일어나는 일이다. 또 성공은 당신에게 오는 것이고, 의미는 당신이 남들에게 주는 것이다."

당신이 인생의 어떤 무대나 어느 위치에 있든지 '꿈이 없다면 어떻게 꿈을 이룰 것인가?'를 생각해보자. 이 책은 궁극적으로 꿈을 꾸는 것에 대해 이야기하고 있다. 그중에서도 기쁨을 주는 일이 당신이나 동료들에게 커다란 도움이 될 거라는 꿈을 꾸게 한다.

우리는 미소로 하루를 시작했고, 이제 꿈으로 마무리하려 한다. 눈을 감거나 크게 떠라(어떤 것이든 당신에게 맞는 것으로). 어떤 공간에서든 조용히 일단 좀 즐겨라. 산책을 하거나, 긴 시간 동안 샤워를 하거나, 혹은 침대 위에서 좀 더 늘어져 있어도 좋다. 단 몇 분 동안이라도 매일의 해야 할 목록에서 벗어나 마음을 편안하게 먹고 자유의 몸이 되어라.

이 세상에서 어떻게 살고 싶은가? 무엇으로 알려지고 싶은가? 유산을 남기는 것은 부자들만 할 수 있는 건 아니다. 우리 모두는 변화를 만드는 작은 일상의 행동을 통해 우리의 발자취를 남길 기회가 있다. 보고, 듣고, 함께 먹고, 받아들이는 동료들과 단단히 연결됨으로써 우리는 문제를 해결하고 사고방식을 전환할 수 있다. 우리의 직업은 개인적인 성장과 사회 변화를 위한 플랫폼을 제공할 수 있다. 성공, 의미, 그리고 기쁨은 당신과 나 같은 사람들 사이의 상호작용에 의해 사무실에서 피어난다. 우리 모두는 일의 미래에 중대한 영향을 미칠 힘을 지니고 있다.

당신이 이렇다면 주목할 것

- 작은 삶을 살고 싶지 않다.
- 유산을 남기고 싶다.
- 소원을 빌고, 그것을 실현하는 것이 부끄럽지 않다.

이렇게 할 것

▶ 꿈을 즐겁게 만들어라. 에너지를 얻을 것이다. 크게 생각하라. 당신은 늘 현실에 맞게 그림을 잘라낼 수 있다.

▶ 자신과 다른 사람을 믿어라. 당신의 꿈을 공유하는 것을 두려워하지 마라. 꿈을 큰 소리로 말하는 것은 그것을 현실로 만드는 첫걸음이다.

▶ 당신의 기를 죽이는 사람들과 함께 있지 마라.

▶ "천 리 길도 한 걸음부터 시작된다"고 말한 노자의 가르침을 기억하라. 당신의 아이디어를 시험하고 추진력을 높이기 위해 당신이 시작할 수 있는 가장 작고 쉬운 행동을 생각한다.

▶ 부끄러워하지 마라! 나는 동료에게 이 책을 쓰겠다는 계획을 말했다. 그랬더니 그녀는 "당신 정말 야망 있네요"라고 했다. 그 말을 듣자 나는 당황했고, 조금 부끄러웠다. 나는 내 노력이 야망이라고 생각한 적이 없었다. 그렇기에 그런 식으로 그녀가 말했을 때 내 얼굴이 붉어졌다. 꿈을 크게 꾸는 것이 항상 쉬운 것은 아니다. 이것은 자기 자신을 과장하거나 허풍떠는 것처럼 느껴질 수 있지만,

생각해보라. 꿈이 없으면, 꿈을 어떻게 이룰 수 있겠는가?

명심할 것

- 부정적인 자기 대화는 자신감을 해칠 수 있다. 당신이 모든 해답을 알지는 못하지만 결단력은 꼭 필요하다.
- 꿈은 시간이 걸린다.

구체적 사례
·····

우선 소통하라

나는 책을 출간하고 싶은 꿈이 있었다. 책을 쓰기에 앞서 내 안에 아직도 남아 있는 중학생 감성에 맞춰 네온 색상의 인덱스카드, 포스터 보드, 포스트잇을 다양한 크기로 구매했다. 알록달록하고 다채로운 색상으로 가득한 여러 물품들을 보고 있자니 절로 미소가 지어졌다. 다음으로 오래된 노트와 컴퓨터 파일을 뒤졌다. 그리고 다른 개념들과 그것을 뒷받침할 사례들을 스토리보드 위에 펼쳐놓았다. 그러자 책 전체의 틀뿐만 아니라 내가 지닌 강박적 자질을 보여주는 것들이 오랫동안 벽돌을 쌓아 올려 지은 신전처럼 모습을 드러냈다.

몇 년간 매주 목요일마다 나는 글쓰기의 목표를 설정했다. 그리고 항목을 하나씩 끝낼 때마다 각 장의 이름이 적힌 인덱스카드에 스티커를 붙였다. 쓰면 쓸수록 불안감이 몰려왔다. 뭐랄까, 그때 내게는 조금이라도 긍정적인 자기 강화를 도와줄 사람들이 필요했다. 그래서 확실한 피드백을 해줄 사람들을 구했다.

내 첫 번째 독자들은 24세에서 61세 사이의 15명의 사람들로, 그들은 5개국과 미국의 여러 주에서 왔으며, 남성과 여성의 비율은 거의 같았다. 이 그룹에 속한 사람들은 오페라, 정책, 개인 훈련, 노동법, 영적 지도, 학계, 스포츠 비즈니스, 이사회 리더십, 은행, 신경생물학, 공감을 가르치는 글로벌 캠페인 등 다양한 업무 경험을 갖고 있었다. 놀라운 것은 이들 중 단 한 사람도 내 요청을 거부하지 않았다는 것이다.

나의 책 쓰기 프로젝트에 참여해준 모든 사람은 다양한 능력으로 내 책의 질을 높이는 데 기여했다. 많은 사람들의 이야기를 들었지만 그 모든 의견을 반영하지는 못했다. 나는 몇 번이고 반복해서 쓰고, 수정하고, 다시 쓰고, 편집했다. 그리고 계속해서 도움을 청했다. 어렵게 초안을 작성했지만, 그때까지도 내가 풀고 있는 문제의 틀을 어떻게 짜야 할지, 내가 왜 그렇게 해야 하는 특별한 위치에 있는지는 명확해지지 않았다. 내가 스스로에게 던진 질문에 답을 할 수 없을 때는 프로젝트 참여자들에게 도움을 청했다.

어느 주말 아침, 나는 우리 집으로 6명의 참석자들을 초대했다. 그 그룹은 남성과 여성의 비율이 정확히 같았고 다양한 연령과 인종의 사람들로 구성되어 있었다. 나는 편안한 분위기를 유지하면서 각 참석자가 자신들의 아이디어를 자연스럽게 말할 수 있도록 했다. 음식을 먹으며 즐겁게 또 진지하게 대화를 나눴다. 그렇게 모임은 정해진 시간에 시작하고 끝났다.

'우선 소통하고자 하는' 내 꿈을 이루기 위해, 나는 이 책에서 공유한 충고를 따랐다. 이제 내가 "감사하다"고 말할 기회가 왔다. 당신에게 감사하다. 나와 이 여정을 함께 하고 직장에서 더욱 인간적인 사람이 되고자 하는 멋지고 대담한 마음가짐을 가져준 것에 대해서!

용기와 헌신, 그리고 변화를 위한 호기심을 본보기로 삼은 내 환자들과 고객들은 당신이 이 책에서 읽은 수많은 가르침을 내게 전했다. 난 내 일을 언제나 사랑하기에 참 운이 좋은 사람이다. 내게 가장 깊은 비밀과 가장 흥미진진한 야망을 털어놓으며 나를 믿어준 모든 이들에게 감사한다. 이 책은 구체적 사례들을 통해 우리의 삶으로 들어온다(최소한 난 그랬으면 좋겠다). 이야기를 나눌 수 있게 허락해주고, 자신들의 삶에 들어가고자 하는 나를 기꺼이 환영해준 전 세계의 고객들과 동료들에게 정말 감사하다는 인사를 전한다.

이 책은 수년에 걸친 수천 개의 이메일, 수백 개의 대화, 그리고 커피와 칵테일과 함께한 수많은 상담 과정을 통해 만들어졌다. 기본 콘셉트는 매우 간단해 보였지만, 실행에는 많은 의견과 격려가 필요했다. 비록 매주 목요일마다 글을 쓰기 위해 숨어 있었지만 나는 결코 혼자가 아니었다.

내가 이 책의 아이디어와 이미지, 포지셔닝을 시험하면서 진행한 즉흥적인 여론조사에 응해준 가까운 가족들, 친척들, 친구들, 동료들에게 감사하다. 내 손가락이 키보드를 처음 누른 순간부터 그들은 북 파티를 열어주겠다고 했다. 정말 최고다!

론 벨러, 마이크 클랜시 주니어, 필립 더마고시안, 데비 에반젤라코스, 칩 퍼니어, 존 가트너, 줄리아 마트, 에릭 메신저, 케리 크윈터, 켄지 큉, 다니엘 뉴먼, 안나마리아 쉰들러, 스티브 슈워츠버그, 게리 사이먼, 헬렌 스트랜드, 그리고 샤를린 울칙, 그들은 명석한 두뇌와 관대한 마음을 내 원고에 쏟아 붓고 내 생각을 나보다 더 효과적으로 표현할 수 있는 방법을 찾아줬다. 긍정적인 태도를 유지하고, 빽빽한 생활을 여유 있게 하고, 특별한 순간을 늘리고, 전문 용어를 그만 사용하고, 내 자아를 늘 경계하라는 그들의 제안에 감사하다. 주말 아침에 작가의 방에 와준 일원인 스티븐 피니켈, 레아 존슨, 디파락쉬민, 하퍼 마코스키, 존 폴 뉴포트, 제이콥 투겐드라, 그리고 두려움을 모르는 우리의 조력자 마시 그레고리는 이 책이 만들어낼 수 있는 독특한 소구점을 명확하게 표현하고 내 임상 경험의 중요성을 더욱 세심하게 들여다볼 수 있게 도왔다. 진심으로 감사하다.

케이시 에브로 맥그로힐 편집장은 나를, 내 메시지를, 그리고 내 임무를 가장 잘 이해해주었다. 우리가 처음 만났을 때처럼 그녀가 나와의 관계를 단단하게 여겨줘서 감사하다. 1년도 채 되지 않아 케이

시는 이 책을 인쇄하는 과정에서 편집하고 제목을 지으며 함께 고군분투했다. 신속하고 정확하게 행동하는 케이시는 언제나 내 고민을 들어주었고, 내가 생각했던 것보다 더 좋은 해결책을 알려줬다.

특히 하퍼 마코스키는 이 책을 시장에 내놓기 위해 그녀의 다양하고도 엄청난 능력을 풀어냈다. 그녀는 포지셔닝 보고서를 검토하고, 전략 토론에 참여하고, 나의 첫 유튜브 채널을 개설을 주도했다. 또한 표지 사진을 촬영할 때는 내게 직접 메이크업을 해주고, 각 장의 제목을 편집하는 일도 도와주었다. 많은 어려운 프로젝트를 진행하면서 그녀는 내게(우리 팀에게도) 동기부여 메시지를 썼다. 그녀는 재밌는 클립을 종종 보내 나를 웃게 한다. 하퍼는 자석 같은 사람이며, 감정적 메시지를 해독하는 데에도 특별한 능력이 있다. 내게 있어 그녀는 못하는 것이 없는 마법 지팡이 같은 존재다.

감사의 글에 가족을 빠뜨릴 수는 없다. 내 아이들은 가만히 앉아 있지 못하고, 시차를 믿지 않고, (주위에 있을 때) 포옹과 키스를 멈추지 않는 엄마 손에서 자랐다. 그들은 나를 가르쳤고, 받아들였고, 장난치며 내가 행복과 기쁨 속에서 경력을 쌓을 수 있도록 도왔다.

마지막으로 내 남편 러셀 마코스키는 완벽한 조력자이자, 배우자다. 그는 내가 최신 도서의 업데이트를 (큰 소리를 내며) 처리하는 동안 배려해주었고, 내가 글을 쓰기 위해 수시로 사라져야 할 때도 불평 없이 받아들였다. 그는 내가 가장 믿고 의지하는 든든한 동반자이자 친구다. 그의 꾸준함 덕분에 나는 기업가적 모험을 추구할 수 있었다. 그의 강한 도덕적 나침반이 나를 항상 올바른 방향으로 이끌어준 덕분에 지금의 자리에 있을 수 있었다. 러셀의 지지가 없었다면 나는 이 책을 끝마치지 못했을 것이다. 러셀에게 무한한 사랑을 보낸다.

먼저 연결하라

초판 1쇄 인쇄 2021년 4월 20일
초판 1쇄 발행 2021년 4월 28일

지은이 멜라니 A. 카츠먼
옮긴이 송선인
펴낸이 유정연

책임편집 장보금 **기획편집** 신성식 조현주 김수진 김경애 백지선 **디자인** 안수진 김소진
마케팅 임충진 임우열 박중혁 정문희 김예은 **제작** 임정호 **경영지원** 박소영

펴낸곳 흐름출판(주) **출판등록** 제313-2003-199호(2003년 5월 28일)
주소 서울시 마포구 월드컵북로5길 48-9(서교동)
전화 (02)325-4944 **팩스** (02)325-4945 **이메일** book@hbooks.co.kr
홈페이지 http://www.hbooks.co.kr **블로그** blog.naver.com/nextwave7
출력·인쇄·제본 성광인쇄 **용지** 월드페이퍼(주) **후가공** (주)이지앤비(특허 제10-1081185호)

ISBN 978-89-6596-438-4 03320